Die Entstehung der Schutztruppengesetze für die deutschen Schutzgebiete Deutsch-Ostafrika, Deutsch-Südwestafrika und Kamerun (1884–1898)

AF821296

Rechtshistorische Reihe

Herausgegeben von den Prof. Dres.
G. Baranowski, H.-J. Becker, W. Brauneder, P. Caroni, A. Cordes,
J. Eckert †, C. Hattenhauer, H. Hattenhauer, R. Hoke, D. Klippel, G. Köbler,
G. Landwehr, G. Lingelbach, M. Lipp, R. Meyer-Pritzl, K. Muscheler, H. Nehlsen, G. Otte,
T. Repgen, St. Saar, K. O. Scherner, M. Schmoeckel, J. Schröder, R. Schröder,
W. Schubert, D. Schwab, E. Wadle, J. Weitzel, D. Willoweit

Band 358

Peter Lang
Frankfurt am Main · Berlin · Bern · Bruxelles · New York · Oxford · Wien

André Tiebel

Die Entstehung der Schutztruppengesetze für die deutschen Schutzgebiete Deutsch-Ostafrika, Deutsch-Südwestafrika und Kamerun (1884–1898)

Peter Lang
Internationaler Verlag der Wissenschaften

Bibliografische Information der Deutschen Nationalbibliothek
Die Deutsche Nationalbibliothek verzeichnet diese Publikation in der Deutschen Nationalbibliografie; detaillierte bibliografische Daten sind im Internet über <http://www.d-nb.de> abrufbar.

Zugl.: Berlin, Humboldt-Univ., Diss., 2007

Diese Arbeit wurde von
Herrn Prof. Dr. Rainer Schröder
zur Aufnahme in diese Reihe empfohlen.

Umschlagabbildung:
Justitia – Sinnbild der Gerechtigkeit.
Dieser Bildausschnitt wurde einem Buch
aus dem 17. Jahrhundert entnommen.

11
ISSN 0344-290X
ISBN 978-3-631-57096-8

© Peter Lang GmbH
Internationaler Verlag der Wissenschaften
Frankfurt am Main 2008
Alle Rechte vorbehalten.

Das Werk einschließlich aller seiner Teile ist urheberrechtlich geschützt. Jede Verwertung außerhalb der engen Grenzen des Urheberrechtsgesetzes ist ohne Zustimmung des Verlages unzulässig und strafbar. Das gilt insbesondere für Vervielfältigungen, Übersetzungen, Mikroverfilmungen und die Einspeicherung und Verarbeitung in elektronischen Systemen.

www.peterlang.de

Für Helmut und Olaf

Vorwort

Diese Arbeit wurde im Sommersemester 2007 von der Juristischen Fakultät der Humboldt-Universität zu Berlin als Dissertation angenommen.

Mein herzlicher Dank gilt meinem Doktorvater Prof. Dr. Hans-Peter Benöhr, der mir die Promotion ermöglicht und die Arbeit engagiert betreut hat.

Bedanken möchte ich mich auch bei Herrn Prof. Dr. Rainer Schröder für die schnelle Erstattung des Zweitgutachtens und Aufnahme des Buches in die Rechtshistorische Reihe.

Ebenso danke ich dem Bundesarchiv in Berlin-Lichterfelde für den umfassenden Zugang zu den Aktenbeständen und die freundliche Unterstützung bei den Recherchen.

Bei Karsten Klima bedanke ich mich für seine unermüdliche Hilfe.

Meiner Familie, die mir stets zur Seite stand, gebührt ein besonderer Dank.

Berlin, den 11. Mai 2007 André Tiebel

Inhaltsverzeichnis

Abkürzungsverzeichnis

AA	Auswärtiges Amt
Abs.	Absatz
AnnDR	Annalen des Deutschen Reiches für Gesetzgebung, Verwaltung und Statistik. Staatswissenschaftliche Zeitschrift und Materialiensammlung. Hrsg. von Hirth u.a.
AöR	Archiv für öffentliches Recht
BArch	Bundesarchiv
BR-Drucks.	Drucksachen zu den Verhandlungen des Bundesrats des Deutschen Reiches
DBE	Deutsche Biographische Enzyklopädie, Band 1–13. Hrsg. von Killy und Vierhaus.
DBJ	Deutsches Biographisches Jahrbuch. Band 1–5, 10. Hrsg. vom Verband der Deutschen Akademien.
DFrP	Deutsche Freisinnige Partei
DFrVp	Deutsche Freisinnige Volkspartei
DKBl.	Deutsches Kolonialblatt, Amtsblatt für die Schutzgebiete des Deutschen Reichs
DKGSWA	Deutsche Kolonialgesellschaft für Südwestafrika
DKL (1920)	Deutsches Koloniallexikon. Band 1–3. Hrsg. von Heinrich Schnee.
DOAG	Deutsch-Ostafrikanische Gesellschaft
F	Fortschrittspartei
HZ	Historische Zeitschrift
Jg.	Jahrgang

K	Konservative Partei
KolGG	Die deutsche Kolonial-Gesetzgebung. Band I–XIII, Berlin 1892–1910.Hrsg. v. Riebow u. a.
KolZtg.	Deutsche Kolonialzeitung
LP.	Legislaturperiode
MdBayrLT	Mitglied des Bayrischen Landtages
MdPrAH	Mitglied des Preußischen Abgeordnetenhauses
MdR	Mitglied des Reichstages
MdSächsLT	Mitglied des Sächsischen Landtages
MdWeimNatVers	Mitglied der Weimarer Nationalversammlung
MGM	Militärgeschichtliche Mitteilungen
NDB	Neue Deutsche Biographie. Band 1–21.
NL	Nationalliberale Partei
RGBl.	Reichsgesetzblatt
SchGG	Schutzgebietsgesetz
SchTrG	Schutztruppengesetz
SchTrO	Schutztruppenordnung
Sess.	Session
SPD	Sozialdemokratische Partei Deutschlands
StenBer NorddRT	Stenographische Berichte über die Verhandlungen des Reichstages des Norddeutschen Bundes
StenBer RT	Stenographische Berichte über die Verhandlungen des Deutschen Reichstages

StenProt BR	Stenographische Protokolle über die Verhandlungen des Bundesrats des Deutschen Reiches
Z	Zentrum
zit.	zitiert
ZKolR	Zeitschrift für Kolonialrecht (Band 1–5 [1899–1903] als: Beiträge zur Kolonialpolitik und Kolonialwirtschaft; Band 6–14 [1904–1912] als: Zeitschrift für Kolonialpolitik, Kolonialrecht und Kolonialwirschaft)
ZNR	Zeitschrift für Neuere Rechtsgeschichte

Einleitung

„...das Geschäft ist (...) von vornherein nicht gerade schlecht, wenn ich auch nicht entfernt zugeben kann, dass die deutsche See- und Landmacht dazu bestimmt sei, um solche finanziell vielleicht lukrativen Unternehmungen einer Gesellschaft in fernen Meeren mit Kanonen und Flinten zu verteidigen."
Ludwig Bamberger[1]

„Angekommen."[2] Mit nur einem Wort teilte Hermann Wissmann[3] am 31. März 1889 Bismarck sein Eintreffen in Ostafrika mit. Durch die nahezu zeitgleiche Ankunft Curt von François'[4] in Südwestafrika hatten deutsche Offiziere als Kommandeure deutscher Militäreinheiten den Boden Afrikas betreten. Dies war der Beginn einer militärischen Präsenz auf dem afrikanischen Kontinent, die erst mit dem Ende des Ersten Weltkrieges ihren Abschluss finden sollte. Zwar ist Deutschland seit fast 90 Jahren keine Kolonialmacht mehr,[5] jedoch ist die kolo-

---

[1] Über die Geschäfte der Deutsch-Ostafrikanischen Gesellschaft (DOAG), StenBer RT, 08. LP., 01. Sess. 1890/91, 04. Sitzung 12. Mai 1890, S. 35. Dr. Ludwig Bamberger (1823–1899), Bankier und Politiker, MdR 1871–1893 (zunächst NL, ab 1881 DFrVP, 1883–1893 DFrP); Mitbegründer der Deutschen Bank; während des deutsch-französischen Krieges Berater Bismarcks – ab 1880 dessen Gegner. Lehnte die deutsche Schutzzoll- und Kolonialpolitik entschieden ab. Umfassend: Benedikt Koehler, Ludwig Bamberger – Revolutionär und Bankier, Stuttgart 1999.

[2] Wissmann an Bismarck, 31. März 1889, BArch, R 1001/736, S. 118.

[3] Dr. phil. h.c. Hermann von Wissmann (1853–1905); Afrikaforscher, Afrika-Durchquerungen 1883/85 und 1886/87; Offizier in der preußischen Armee; 1879 Beurlaubung vom Militärdienst und Erwerb von Grundkenntnissen in Astronomie, Meteorologie, Zoologie und Geologie; danach Teilnahme an mehreren Afrikaexpeditionen, so 1880–1882 von Sao Paulo de Loanda (heute: Luanda) nach Sansibar; 1884–1885 Erforschung des Kassai – des größten Kongonebenflusses, 1886–1887 von Leopoldville (heute: Kinshasa) nach Kilimane – dabei in Sansibar Treffen mit Carl Peters; erster Deutscher, der das tropische Afrika von West nach Ost durchquerte; 1889 Reichskommissar für Deutsch-Ostafrika; 1890 in den erblichen Adelsstand erhoben; Gouverneur von Deutsch-Ostafrika 1895/96, nach: DKL (1920), Bd. III, S. 721, Karlheinz Graudenz/Hanns Michael Schindler, Die deutschen Kolonien. Geschichte der deutschen Schutzgebiete in Wort, Bild und Karte, München 1982, S. 138ff. Zur zeitgenössischen Sicht auf Wissmann: Rochus Schmidt, Die Bedeutung Hermann von Wißmann's *(sic!)* in der Entdeckungsgeschichte Afrikas und in Deutschlands Kolonialgeschichte, in: ZKolR 8 (1906), S. 355–374. Die in der Literatur häufig auftretende Schreibweise *„Wißmann"* ist nicht korrekt und wurde jeweils berichtigt.

[4] Curt von François (1852–1932), Offizier und Forscher, Teilnahme am Deutsch-Französischen Krieg 1870/71, 1883 Mitglied Kassai - Expedition Wissmanns, 1885 Mitglied der Grenfell-Expedition zur Erforschung des Tschuapa und Lulongo, 1888 Führung der Expedition zur Erforschung des Hinterlandes von Togo, 1889 Kommandeur der Schutztruppe Deutsch-Südwestafrikas, 1891 Reichskommissar, später Landeshauptmann in Deutsch-Südwestafrika, mehrere Studienreisen, nach: DKL (1920), Band I, S. 660.

[5] Bis zum Jahre 1914 hatte das Deutsche Reich sieben Schutzgebiete erworben: Deutsch-Südwestafrika (836.000 km^2), Kamerun (761.000 km^2), Togo (87.000 km^2), Deutsch-Ostafrika (993.000 km^2), Deutsch Neuguinea (242.600 km^2), Deutsch Samoa (2.900 km^2) und Kiautschou (1.515 km^2). Die Gesamtfläche betrug 2.924.000 km^2, von denen 2.760.000 km^2

niale Vergangenheit Deutschlands anlässlich des einhundertsten Jahrestages der großen Aufstände in Deutsch-Südwestafrika (Herero- und Nama-Aufstand, 1904–07) und in Deutsch-Ostafrika (Maji-Maji-Aufstand 1905–1906)[6] sowie der äußerst kontroversen Diskussion der Rolle der Kaiserlichen Schutztruppen bei der Niederschlagung dieser Aufstände wieder in den Blickpunkt der Öffentlichkeit gerückt. In diesem Zusammenhang stellt sich die Frage, warum und wie die Schutztruppen und das dazugehörige Recht entstanden sind.

---

zur Zeit Bismarcks und 164.000 km^2 später erworben wurden, und damit ein Vielfaches der Fläche des Deutschen Reiches, Angaben nach: Ernst Rudolf Huber, Deutsche Verfassungsgeschichte seit 1789, Band 4: Struktur und Krisen des Kaiserreichs, 2. Auflage, Stuttgart [u. a.] 1982, S. 613.

6 Diese sollen nicht Gegenstand der vorliegenden Arbeit sein. Die Literatur über die großen Aufstände in den deutschen Schutzgebieten ist mittlerweile nahezu unüberschaubar. Stellvertretend für Deutsch-Südwestafrika: Gesine Krüger, Kriegsbewältigung und Geschichtsbewusstsein. Realität, Deutung und Verarbeitung des deutschen Kolonialkrieges in Namibia 1904–1907, Göttingen 1999; Andreas Heinrich Bühler, Der Namaaufstand gegen die deutsche Kolonialherrschaft in Namibia von 1904–1913, Frankfurt a. M. [u. a.] 2003; Jürgen Zimmerer/Joachim Zeller (Hrsg.), Völkermord in Deutsch-Südwestafrika. Der Kolonialkrieg (1904–1908) in Namibia und seine Folgen, Berlin 2003. Für Deutsch-Ostafrika: Detlef Bald, Afrikanischer Kampf gegen koloniale Herrschaft. Der Maji-Maji-Aufstand in Ostafrika, in: MGM 19 (1976), S. 23–50; Jigal Beez/Felicitas Becker (Hrsg.), Der Maji-Maji-Krieg in Deutsch-Ostafrika 1905–1907, Berlin 2005.

A. Ziel und Aufbau der Arbeit

Die deutsche Kolonialpolitik wird üblicherweise in drei Abschnitte unterteilt:[7] die „Experimentierphase“ (von der Erteilung der ersten Schutzbriefe bis etwa 1890), die „Eroberungsphase“, die in der zeitgenössischen Diskussion als „heroische“ Phase bezeichnet wurde[8] (1890 bis etwa 1906/07) und die „Reformphase“, auch als „Ära Dernburg“[9] (ab 1907) bezeichnet.
In der vorliegenden Arbeit sollen die Entwicklung der militärischen Einflussnahme des Deutschen Reiches von den ersten Kriegsschiffeinsätzen vor der afrikanischen Küste bis zur Schaffung der Kaiserlichen Schutztruppen untersucht sowie die Entstehung der Schutztruppengesetze für die deutschen Schutzgebiete Deutsch-Ostafrika, Deutsch-Südwestafrika und Kamerun[10] und deren praktische Umsetzung, mithin Ereignisse, die in den Zeitraum von 1884–1898 und folglich in die erste und den Beginn der zweiten Phase deutscher Kolonialpolitik fallen, dargestellt werden. Sie gliedert sich in drei Teile. Der erste Teil skizziert „Land und Leute“ und den Ablauf des Erwerbs der großen afrikanischen Schutzgebiete. Der zweite Teil befasst sich mit der Entstehung der Vorläufer der Schutztruppen und den hierfür maßgeblichen Gründen. Im dritten Teil wird die Herausbildung des Militärrechtes der Schutzgebiete bis zum Erlass der Organisatorischen Bestimmungen für die Schutztruppen im Jahre 1898 dargestellt.

---

[7] Klaus J. Bade (Hrsg.), Imperialismus und Kolonialmission. Kaiserliches Deutschland und koloniales Imperium, Wiesbaden 1982, S. 3 ff.; Thomas Nipperdey, Deutsche Geschichte 1866–1918, Zweiter Band: Machtstaat vor der Demokratie, 3. Auflage, München 1995, S. 246, Fn. 13. Ausführlich zu den Phasen der imperialistischen Expansionspolitik in Afrika: Wolfgang Reinhard, Geschichte der europäischen Expansion. Band 4: Dritte Welt Afrika, Stuttgart 1990, S. 38–85.

[8] Bade, Imperialismus, S. 3.

[9] So genannt nach Bernhard Dernburg (1865–1937), damals Staatsekretär des Reichskolonialamtes. Dazu: Werner Schiefel, Bernhard Dernburg 1865–1937. Kolonialpolitiker und Bankier im wilhelminischen Deutschland, Zürich 1974.

[10] Nur in Deutsch-Ostafrika, Deutsch-Südwestafrika und Kamerun entstanden Kaiserliche Schutztruppen. Die geplante Umwandlung der kleinen Polizeitruppe Togos in eine Kaiserliche Schutztruppe konnte wegen des Ausbruchs des Ersten Weltkrieges nicht mehr vollzogen werden, vgl.: StenBer RT, 09. LP., 04. Sess. 1895/97, Dritter Anlageband, Aktenstück Nr. 359, S. 1796, 1799. Deren Stärke betrug bei Errichtung der Polizeitruppe im Jahre 1885 25 Mann, vgl.: von Piotrowski, Über die Polizeitruppe des Togo-Gebietes, in: DKBl. 1893, S. 41. Bei Ausbruch des Ersten Weltkrieges bestand sie aus zwei deutschen Offizieren, fünf deutschen Unteroffizieren und 550 afrikanischen Soldaten, vgl.: Hans Krech, Die Kampfhandlungen in den ehemaligen deutschen Kolonien in Afrika während des 1. Weltkrieges (1914–1918), Berlin 1999, S. 14. *Sebald* nennt 560 Soldaten, davon 8 Deutsche, vgl.: Peter Sebald, Togo 1884–1914. Eine Geschichte der deutschen „Musterkolonie“ auf der Grundlage amtlicher Quellen, Berlin (DDR) 1988, S. 279. Sie konnte aber bis zum 05. August 1914 auf 1500 Mann (darunter 200 Deutsche) verstärkt werden, Krech, S. 14. Die Südseeschutzgebiete verfügten lediglich über kleine Polizeieinheiten. In Kiautschou wurden Marineinfanterieeinheiten stationiert, die organisatorisch dem Reichsmarineamt unterstanden.

B. Quellen

Im Jahre 1994 schrieb *Fröhlich*: „*Die deutsche Kolonial- und ‚Weltpolitik' ist im Sinne einer ‚Globalisierung deutscher Außenpolitik' gründlich erforscht.*"[11] Ein Jahr später erschien der Aufsatz von *Wolter* und *Kaller*, der für das Kolonial*recht* das Gegenteil andeutete.[12] Allein die Zahl der in den letzten Jahren veröffentlichten Dissertationen zur Kolonialgeschichte und zum Kolonialrecht zeigt, dass das Interesse an der Geschichte, einschließlich der Rechtsgeschichte, der deutschen Kolonien ungebrochen ist. Erwähnt seien hier die zwei Gesamtdarstellungen zur Entwicklung des Kolonialrechtes von *Fischer*[13] und *Wagner*,[14] die Darstellung von *Grohmann* zum kolonialen Staats- und Verfassungsrecht[15] sowie die von *Schildknecht* zu den völkerrechtlichen Problemen des Kolonialerwerbs.[16] Die Entstehung des Militärrechtes für die Schutzgebiete wurde jedoch allenfalls beiläufig behandelt.[17]
Es sind daneben auch Darstellungen entstanden, die die Entwicklung der afrikanischen Schutzgebiete aus Sicht des Historikers zeigen.[18] Zahlreich publiziert wurden auch Memoiren der Kolonialbeamten und -militärs.[19] Zur allgemeinen

---

[11] Michael Fröhlich, Imperialismus. Deutsche Kolonial- und Weltpolitik 1880–1914, 2. Auflage, München 1997, S. 178.

[12] Udo Wolter/Paul Kaller, Deutsches Kolonialrecht – ein wenig erforschtes Rechtsgebiet, dargestellt anhand des Arbeitsrechts der Eingeborenen, in: ZNR 17 (1995), S. 201–244.

[13] Hans-Jörg Fischer, Die deutschen Kolonien. Die koloniale Rechtsordnung und ihre Entwicklung nach dem ersten Weltkrieg, Berlin 2001.

[14] Norbert Berthold Wagner, Die deutschen Schutzgebiete. Erwerb, Organisation und Verlust aus juristischer Sicht, Baden-Baden 2002.

[15] Marc Grohmann, Exotische Verfassung. Die Kompetenzen des Reichstags für die deutschen Kolonien in Gesetzgebung und Staatsrechtswissenschaft des Kaiserreichs (1884–1914), Tübingen 2001.

[16] Jörg Schildknecht, Bismarck, Südwestafrika und die Kongokonferenz. Die völkerrechtlichen Grundlagen der effektiven Okkupation und ihre Nebenpflichten am Beispiel des Erwerbs der ersten deutschen Kolonie, Münster [u. a.] 1999.

[17] Fischer, Kolonien, S. 61–66, 118f., 181f.; Grohmann, S. 131–141.

[18] *Deutsch-Südwestafrika:* Udo Kaulich, Die Geschichte der ehemaligen Kolonie Deutsch-Südwestafrika (1884–1914). Eine Gesamtdarstellung, 2. Auflage, Frankfurt am Main 2003. *Deutsch-Ostafrika:* Detlef Bald, Deutsch-Ostafrika 1900–1914. Eine Studie über Verwaltung, Interessengruppen und wirtschaftliche Erschließung, München 1970. *Kamerun:* Helmuth Stoecker (Hrsg.), Kamerun unter deutscher Kolonialherrschaft, Band 1 und 2, Berlin 1960 bzw. 1968; Karin Hausen, Deutsche Kolonialherrschaft in Afrika. Wirtschaftsinteressen und Kolonialverwaltung in Kamerun vor 1914, Freiburg i. Br. 1970. *Togo:* Peter Sebald, Togo 1884–1914. Eine Geschichte der deutschen „Musterkolonie" auf der Grundlage amtlicher Quellen, Berlin (DDR) 1988. Zur allgemeinen Geschichte der deutschen Kolonien: Horst Gründer, Geschichte der deutschen Kolonien, 5. Auflage, Paderborn [u.a.] 2004.

[19] Stellvertretend: Curt von François, Deutsch-Südwest-Afrika. Geschichte der Kolonisation bis zum Ausbruch des Krieges mit Witbooi, April 1893, Berlin 1899; Theodor Leutwein, Elf Jahre Gouverneur in Südwestafrika, Berlin 1908; Paul von Lettow-Vorbeck, Meine Erinnerungen aus Ostafrika, Leipzig 1920.

Geschichte der Schutztruppen existieren zeitgenössische Arbeiten[20] und die moderneren Darstellungen von *Petter*[21] sowie die knappe Darstellung *von Matuschkas*[22], während die Arbeiten von *Haupt*[23] und *Schneider*[24] eher populärwissenschaftlich angelegt sind. Auch während der Zeit des Dritten Reiches wurde die Geschichte der Schutztruppen untersucht.[25]
Als sehr ergiebige Quelle für die Untersuchung der Entstehungsgeschichte der Schutztruppen und der Schutztruppengesetze erwiesen sich die im Bundesarchiv Berlin-Lichterfelde aufbewahrten Aktenbestände[26] sowie die Stenographischen Protokolle der Bundesrats- und Reichstagsverhandlungen.[27]
Die Biographien der Reichstagsabgeordneten und der Diplomaten entstammen den entsprechenden Sammlungen von *Schwarz*[28] und *Bringmann*.[29]

---

[20] Franz Josef Sassen, Deutsches Kolonial-Militärrecht (Sammlung militärrechtlicher Abhandlungen und Studien I 1), Rastatt 1911; ders., Grundzüge der Entwicklung und des gegenwärtigen Zustandes des Militärrechts in den deutschen Kolonien, in: Archiv für Militärrecht 2 (1910/1911), S. 241–258.

[21] Wolfgang Petter, Militärische Einwirkungen auf die deutsche Kolonialverwaltung in Afrika 1884–1918. Ziele und Ergebnisse, in: Commission International d'Histoire Militaire (Hrsg.), Actes du 4e Colloque International d'Histoire Militaire, S. 226–243, Ottawa 1979; ders., Das Offizierkorps der deutschen Kolonialtruppen 1889–1918, in: Hanns Hubert Hofmann (Hrsg.), Das deutsche Offizierkorps 1860–1960. Büdinger Vorträge 1977 (Deutsche Führungsschichten in der Neuzeit Band 11), Boppard 1980, S. 163–174.

[22] Edgar Graf von Matuschka, Organisationsgeschichte des Heeres 1890–1918, in: Hans Meier-Welcker/Wolfgang von Groote (Hrsg.), Handbuch der deutschen Militärgeschichte 1648–1939. Band 3/Abschnitt V: Von der Entlassung Bismarcks bis zum Ende des Ersten Weltkrieges: 1890–1918, Herrsching 1983, S. 203–209.

[23] Werner Haupt, Die deutsche Schutztruppe 1889/1918, Berg am See 1989.

[24] Reinhard Schneider, Die kaiserliche Schutz- und Polizeitruppe für Afrika, Stegen 2005.

[25] Walther Beckmann (Hrsg.), Unsere Kolonien und Schutztruppen. Das Ehrenbuch der Überseekämpfer, Berlin 1935; Herbert Pürschel, Die kaiserliche Schutztruppe für Kamerun. Gefüge und Aufgabe, Berlin 1936.

[26] Vor allem die des Reichskolonialamtes, welche in einem Umfang von 211 Metern erhalten geblieben sind. Die umfangreiche Überlieferung des Kommandos der Schutztruppen ist bei der Zerstörung des Reichsarchivs am 14. April 1945 weitestgehend vernichtet worden.

[27] Die Orthographie wurde den heutigen Regeln angepasst.

[28] Max Schwarz, MdR. Biographisches Handbuch der Reichstage, Hannover 1965.

[29] Tobias C. Bringmann, Handbuch der Diplomatie 1815–1963. Auswärtige Missionschefs in Deutschland und deutsche Missionschefs im Ausland von Metternich bis Adenauer, München 2001.

Teil 1: Die großen afrikanischen Schutzgebiete: Geographie, Klima, Ethnologie und Erwerb

Die Grenzen ihrer Kolonien legten die europäischen Kolonialmächte willkürlich – ohne Rücksicht auf bestehende Stammesgebiete – fest. *Meyer* schrieb: *„Die Grenzen (...) sind gezogen, nicht geworden; so brachte es die Art der Koloniegründung mit sich.“*[30] Durch das heiße afrikanische Klima, das für Europäer oft nahezu unerträglich war, und die für Europäer ungewohnten Krankheiten stand Afrika bald in dem Ruf, *„white man's grave“*[31] zu sein. Die ethnische Vielfalt brachte Risiken, eröffnete aber andererseits auch gewisse politische Möglichkeiten, denn sie gestattete, die Herrschaft zu sichern, indem man alte Feindschaften ausnutzte und die einheimischen Volksgruppen gegeneinander ausspielte.
Der Erwerb der deutschen Schutzgebiete erfolgte in zwei Abschnitten. Während des ersten Abschnittes von 1884–1885 erlangte Deutschland im Jahre 1884 Deutsch-Südwestafrika, Deutsch-Ostafrika, Kamerun (welches später vergrößert wurde), Togo und Neuguinea (einschließlich Bismarckarchipel) und 1885 die Marshallinseln. Im zweiten Abschnitt von 1897–1899 folgten Kiautschou (1897) und diverse Inseln im Stillen Ozean: die Karolinen, die Marianen, Palau und Samoa (1899). Alle afrikanischen Schutzgebiete wurden damit bereits im ersten Abschnitt erworben.

A. Deutsch-Ostafrika

I. Geographie und Klima

Deutsch-Ostafrika umfasste ein Territorium von 993.000 km^2.[32] Die Hauptstadt war Daressalam. Das Schutzgebiet war damit fast doppelt so groß wie das Deutsche Reich und erstreckte sich vom Indischen Ozean – zwischen dem fünften und elften Grad südlicher Breite – bis zu den großen zentralafrikanischen Seen.[33] Es ist geographisch dreigeteilt in ein 50 – 400 km breites Küstentiefland im Osten, ein sich daran anschließendes Hügelland von bis zu 700 m Höhe und

---

30 Hans Meyer (Hrsg.), Das Deutsche Kolonialreich. Eine Länderkunde der deutschen Schutzgebiete, Erster Band: Ostafrika und Kamerun, Leipzig, Wien 1909, S. 426. Zu den Grenzziehungen in den afrikanischen Kolonien: Lazarus Hangula, Die Grenzziehungen in den afrikanischen Kolonien Englands, Deutschlands und Portugals im Zeitalter des Imperialismus 1880–1914, Frankfurt a. M. [u.a.] 1991; Imre Josef Demhardt, Deutsche Kolonialgrenzen in Afrika. Historisch-geographische Untersuchungen ausgewählter Grenzräume in Deutsch-Südwestafrika und Deutsch-Ostafrika, Hildesheim [u. a.] 1997.

31 Der Begriff wurde ursprünglich für Sierra Leone geprägt, welches 1807 erste westafrikanische Kolonie Großbritanniens wurde.

32 Angaben nach: Huber IV, S. 613.

33 Gustav Noske, Kolonialpolitik und Sozialdemokratie, Stuttgart 1914, S. 7.

letztlich das zentrale Binnenhochland,[34] welches große tektonische Senken und Seebecken aufweist – das größte dieser Senkungsgebiete ist der in Nord-Süd-Richtung verlaufende Zentralafrikanische Grabenbruch.[35] In den Gebirgen des Landes liegen Gipfel von über 4.000 m Höhe – der knapp 6.000 m hohe Kilimandscharo, ein ausgedehntes Gebirgsmassiv, ist der höchste Berg Afrikas.[36] Die Jahres-durchschnittstemperaturen lagen im Küstenland bei 25–26°C und im Hochland bei 18–24°C; die damaligen Meteorologen teilten Deutsch-Ostafrika, abhängig von der Passateinwirkung, in drei „Klimaprovinzen“: die nordwestliche Äquatorialprovinz, die nordöstliche Monsunprovinz und die Wendekreise in der Mitte und im Süden.[37] Deutsch-Ostafrika bot recht gute Lebensbedingungen – das Küstenland war tropisch heiß, aber außerordentlich fruchtbar, in der hinter der Küste auf einer Höhe zwischen 1.000 und 2.000 Metern über dem Meer liegenden Ebene herrschten angenehme Klimabedingungen, während das im trockenen Norden vorherrschende Grasland vor allem Lebensgrundlage der Viehzüchter war und entlang der Flussläufe und Seen des Westens und Südens ertragreicher Ackerbau möglich war.[38] Nur sieben Prozent des Landes waren bewaldet, so dass sich tropische Forstwirtschaft kaum lohnte.[39]

II. Ethnologie

In Deutsch-Ostafrika lebten Reste der Urbevölkerung, Bantu, Hamiten und Semiten. Hamitischen Ursprungs sind die Wahima (Watussi) und die Massai; die Reste der Urbevölkerung waren die Batua, Wahi, Wanege und Wakindiga.[40] Neben den Wasuaheli (Suaheli, Swahili), einem Bantuvolk, das durch die Vermischung afrikanischer Stämme mit Europäern, Indern und anderen entstanden war, fanden sich weitere Bantuvölker (Mafiti, Masitu, Wangoni, Watuta u.a.), Somali, Oman- und Hadramaut-Araber, Beludschen, Parsi und Indergruppen.[41]

---

[34] Francesca Schinzinger, Die Kolonien und das Deutsche Reich. Die wirtschaftliche Bedeutung der deutschen Besitzungen in Übersee, Stuttgart 1984, S. 28.
[35] Meyer I, S. 14.
[36] Noske, S. 7.
[37] Anton Mayer (Hrsg.), Das Buch der deutschen Kolonien, Potsdam, Leipzig 1941, S. 142f.
[38] Wolfgang Mayer, Schwarz-Weiß-Rot in Afrika. Die deutschen Kolonien 1883–1918, Puchheim 1985, S. 49.
[39] Schinzinger, S. 28.
[40] A. Mayer, S. 147.
[41] Graudenz/Schindler, S. 120.

III. Erwerb

In Ostafrika hatten sich bereits deutsche Handelsfirmen – die Hamburger Handelshäuser O'Swald und Hansing & Co. – angesiedelt, jedoch bislang nicht um deutschen Schutz ersucht, da sie ihre Geschäfte ungestört betreiben konnten.[42] Maßgeblich verantwortlich für den Erwerb Deutsch-Ostafrikas war Dr. Carl Peters[43], ein *„reiner Kolonialpolitiker.“*[44] Dieser hatte am 28. März 1884 die „Gesellschaft für Deutsche Kolonisation“ gegründet und plante den Erwerb von Gebieten in Ostafrika, konnte hierfür jedoch nicht auf die Unterstützung des Deutschen Reiches zurückgreifen. Nach Reinhard war er gar *„bloßer Störenfried in dem eingespielten System zwischen England, Sansibar, den Suaheli und europäischen Handelshäusern.“*[45] Er landete dennoch am 04. November 1884 mit seinen Begleitern Karl Jühlke[46] und Joachim Graf von Pfeil[47] an der ostafrikanischen Küste. Diese schlossen im November und Dezember 1884 als Vertreter der Gesellschaft mit ortsansässigen Häuptlingen Verträge ab,[48] *„durch welche (...) ein Gebiet von angeblich 2500–3000 Quadratmeilen samt allen Hoheitsrechten“* von der „Gesellschaft für Deutsche Kolonisation“ erworben wurde.[49] Peters deutete die Möglichkeit an, dass sich die Interessen der „Deutsch-Ostafrikanischen Gesellschaft“, die er alsbald nach dem Vorbild der britischen

---

[42] Hans-Ulrich Wehler, Bismarck und der Imperialismus, 2. Auflage, Frankfurt am Main 1985, S. 334.

[43] Dr. phil. Carl Peters (1856–1918), Kolonialpolitiker; 1879 Promotion in Geschichte; gründete im März 1884 die „Gesellschaft für Deutsche Kolonisation“, für die er im gleichen Jahr durch mehrere Verträge Land in Ostafrika erwerben konnte; 1891 provisorischer Reichskommissar für Deutsch-Ostafrika; ließ Ende 1891 aus persönlichen Gründen einen Afrikaner und eine Afrikanerin (seine Konkubine) hinrichten und wurde im Wege eines Disziplinarverfahrens aus dem Reichsdienst entlassen, erhielt jedoch 1905 auf dem Gnadenwege von Wilhelm II. den Titel eines Reichskommissars a. D. zurück und ab 1914 eine jährliche Pension aus dem Dispositionsfonds des Kaisers, nach: DKL (1920), Bd. III, S. 40; Gründer, Kolonien, S. 85f.

[44] Huber IV, S. 618.

[45] Wolfgang Reinhard, Kleine Geschichte des Kolonialismus, Stuttgart 1996, S. 25.

[46] Dr. iur. Karl Jühlke (1856–1886), Jugendfreund von Carl Peters und Begleiter auf seiner Expedition 1884, unternahm ab 1885 selbständige Expeditionen, 1886 an der Somaliküste ermordet, nach: DKL (1920), Band II, S.133.

[47] Dr. phil. h. c. Joachim Graf von Pfeil und Klein-Ellguth (1857–1924), Farmer und Forschungsreisender in Afrika, Vorstandsmitglied der Deutschen Kolonialgesellschaft und des Alldeutschen Verbandes, 1887–1889 im Dienst der Neuguinea-Kompagnie, Reisen zum Studium kolonialer Verwaltungen (1889–1890 Holländisch- und Britisch-Indien, 1891 Deutsch-Ostafrika, 1892–1893 Deutsch-Südwestafrika) und mehrere Forschungsreisen in Marokko (1897–1907), nach: DKL (1920), Band III, S. 51; Gründer, Junges Deutschland, S. 116.

[48] Aufzählung bei: Wagner, S. 92.

[49] Zitat nach: Denkschrift über die deutschen Schutzgebiete, 02. Dezember 1885, StenBer RT, 06. LP., 2. Sess. 1885/86, Fünfter Band Erster Anlageband, Aktenstück Nr. 44, S. 133–138 (135). Nach Klaus Richter, Deutsches Kolonialrecht in Ostafrika 1885–1891, Frankfurt a. M. 2001, S. 86 umfasste das erworbene Gebiet eine Fläche von 140.000 km².

East India Company zu gründen beabsichtigte, mit den Interessen des Reiches bezüglich Sansibar verbinden ließen.[50] Am 27. Februar 1885 – unmittelbar nach Ende der Afrikakonferenz („Kongo-Konferenz") in Berlin – unterzeichnete Kaiser Wilhelm I. den Schutzbrief für die Erwerbungen der Gesellschaft für deutsche Kolonisation in Ostafrika. Zuvor hatte Carl Peters angekündigt, seine Erwerbungen an den belgischen König Leopold II. zu verkaufen, falls Bismarck sich weiterhin weigere, ihm den Schutz des Reiches zu gewähren.[51]

Die von Peters angekündigte Gründung der DOAG erfolgte durch notariellen Vertrag vom 30. März 1885 – die Gesellschaft veränderte mehrfach ihre Rechtsform und firmierte ab dem 18. September 1889 als Kolonialgesellschaft.[52]

Am 27. April 1885 protestierte Said Bargash, der Sultan von Sansibar, gegen das deutsche *„Protektorat."*[53] Bismarck griff zu militärischen Machtinstrumenten – zum Mittel der Kanonenbootpolitik, das sich bei den anderen Kolonialmächten bewährt hatte –, kündigte dem Kaiser am 30. April 1885 die Entsendung eines Geschwaders nach Sansibar an und erteilte im Mai 1885 Admiral Knorr[54] die Anweisung zum Eingreifen, sprach sich aber gleichzeitig gegen eine längerfristige Marinepräsenz in der Region aus, da er einen dauerhaften Konflikt zwischen der Gesellschaft und dem Sultan unbedingt vermeiden wollte.[55] Der ausgeübte Druck zeigte die beabsichtigte Wirkung. Nachdem am 7. August 1885 das deutsche Geschwader vor Sansibar erschienen war, erkannte der Sultan am 13. August 1885 die deutsche Schutzherrschaft an.[56] Die Streitigkeiten endeten mit dem Abschluss des „Freundschafts-, Handels- und Schifffahrtsvertrages zwischen dem Deutschen Reich und dem Sultan von Sansibar" am 20. Dezember 1885, der vom Sultan und Admiral Knorr unterzeichnet wurde.[57] Die von Peters geleitete DOAG übernahm im September 1885 die Rechte der Gesellschaft für deutsche Kolonisation und führte im Auftrag und unter Aufsicht des

---

[50] Richter, S. 26. Vgl. auch: Denkschrift über die deutschen Schutzgebiete, 02. Dezember 1885, StenBer RT, 06. LP., 02. Sess. 1885/86, Fünfter Band Erster Anlageband, Aktenstück Nr. 44, S. 133–138 (135).

[51] Bernd G. Längin/Michael Schindler, Die deutschen Kolonien. Schauplätze und Schicksale 1914–1918, Hamburg [u. a.] 2004, S. 159.

[52] Zum Ganzen: Wagner, S. 29–33. Vgl. auch: Statut der Deutsch-Ostafrikanischen Gesellschaft, BArch, R 1001/735, nach S. 58.

[53] Denkschrift über die deutschen Schutzgebiete, 02. Dezember 1885, StenBer RT, 06. LP., 02. Sess. 1885/86, Fünfter Band Erster Anlageband, Aktenstück Nr. 44, S. 133–138 (135).

[54] Eduard von Knorr (1849–1920), kommandierte seit 1884 das westafrikanische Geschwader.

[55] Vgl.: Wehler, Imperialismus, S. 345–347, 351. Der Einsatz des Geschwaders verursachte Kosten i. H. v. 1,5 Millionen Mark, a. a. O., S. 355.

[56] Denkschrift über die deutschen Schutzgebiete, 02. Dezember 1885,StenBer RT, 06. LP., 2. Sess. 1885/86, Fünfter Band Erster Anlageband, Aktenstück Nr. 44, S. 133–138 (135). Das Geschwader Knorrs verblieb bis zum Januar 1886 in den Hoheitsgewässern Sansibars.

[57] Text in: StenBer RT, 06. LP., 02. Sess. 1885/86, Sechster Band Zweiter Anlageband, Aktenstück Nr. 250, S. 1170–1181. Dem Reichstag wurde der Vertragstext am 30. März 1886 zur Kenntnisnahme vorgelegt.

Reiches die Verwaltung des Schutzgebietes.[58] Sie erwarb durch Verträge vom 30. Juli 1887[59] und 28. April 1888[60] weitere Gebiete. Die Grenzfestlegung erfolgte durch Staatsverträge mit England – am 29. Oktober/01. November 1886[61] – und Portugal – am 30. Dezember 1886.[62]

[58] Huber IV, S. 618.

[59] Ernst Kienitz, Zeittafel zur Deutschen Kolonialgeschichte, München 1941, S. 80.

[60] Vertrag des Sultans von Sansibar mit der Deutsch-Ostafrikanischen Gesellschaft vom 28. April 1888. Text abgedruckt in: Kaiserliches Gouvernement von Deutsch-Ostafrika (Hrsg.), Die Landes-Gesetzgebung des Deutsch-Ostafrikanischen Schutzgebiets. Systematische Zusammenstellung der in Deutsch-Ostafrika geltenden Gesetze, Verordnungen usw., Tanga, Daressalam 1911, S. 3–8. Abgeändert durch Nachtrags-Übereinkommen vom 13. Januar 1890, BArch, R 1001/745, S. 24–26.

[61] Übereinkommen zwischen Deutschland und England, betreffend das Sultanat Sansibar und die Abgrenzung der deutschen und englischen Interessensphären in Ostafrika, 29. Oktober und 01. November 1886, Text abgedruckt in: Kaiserliches Gouvernement von Deutsch-Ostafrika (Hrsg.), Die Landes-Gesetzgebung des Deutsch-Ostafrikanischen Schutzgebiets. Systematische Zusammenstellung der in Deutsch-Ostafrika geltenden Gesetze, Verordnungen usw., Tanga, Daressalam 1911, S. 2f. Auch in: StenBer RT, 06. LP., 04. Sess. 1886/87, Zweiter Band Anlagen, Aktenstück Nr. 56, S. 367–370.

[62] Erklärung zwischen der Kaiserlich deutschen und Königlich portugiesischen Regierung, betreffend die Abgrenzung ihrer beiderseitigen Besitzungen und Interessensphären in Südafrika, 30. Dezember 1886, BArch, R 1001/1799, S. 7–10. Auch abgedruckt in: Kaiserliches Gouvernement von Deutsch-Ostafrika (Hrsg.), Die Landes-Gesetzgebung des Deutsch-Ostafrikanischen Schutzgebiets. Systematische Zusammenstellung der in Deutsch-Ostafrika geltenden Gesetze, Verordnungen usw., Tanga, Daressalam 1911, S. 13–16.

B. Deutsch-Südwestafrika

I. Geographie und Klima

Die Größe des Schutzgebietes betrug 836.000 km^2.[63] Hauptstadt war Windhoek (damals: Windhuk). Deutsch-Südwestafrika wurde durch die Flüsse Kunene (im Norden) und Oranje (im Süden), den Atlantische Ozean im Westen und das Betschuanaland (heute: Botsuana) im Osten begrenzt.[64] Es wurde unterteilt in Küstenstreif, Groß-Namaland, Damaraland, Kaokofeld, Karstfeld und Kalahari.[65] Das Klima Südwestafrikas wies lange Trockenzeiten und sehr kurze Regenperioden auf.[66] Charakteristisch für Südwestafrika waren die in allen Gebieten vorhandenen sog. „Riviere", periodisch abflutende und trockenliegende Rinnsale, die drei Hauptentwässerungsgebiete – die Sambesizuflüsse, die Kalahari-Verrieselung und die Oranjezuflüsse – bildeten.[67] Die eintönige Küste hatte eine Länge von 1.350 km und wies kaum tiefere Einbuchtungen auf – lediglich in der Mitte befand sich die englische Walvis Bay und ungefähr 400 km südlich davon Angra Pequeña (später: Lüderitzbucht).[68] In den Küstenländern herrschte ein weit landeinwärts wirkendes Seeklima, im Osten Südwestafrikas ein ausgeprägtes Landklima,[69] während abweichend davon im Ovamboland und im Caprivizipfel[70] viel Wasser und fruchtbare Böden vorhanden waren und teilweise tropische Klimaverhältnisse herrschten.[71]

II. Ethnologie

Ethnologisch zeichnete sich das Schutzgebiet durch große Vielfalt aus. Der Küstenstreif wurde von Nomaden (ursprünglich San [sog. Buschmänner], die sich später mit den Nama vermischt hatten) bevölkert. Im Groß-Namaland

---

[63] Angaben nach: Huber IV, S. 613.
[64] Gert Sudholt, Die deutsche Eingeborenenpolitik in Südwestafrika, Hildesheim, New York 1975, S. 23.
[65] Graudenz/Schindler, S. 45.
[66] Schinzinger, S. 29.
[67] Hans Meyer (Hrsg.), Das Deutsche Kolonialreich. Eine Länderkunde der deutschen Schutzgebiete, Zweiter Band: Togo, Südwestafrika, Schutzgebiete in der Südsee und Kiautschougebiet, Leipzig, Wien 1910, S. 142ff. Karte der Riviere: a. a. O., S. 143.
[68] Noske, S. 9.
[69] Graudenz/Schindler, S. 39.
[70] Benannt nach dem damaligen Reichskanzler Georg Leo Graf von Caprivi. Die nordöstlichste Verwaltungsregion Namibias heißt noch heute „Caprivi". Darstellung der Geschichte des Caprivizipfels bei: Maria Fisch, Der Caprivizipfel während der deutschen Zeit 1890–1914, Köln 1996 (2. Auflage: Der Caprivizipfel während der deutschen Kolonialzeit 1890–1914, Windhoek 1998). Vgl. auch: Franz Steiner, Die wirtschaftsgeographischen und politischen Verhältnisse des Caprivi-Zipfels, in: ZKolR 11 (1909), S. 417–465.
[71] Noske, S. 9.

lebten die Nama.[72] Im Damaraland siedelten die Herero (ein Bantuvolk) und die Bergdamara, im Kaoko- und Karstfeld die Buschleute. Im Amboland lebten die Ovambos und in der Kalahari – neben den im nördlichen Teil ansässigen Herero, den südlich davon lebenden Nama und Bastards[73] – die Buschmänner. In den Stromgebieten waren die Sambesivölker (Sumpflandbewohner, Massubia und Mambukusch) zu finden.[74] Zwischen den einzelnen Bevölkerungsgruppen kam es häufig zu Konflikten, meist zwischen den Herero und Nama. *Sudholt* berichtete von einem *„Zustand permanenter Stammeskriege, fast eines Kampfes aller gegen alle"*,[75] *Noske* davon, dass die *„Bergdamara (...) an der vollen Sesshaftigkeit durch die herrschenden Hereros und Hottentotten gehindert wurden, die wieder miteinander erbitterte Kämpfe um die Vormacht im Lande ausfochten, bis im Jahre 1892 die Deutschen dem mit wechselndem Glück geführten Ringen ein Ende machten."*[76]

III. Erwerb

In Südwestafrika waren seit 1842 Missionare der Rheinischen Missionsgesellschaft aus Barmen aktiv. Die von Friedrich Fabri geleitete Mission hatte wegen der Unruhen und Auseinandersetzungen im Herero- und Namaland wiederholt die britische und die preußisch-deutsche Regierung um Schutzgewährung ersucht.[77] Ausgangspunkt für den Erwerb Deutsch-Südwestafrikas war der Plan des Bremer Kaufmannes Lüderitz,[78] südlich der Walvis Bay eine Niederlassung zu gründen.

---

[72] Von den Buren wegen ihrer Sprache abwertend „Hottentotten" (Stotterer) genannt.

[73] Diese waren durch die Vermischung von Buren und Namafrauen entstanden, vgl.: Horst Drechsler, Südwestafrika unter deutscher Kolonialherrschaft, 2. Auflage, Berlin (DDR) 1985, S. 28.

[74] Graudenz/Schindler, S. 49f.

[75] Sudholt, S. 26.

[76] Noske, S. 9. Darstellung der frühen Geschichte der in Südwestafrika ansässigen Stämme bei: Heinrich Vedder, Das alte Südwestafrika. Südwestafrikas Geschichte bis zum Tode Mahareros 1890. Nach den besten schriftlichen und mündlichen Quellen erzählt, Berlin 1934.

[77] Vgl. insgesamt zur Missionsarbeit: Klaus J. Bade (Hrsg.), Imperialismus und Kolonialmission. Kaiserliches Deutschland und koloniales Imperium, Wiesbaden 1982; Thorsten Altena, „Ein Häuflein Christen mitten in der Heidenwelt des dunklen Erdteils". Zum Selbst- und Fremdverständnis protestantischer Missionare im kolonialen Afrika 1884–1918, Münster [u. a.] 2003. Speziell zu Deutsch-Südwestafrika: Nils Ole Oermann, Mission, church and state relations in South-West Africa under German Rule (1884–1915), Stuttgart 1999; Kaulich, S. 517–544.

[78] Franz Adolf Eduard Lüderitz (1834–1886), übernahm im Jahre 1878 das Tabakgeschäft seines Vaters; ab 1881 überseeische Unternehmungen (1881 Gründung einer Faktorei im englischen Lagos/Westafrika; 1883 durch seinen Bevollmächtigten Heinrich Vogelsang (s. Fn. 79) Erwerb von Gebieten in Südwestafrika, die Lüderitz 1885 an ein Konsortium verkaufte, welches sie später an die Deutsche Kolonialgesellschaft für Südwestafrika übertrug; ertrank 1886 bei der Erforschung des Oranjeflusses, nach: DKL (1920), Band II, S. 465.

Mit Vertrag vom 01. Mai 1883 erwarb Heinrich Vogelsang[79] als Bevollmächtigter der Firma F. A. E. Lüderitz vom Bethanier-Kapitän Joseph Fredericks die Bucht von Angra Pequeña und das umliegende Land im Umkreis von fünf Meilen und am 25. August 1883 den Küstenstreifen vom Oranje nordwärts bis zum 22. Grad südlicher Breite einschließlich des Hinterlandes auf einer Breite von 20 Meilen.[80]

Bismarck wollte jegliche Verwicklungen mit England vermeiden[81] und vor einer Schutzerklärung prüfen, ob eventuell englische Souveränitätsrechte über Angra Pequeña bestehen, erhielt jedoch aus Großbritannien keine schlüssige Antwort.[82] Ohne die Anerkennung des deutschen Anspruches auf Angra Pequeña durch

---

[79] Heinrich Vogelsang (1862–1914), von 1880–1882 für die Firma Vietor, seit 1884 für Lüderitz an der Westküste Afrikas tätig; am 18. November 1884 durch Gustav Nachtigal zum deutschen Konsul ernannt; kehrte 1886 nach Deutschland zurück, nach: C. A. Lüderitz (Hrsg.), Die Erschließung von Deutsch-Südwest-Afrika durch Adolf Lüderitz. Akten, Briefe und Denkschriften, Oldenburg 1945, S. 162f.

[80] Vertrag vom 01. Mai 1883, BArch, R 151 F/U.IV.c.1, Bd. 1, S. 60; Vertrag vom 25. August 1883, BArch, U.IV.c.1, Bd. 1, S. 60f. Vgl. dazu: Heinrich Vogelsang, Die ersten Schritte zur Erwerbung von Südwest-Afrika, in: ZKolR 8 (1906), S. 37–51 (44–46) und Drechsler I, S. 34. Problematisch hierbei war, dass Fredericks die geographische/deutsche Meile (=7.421 m) nicht kannte, sondern nur die englische Meile (=1.609 m). Lüderitz war sich des „Fehlers" bewusst und schrieb am 26. März 1884 an Vogelsang: *„Da in unserem Kaufkontrakte steht = 20 geogr. Meilen Inland, so wollen wir diese auch beanspruchen. – Lassen Sie aber Joseph Fredriks* (sic!) *aber vorläufig in dem Glauben, dass es 20 engl. Meilen sind.*", zit. nach: C. A. Lüderitz, S. 87. Reinhard lässt offen, ob es sich um *„Betrug oder Missverständnis"* gehandelt hat, Reinhard, Kolonialismus, S. 250.

[81] Rückblickend schrieb er am 10. Juni 1884: *„Nachdem vermehrte Anfragen deutscher Untertanen, namentlich hanseatischer, ob sie bei ihren afrikanischen Unternehmungen auf den Schutz des Reiches rechnen könnten, zu Anfang des vorigen Jahres an mich herangetreten waren, ist es zunächst mein Bestreben gewesen zu verhüten, dass wir bei pflichtgemäßer Leistung dieses Schutzes, mit bestehenden oder auch nur behaupteten Rechten anderer Nationen in Kollision gerieten.*"; Bismarck an Münster,* 10. Juni 1884, BArch, R 1001/1996, S. 120–125.

* Georg Graf (ab 1899: Fürst) zu Münster (1820–1902), 1857–1865 hannoverscher Gesandter in St. Petersburg, 1873–1885 deutscher Botschafter in London, 1885–1890 deutscher Botschafter in Paris, 1899 deutscher Vertreter auf der Ersten Haager Friedenskonferenz, nach: Bringmann, S. 210.

[82] Vgl.: Hatzfeld* an H. von Bismarck,** 04. Februar 1884, BArch, R 1001/1994, S. 33–35; Granville an AA, 23. Februar 1883, BArch, R 1001/1994, S. 91f. Übersetzung in: StenBer RT, 06. LP., 01. Sess. 1884/85, Aktenstück Nr. 61, Nr. 4, S. 158ff. (169); Hatzfeld an H. von Bismarck, 12. November 1883, BArch, R 1001/1995, S. 8f.; Granville an Münster, 21. November 1883, BArch, R 1001/1995, S. 26f.

* Paul Graf von Hatzfeld-Wildenburg (1831–1901), 1874–1878 deutscher Gesandter in Madrid, 1878–1882 in Konstantinopel, 1881–1885 Staatssekretär des Auswärtigen Amtes, 1885–1901 Botschafter in London, nach: Bringmann, S. 119. Dazu jüngst: Vera Niehus, Paul von Hatzfeldt (1831–1901). Politische Biographie eines kaiserlichen Diplomaten, Berlin 2004.

** Herbert Graf von Bismarck-Schönhausen (1849–1904), Sohn des Reichskanzlers Otto von Bismarck, MdR 1884–1886 (DRP) und 1893–1904 (fraktionslos), Preußischer Staatsminister 1888–1890, nach: Schwarz, S. 270.

Großbritannien abzuwarten, und nach weiteren Eingaben von Lüderitz,[83] sagte Bismarck nach Erhalt der kaiserlichen Zustimmung Lüderitz den Schutz des Deutschen Reiches zu und am 24. April 1884 wurden dann die Besitzungen des Kaufmannes Lüderitz in Südwestafrika unter deutschen Schutz gestellt. Bismarck teilte dies telegraphisch dem deutschen Konsul in Kapstadt mit.[84] Verbunden mit der Anweisung, die britische Regierung über die Schutzgewährung in Kenntnis zu setzen, wurde ebenso der deutsche Botschafter in London am 24. April 1884 unterrichtet.[85]
Am 07. August 1884 erfolgte in Angra Pequeña und dem Schutz eines deutschen Kriegsschiffes die Hissung der deutschen Flagge.[86] Insgesamt hatte Lüderitz ein Gebiet von 580.000 km^2 mit etwa 200.000 Einwohnern erworben.[87]
Lüderitz, dessen afrikanische Unternehmungen bald vor dem Ruin standen, war gezwungen, seine Besitzungen in Südwestafrika aufzugeben. Nachdem das Gerücht aufgekommen war, Lüderitz beabsichtige, seinen südwestafrikanischen Besitz an England zu veräußern,[88] schaltete sich Bismarck in die Angelegenheit ein und gewann eine Gruppe privater Interessenten,[89] die *„aus patriotischem Interesse und zur Unterstützung der Kolonialpolitik des Herrn Reichskanzlers“*[90] die „Deutsche Kolonial-Gesellschaft für Südwestafrika“ (DKGSWA) gründeten und am 03. April 1885 sämtliche Ländereien und Grundrechte von

[83] Lüderitz an AA, 22. und 23. April 1884, BArch, R 1001/1996, S. 60–63 bzw. 64–67. Lüderitz forderte den Schutz des Reiches, der die offizielle Unterrichtung des Konsuls in Kapstadt über den erteilten Reichsschutz, den möglichst häufigen Besuch des erworbenen Landes durch deutsche Kriegsschiffe und den Abschluss von Verträgen zwischen der Reichsregierung und den Häuptlingen des Angra-Pequeña-Gebietes zur Sicherung von Lüderitz' dortigen Rechten umfassen sollte.

[84] Das Telegramm hatte folgenden Wortlaut: *„Nach Mitteilungen des Herrn Lüderitz zweifeln die Kolonialbehörden, ob seine Erwerbungen nördlich vom Orange-Fluß auf deutschen Schutz Anspruch haben. Sie wollen amtlich erklären, dass er und seine Niederlassungen unter dem Schutze des Reiches stehen.“*; Bismarck an Konsul Lippert, 24. April 1884, abgedruckt in: StenBer RT, 06. LP., 01. Sess. 1884/85, Aktenstück Nr. 61 (Sammlung von Aktenstücken, betreffend die Unterstellung des Gebiets von Angra-Pequena unter den Schutz seiner Majestät des Kaisers, Nr. 12, S. 158ff. ([172]).

[85] Bismarck an Münster, 24. April 1884, Sammlung von Aktenstücken, betreffend die Unterstellung des Gebiets von Angra-Pequena unter den Schutz seiner Majestät des Kaisers, StenBer RT, 06. LP., 01. Sess. 1884/85, Aktenstück Nr. 61, Nr. 13, S. 158ff. (173).

[86] Schering, Kapitän der Korvette „Elisabeth“, an Admiralität, 14. August 1884, BArch, R 1001/1998, S. 71.

[87] Gründer, Junges Deutschland, S. 93.

[88] Noske, S. 36. Zum deutsch-englischen Verhältnis in der Frühphase der deutschen Kolonialpolitik: Axel T. G. Riehl, Der „ Tanz um den Äquator“. Bismarcks antienglische Kolonialpolitik und die Erwartung des Thronwechsels in Deutschland 1883–1885, Berlin 1993.

[89] Dazu: Drechsler I, S. 41(dort Fn. 86), 42.

[90] Beschluss der ersten Versammlung zur Gründung der Gesellschaft, 14. März 1885. Zit. nach: Horst Drechsler, Südwestafrika unter deutscher Kolonialherrschaft. Band 2: Die großen Land- und Minengesellschaften (1885–1914), Stuttgart 1996, S. 21. Vgl. auch: Vereinbarung über die Gründung der DKGSWA, BArch, R 1001/1522, S. 14 f.; Mitgliederverzeichnis, a. a. O., S. 16–18; Statut der DKGSWA, a. a. O., S. 18–21.

Lüderitz kauften.[91] In den folgenden Jahren wurde die Schutzgewalt des Deutschen Reiches durch Verträge mit anderen Häuptlingen auf benachbarte Gebiete ausgedehnt.[92] Die Abgrenzung der Gebiete und Interessenbereiche erfolgte durch Verträge mit Portugal – am 30. Dezember 1886[93] – und England – am 01. Juli 1890.[94]

---

[91] Vertrag vom 03. April 1885, BArch, R 1001/1522, S. 8–13.

[92] Nachweise bei: Wagner, S. 685–688. Vgl. auch: *„Übersicht der Verträge, durch welche die Deutsche Kolonial-Gesellschaft für Südwest-Afrika Landbesitz und sonstige Rechte im südwestafrikanischen Schutzgebiete erworben hat (Abgeschlossen 1. März 1888)"* ; BArch, R 151 F/U.IV.c.1, Bd. 1, S. 96.

[93] Erklärung zwischen der Kaiserlich deutschen und der Königlich portugiesischen Regierung, betreffend die Abgrenzung ihrer beiderseitigen Besitzungen und Interessensphären in Südafrika, 30. Dezember 1886, BArch, R 1001/1799, S. 7–10. Text auch abgedruckt in: Kaiserliches Gouvernement von Deutsch-Ostafrika (Hrsg.), Die Landes-Gesetzgebung des Deutsch-Ostafrikanischen Schutzgebiets. Systematische Zusammenstellung der in Deutsch-Ostafrika geltenden Gesetze, Verordnungen usw., Tanga, Daressalam 1911, S. 13–16.

[94] Abkommen zwischen Deutschland und England über Kolonien und Helgoland, 01. Juli 1890, DKBl. 1890, S. 120–128. Vgl. die Entwürfe in: BArch, R 1001/6932.

C. Kamerun

I. Geographie und Klima

Das Schutzgebiet Kamerun war ursprünglich 498.000 km^2 groß und wurde durch das deutsch-französische Zweite Marokko-Abkommen vom 04. November 1911[95] um Neu-Kamerun auf 761.000 km^2[96] erweitert. Das Abkommen gewährte dem Deutschen Reich in Art. 3 zudem den Zugang zum Sambesi. Das Schutzgebiet grenzte im Norden an Britisch-Nigeria, im Süden an Französisch-Kongo, im Osten an die „französische Interessenspäre des mittleren Sudan" und im Westen an den Atlantischen Ozean. Die 320 Kilometer lange Küste erstreckte sich vom Rio del Rey bis zum Kampofluss.[97] Mit der Eingliederung Neukameruns erhielt das Schutzgebiet Zugang zu den Flüssen Kongo und Ubangi.[98] Kamerun gliedert sich geographisch in das Küstenvorland, das Kamerunplateau, die Massivregion von Adamaua und das Tschadsee-Becken.[99] Die Grenze zwischen Küstenvorland und Kamerunplateau weist eine Vielzahl von Wasserfällen auf, die von im Hochland entspringenden und westwärts dem Atlantischen Ozean zufließenden Flüssen gebildet werden,[100] während das Küstenvorland durch eine ausgesprochene Flachküste mit Sümpfen, Strandwällen, Lagunen und tief einschneidenden Ästuarien geprägt ist.[101] Kameruns Klima war uneinheitlich – fast jedes afrikanische Klima vom Regenwald bis zur Vollwüste war vorhanden[102] – jedoch überwiegend tropisch-feucht. Während die jahreszeitlichen Temperaturen im Küstengebiet nur gering schwanken, waren sie in den anderen Regionen Kameruns deutlich größer.[103] Die Vegetation war im Hochland und im Tiefland verschieden – Grassteppe fand sich im Hochland und den höheren Teilen des Gebirges, Mangroven an Flussufern des Tieflandes und im Tiefland und tiefer gelegenen Teilen des Gebirges und des Hochlandes Urwald mit Bäumen von bis zu 60 Metern Höhe,[104] der wertvolle Nutzhölzer wie Teak, Guajak, Mahagoni und Ebenholz enthielt.[105]

---

[95] Abkommen zwischen dem Deutschen Reiche und der Französischen Republik betreffend Äquatorial-Afrika vom 04. November 1911, DKBl. 1912, S. 283–289.
[96] Flächenangabe nach: Huber IV, S. 616.
[97] A. Mayer, S. 78.
[98] Noske, S. 8.
[99] Graudenz/Schindler, S. 217f.
[100] Friedrich Plehn, Die Kamerun-Küste. Studien zur Klimatologie, Physiologie und Pathologie in den Tropen, Berlin 1898, S. 5.
[101] Meyer I, S. 426.
[102] Schinzinger, S. 17.
[103] A. Mayer, S. 83ff.
[104] Plehn, S. 5f.
[105] F. Berthold Krüger, Das neue Kongogebiet (Kamerun, Deutschkongo), Leipzig 1912, S. 18f.

II. Ethnologie

In Kamerun waren zwei große Volksgruppen ansässig. Zunächst die Bantu im Küstenland, im Urwald und im Süden des Kameruner Hochlandes.[106] Die Bantu unterschied man in die ältere Kamerungruppe und die aus dem Süden und Südosten andrängende Fanggruppe, die wiederum aus mehreren großen Stämmen bestand.[107] Große Bantustämme waren die Abo, Duala, Bakwiri und Bakoko.[108] Im nördlichen Hochland, in Adamaua und im Tschadseegebiet lebten die Sudanvölker.[109] Die Bantustämme an der Küste bildeten unzählige kleine Stammesgenossenschaften, die sich durch Sprache und Kleidung unterschieden, und meist untereinander verfeindet waren, während die Sudanvölker mächtige Reiche bildeten.[110] In das Gebiet der Sudanvölker waren aus dem Norden, Nordwesten und Nordosten die hamitischen Fulbe, die Kanuri, die Haussa und die Araber eingedrungen.[111] Im Gebiet des Urwaldes lebten die Bagielli, ein Pygmäenvolk.[112]

III. Erwerb

Ausgangspunkt für den Erwerb Kameruns waren deutsche Handelsunternehmungen. Seit 1868 unterhielt das Hamburger Handelshaus C. Woermann[113] eine eigene Faktorei im Gebiet des Kamerunflusses.[114] 1881 gründete die Firma in Duala ihre erste Niederlassung auf dem Festland.[115] Daneben verfügten auch das ebenfalls in Hamburg ansässige Unternehmen Jantzen & Thormählen, das 1875 von Angestellten Woermanns gegründet worden war, und der Bremer Kaufmann Johann Karl Vietor über Niederlassungen in Kamerun.[116] In den 1870er Jahren hatten die hanseatischen Handelshäuser an der westafrikanischen Küste neben

---

106 A. Mayer, S. 98.

107 Graudenz/Schindler, S. 226.

108 Walther Hubatsch (Hrsg.), Grundriß zur deutschen Verwaltungsgeschichte 1815–1945, Band 22: Bundes- und Reichsbehörden, Marburg/Lahn 1983, S. 451.

109 A. Mayer, S. 98.

110 Plehn, S. 28f.

111 Graudenz/Schindler, S. 226.

112 DKL (1920)/*Passarge-Rathjens*, Band I, S. 115.

113 Inhaber war Adolph Woermann (1847–1911), Kaufmann, Mitglied der Hamburger Bürgerschaft 1880–1884, MdR (NL) 1884–1890, Mitglied des Kolonialrates 1891–1907. Dieser dominierte weitgehend den Westafrikahandel und hatte sich neben Bank-, Versicherungs- und Reedereigeschäften und anderen wirtschaftlichen Unternehmungen als Reichstagsabgeordneter der Nationalliberalen Partei auch großen politischen Einfluss verschafft, nach: Schwarz, S. 502; Gründer, Junges Deutschland, S. 67f.

114 Längin/Schindler, S. 64.

115 Kienitz, S. 63.

116 Huber IV, S. 615f.

den englischen Handelshäusern eine führende Position erworben und ab 1884 beherrschten Woermann und Jantzen & Thormählen den Kamerunhandel.[117] Wegen der zunehmenden Schwierigkeiten mit einheimischen Häuptlingen, die geschlossene Handelsverträge nicht einhielten, baten die deutschen Handelshäuser um militärischen Schutz und um den Abschluss von Schutzverträgen mit den Häuptlingen, da sie befürchteten, gegenüber dem Handel anderer Länder ins Hintertreffen zu geraten – durch die zunehmende Präsenz Englands und Frankreichs im Kongogebiet und die von beiden Mächten betriebene Schutzzollpolitik waren aus Sicht der deutschen Handelshäuser die bisher herrschenden günstigen Handelsbedingungen gefährdet.[118] In einer Denkschrift der Handelskammer zu Hamburg vom 06. Juli 1883 forderten sie *„die Ernennung eines deutschen Konsuls"*, den *„Abschluss von Verträgen mit England, event. auch Frankreich, durch welche den Deutschen in den Kolonien dieser Staaten in jeder Beziehung (...) gleiche Rechte mit den Angehörigen derselben gewährleistet werden"*, die *„Einwirkung auf Frankreich zwecks Aufhebung der Benachteiligung des deutschen Handels"*, den *„Schutz der deutschen Interessen in den von unabhängigen Negerstämmen bewohnten Distrikten durch Abschluss von Verträgen mit den Häuptlingen und durch Stationierung von Kriegsschiffen zu diesem Zwecke"*, die *„Begründung einer Flottenstation (Fernando Po)"*, *„die Neutralisierung der Kongo-Mündung und des benachbarten Küstenstriches"* sowie den *„Erwerb eines Küstenstriches in West-Afrika zur Gründung einer Handelskolonie."*[119]

Daraufhin unterrichtete Hatzfeld den Königlichen Gesandten in Hamburg am 22. Dezember 1883, dass beabsichtigt sei, *„alsbald eine Kommissarische Vertretung der deutschen Interessen an der Küste von West-Afrika einzurichten"* und die *„dauernde Stationierung von Kriegsschiffen an dieser Küste (...) in das Auge gefasst (ist)."* Ferner sollte *„der Versuch gemacht werden, den deutschen Handel (...) gegen Benachteiligungen tunlichst zu wahren, und womöglich die bestehenden Vertragsrechte zu erweitern."*[120]

---

[117] Gründer, Kolonien, S. 82. Im Jahr 1884 verfügte die Firma Woermann über mehrere Faktoreien, die von eigenen Segelschiffen und Dampfern versorgt wurden: sieben in Liberia, fünf im Kamerungebiet und weitere zwölf an der Küste südwärts bis zum Kongo; Jantzen & Thormählen hatte den Umfang der Faktoreien auf vier in Kamerun und acht zwischen Batanga und Ogowe erweitert – die hanseatischen Handelshäuser kontrollierten damit die Hälfte der Gesamtausfuhr im Kamerungebiet, Wehler, Imperialismus, S. 300.

[118] Reinhard, Expansion, S. 53.

[119] Bericht der Handelskammer zu Hamburg, 06. Juli 1883, BArch, R 1001/4189, S. 60–70 (65).

[120] Hatzfeldt an Mentzel, 22. Dezember 1883, BArch, R 1001/4192, S. 29–32 (30). S. auch: AA an Caprivi, 23. Dezember 1883, BArch, R 1001/4192, S. 34; Caprivi an Hatzfeldt, 08. Januar 1884, BArch, R 1001/4192, S. 37.

Dem Afrikaforscher Dr. Gustav Nachtigal,[121] der zuvor auf Weisung Bismarcks zum Reichskommissar für die westafrikanische Küste ernannt worden war,[122] teilte Bismarck am 19. Mai 1884 in einem Erlass mit, dass der Kaiser beschlossen habe, *„den Schutz der Deutschen und Ihres Verkehrs in einigen Küstenstrichen im Namen des Reichs unmittelbar zu übernehmen."*[123] Am 11. Juli 1884 schlossen die Agenten der Firmen C. Woermann und Jantzen & Thormählen mit Häuptling Dido[124] und seinen Unterhäuptlingen sowie am 11. Juli 1884 mit den Königen Bell und Aqua[125] Verträge, in denen diese den genannten Firmen *„sämtliche Hoheitsrechte"* abtraten, und denen in den folgenden Monaten weitere Verträge im Landesinneren folgten.[126] Am 14. Juli 1884 wurde die Flagge des Deutschen Reiches gehisst und die Erwerbungen der Firmen durch Nachtigal *„unter den Schutz des Reiches gestellt und die Übernahme der Allerhöchsten Schutzherrlichkeit über das Kamerungebiet"* erklärt.[127] Das Deutsche Reich zeigte den anderen Mächten am 13. Oktober 1884 Übernahme der Schutzherrschaft über Kamerun an.[128] Durch mehrere Abkommen mit England und Frankreich erfolgte die Abgrenzung der Interessenbereiche.[129]

---

[121] Dr. med. Gustav Nachtigal (1834–1885), Afrikaforscher, Militärarzt, lebte ab 1863 zunächst in Algerien, später in Tunis; mehrere langjährige Afrikakreisen; 1882 Generalkonsul in Tunis; 1884 Reichskommissar für Westafrika, nach: DKL (1920), Band II, S. 612.

[122] *„Promemoria, betreffend Maßregeln zum Schutz unseres Handels an der Westküste von Afrika"* Hatzfeldts für Bismarck, 06. März 1884, BArch, R 1001/4192, S. 76–78, *„Promemoria, betreffend die Entsendung eines Kommissars an die Westküste von Afrika"* Hatzfeldts für Bismarck, 09. März 1884, BArch, R 1001/4192, S. 83–86; Hatzfeldt an Wilhelm I., 26. März 1884, BArch, R 1001/4192, S. 148–149.

[123] Bismarck an Nachtigal, 19. Mai 1884, BArch, R 1001/4194, S. 6–31 (7); Allerhöchste Vollmacht für Nachtigal, 24. Mai 1884, BArch, R 1001/4194, S. 40f.

[124] Abtretungs-Urkunde Dido, BArch, R 1001/4202, S. 90.

[125] Verkaufs-Contract King Bell, 11. Juli 1884, BArch, R 1001/4202, S. 95.

[126] Nachweise bei: Wagner, S. 685f.

[127] Nachtigal an Bismarck, 16. August 1884, BArch, R 1001/4202, S. 189–198 (191).

[128] Entwurf zu einer Note an verschiedene Kaiserliche Missionen, 13. Oktober 1884, BArch, R 1001/4203, S. 44.

[129] Mit England: Abkommen zwischen Deutschland und England über die Abgrenzung von Interessensphären am Golfe von Guinea, 29. April/07. Mai 1885; Abkommen zwischen Deutschland und England über die Ausdehnung der Nordwestgrenze von Kamerun bis zum Benuë, 27. Juli/02. August 1886; Abkommen zwischen Deutschland und England über Kolonien und Helgoland, 01. Juli 1890; Abkommen zwischen Deutschland und England über die Feststellung der Grenze zwischen dem Kamerun- und dem Ölflußgebiete, 14. April 1893; Abkommen zwischen Deutschland und England über die Abgrenzung der beiderseitigen Interessensphären in den vom Golf von Guinea nach dem Innern sich erstreckenden Gebieten, 15. November 1893; Grenzfestsetzung zwischen dem deutschen Gebiete Nordwest-Kamerun und dem britischen Gebiete Nigeria von Yola an bis zum Tschad-See, 16. Juli 1906. Mit Frankreich: Protokoll, betreffend die deutschen und französischen Besitzungen an der Westküste von Afrika und in der Südsee, 24. Dezember 1885; Deutsch-französisches Abkommen, betreffend die Abgrenzung zwischen Kamerun und Französisch-Kongo, 18. April 1908; Deutsch-französisches Abkommen, betreffend die beiderseitigen Besitzungen in Äquatorial-Afrika, 04. November 1911. Texte bei: Julius Ruppel (Hrsg.), Die Landesgesetzgebung für das Schutzgebiet Kamerun, Berlin 1912, S. 1–25.

Teil 2: Die Vorläufer der Schutztruppen

A. Frühe Geschichte

Die deutsche Geschichte kennt zahlreiche Versuche, Gebiete auf anderen Kontinenten zu kolonisieren. Viele erfolgten – aus den unterschiedlichsten Gründen[130] – auf private Initiative hin und hatten in der Regel auch eine militärische Komponente, denn *„solange es Kolonialpolitik gibt, wurde sie von Gewalt der Waffen getragen."*[131] So die Unternehmung des nürnbergischen Hauses der Welser. Dieses wurde im Jahre 1528 von Kaiser Karl V. mit einem großen Gebiet des heutigen Venezuelas belehnt,[132] konnte aber erst nach langen Auseinandersetzungen mit den spanischen Gouverneuren 1546 mittels einer Flotte von Kriegsschiffen Caracas und den bei der Maracaibo-Bucht gelegenen Teil Venezuelas erobern.[133] Bereits damals zeigte sich, dass einem kolonialen Unternehmen ohne umfangreiche militärische Absicherung nur minimaler Erfolg beschieden sein würde. 1546 wurden den Welsern alle Konzessions- und Schutzrechte über Venezuela vom spanischen Indienrat wieder entzogen.[134]

Die nächsten Bemühungen hatten den afrikanischen Kontinent zum Ziel. Am 01. Januar 1683 hisste der Major Friedrich von der Groeben auf dem Dreispitzenkap die kurbrandenburgische Flagge[135] und es wurden die Festung Groß-Friedrichsburg und zwei weitere Forts, Accada und Takoradi, errichtet, da es dort bereits mit den Holländern Differenzen gegeben hatte und weitere Auseinandersetzungen zu befürchten waren. 1687 zerstörten die Holländer die Forts Accada und Takoradi, welche 1690 aufgegeben wurden, und belagerten Groß-Friedrichsburg, das 1725 endgültig in holländischen Besitz überging.[136] Die kolonialen Bemühungen Brandenburg-Preußens fanden aber bald darauf ein unwiderrufliches Ende. Hauptgrund hierfür war die Unfähigkeit Brandenburg-Preußens, seine überseeischen Besitzungen und Unternehmen wirksam gegen-

---

[130] Handelsinteressen, wissenschaftliche und missionarische Tätigkeit.

[131] Friedrich Fabri, Fünf Jahre deutscher Kolonialpolitik. Rück- und Ausblicke, Gotha 1889, S. 95.

[132] Das Unternehmen stand unter spanischer Oberhoheit. Der Vertrag der Welser mit Spanien ist abgedruckt bei: Eberhard Schmitt (Hrsg.), Dokumente zur Geschichte der europäischen Expansion, Band 4: Wirtschaft und Handel der Kolonialreiche, München 1988, S. 41–47, und in Auszügen bei: Gründer, Junges Deutschland, S. 19f. (Dok. 1).

[133] Kienitz, S. 11.

[134] Schmitt, S. 40. Zum Ganzen: Konrad Haebler, Die überseeischen Unternehmungen der Welser und ihrer Gesellschafter, Leipzig 1903.

[135] Bericht über die Gründung von Groß-Friedrichsburg und Schutzbrief des Großen Kurfürsten vom 29. September 1684. Abgedruckt in: Gründer, Junges Deutschland, S. 25–29 (Dok. 4a und 4b). Vgl. auch: Adolf Götz, Die brandenburgisch-preußische Kolonisation in Guinea unter Friedrich Wilhelm, dem Großen Kurfürsten, in: ZKolR 8 (1906), S. 765–780. Ausführlich zur Geschichte von Groß-Friedrichsburg: Ulrich van der Heyden, Rote Adler an Afrikas Küste. Die brandenburgisch-preußische Kolonie Großfriedrichsburg in Westafrika, 2. Auflage, Berlin 2001.

[136] Kienitz, S.16.

über den großen Seefahrernationen zu schützen. Hinzu kamen Schwierigkeiten mit den eigenen Kaufleuten, so dass der preußische König Friedrich Wilhelm I. am 13. August 1720 die afrikanischen Besitzungen an die Holländisch-Westindische Kompagnie verkaufte.[137]

Alle frühen deutschen Kolonisationsversuche blieben demnach – nicht zuletzt aus Gründen mangelnder militärischer Präsenz in Übersee – erfolglos.

[137] Gründer, Kolonien, S. 16.

B. Die Entstehung der Schutztruppen in den großen afrikanischen Schutzgebieten

Der Erwerb der afrikanischen Schutzgebiete war eher unkompliziert. So gestand Peters später, dass er sich der Wertlosigkeit seiner Verträge – gegenüber den einheimischen Stämmen und gegenüber anderen europäischen Mächten – sehr wohl bewusst war.[138]

Die Sicherung der Herrschaft erwies sich schnell als ungleich komplizierter. Es wurde angesichts der Auflehnung der einheimischen Bevölkerung gegen die deutschen Kolonialherren bald deutlich, dass ein geeignetes Exekutivorgan fehlte, mit dem sich der in den Schutzbriefen zugesagte Reichsschutz und die mit diesem verbundenen hoheitlichen Maßnahmen umsetzen ließen.

I. Deutsch-Ostafrika

Durch Peters' DOAG schienen zunächst in Deutsch-Ostafrika tatsächlich die Kaufleute zu regieren. Bismarck strebte die *„Fusionierung der verschiedenen ostafrikanischen Interessen"*, insbesondere eine Verbindung der DOAG mit den hanseatischen Handelshäusern an, um einerseits das notwendige Kapital für die ostafrikanischen Unternehmungen zu beschaffen und andererseits die dort tätigen Unternehmen so zu stärken, dass sie zum selbständigen Regieren und Ausbeuten Ostafrikas in der Lage wären, konnte seine Pläne aber nicht durchsetzen – sie scheiterten am anmaßenden Auftreten Peters' und Zweifeln der hanseatischen Handelshäuser, die ihre wirtschaftliche Selbständigkeit nicht zugunsten der finanzschwachen DOAG aufgeben wollten.[139] Somit zeichnete sich in Deutsch-Ostafrika ab, dass Bismarcks Vorstellung von einem „Informal Empire" nach britischer Art nicht Realität werden würde. Bei der Durchsetzung der deutschen Kolonialpläne in Ostafrika ergaben sich zwei Probleme: die Interessen der örtlichen Herrscher und die kolonialen Interessen Großbritanniens. Das Deutsche Reich und auch Großbritannien, das seinerseits in Ostafrika eine starke Präsenz zeigte, begannen, Ostafrika unter sich aufzuteilen. Der Sultan von Sansibar geriet hierbei zwischen die Fronten.

---

[138] Er schrieb: *„Dass solche Besitzergreifung von Land durch Vertrag im wesentlichen überall und stets eine Fiktion ist, wusste ich natürlich (...) Es war mir auch bekannt, dass in unserer modernen Zeit derartige Verträge immer nur ein gewisses Vorrecht für den Staat des europäischen Kontrahenten gegenüber anderen Kulturstaaten schaffen, und dies auch nur dann, wenn der betreffende Staat sich solches Vorrechtes bedienen will. Ich durfte meine Aufgabe für gelöst betrachten, wenn ich vorläufig ein einigermaßen umfassendes Gebiet in solcher Weise erworben hatte, dass die deutsche Regierung, wenn sie dies wollte, die geschaffene Rechtsgrundlage in Verhandlungen mit Großbritannien und anderen Mächten verwerten konnte. Dazu genügte ,Vertrag' und Flaggenhissung durch einen Deutschen (...)"*, Carl Peters, Die Gründung von Deutsch-Ostafrika. Kolonialpolitische Erinnerungen und Betrachtungen, Berlin 1906, S. 76f.

[139] Wehler, Imperialismus, S. 351f.

1. Der Araberaufstand

Nachdem der Sultan bereits im August 1885 erst nach der Drohung mit militärischer Gewalt die deutsche Schutzherrschaft anerkannt hatte, führte das unangemessene Verhalten von Peters und anderen Mitarbeitern der DOAG im Umgang mit den lokalen Machthabern umgehend zu neuen Schwierigkeiten. Um die Herrschaft im Küstengebiet errichten zu können, wurde zunächst ein Hafen benötigt. Die entsprechenden Verhandlungen über die Verpachtung Daressalams und anderer Häfen zwischen dem Sultan und Carl Peters, der zwischenzeitlich zum Direktor der DOAG ernannt worden war, scheiterten an Peters, der diese in der für ihn üblichen Weise führte, woraufhin Bismarck diese Gustav Michahelles,[140] dem neuen Generalkonsul in Sansibar, übertrug. Da der Sultan im März 1888 starb, gelang zunächst kein Vertragsabschluß, erst der neue Sultan – Said Khalifa ben Said – unterzeichnete am 28. April 1888 einen Vertrag mit einer Laufzeit von 50 Jahren, welcher der DOAG die Verwaltung der vom Sultan beherrschten Küstengebiete Ostafrikas ermöglichen und die am 16. August 1888 in Kraft treten sollte – obgleich der Sultan Souverän der Küstengebiete blieb, erhielt die DOAG das Recht zur Einziehung von Steuern. Besonders dieses Recht entwickelte sich zum großen Ärgernis, da die Suaheli unverzüglich zur Zahlung von Kopfsteuer, Begräbnissteuer und Erbschaftssteuer aufgefordert wurden, die bisher ihnen unbekannt waren.[141]

Jedoch wurden die vertraglichen Vereinbarungen niemals verwirklicht, da am 15. August 1888 in Pangani der von Bushiri bin Salim al-Harthi angeführte Araberaufstand[142] ausbrach, der zum militärischen Eingreifen des Deutschen Reiches führte und zum auslösenden Moment für die Entstehung der ostafrikanischen Schutztruppe wurde.

Unerwartet kamen die Ereignisse nicht – der deutsche Konsul Arendt hatte schon am 06. März 1886 – fast zweieinhalb Jahre vor dem Beginn des Aufstandes – aus Sansibar berichtet, dass die DOAG seit Erteilung des Schutzbriefes nichts unternommen hatte, *„um durch Errichtung von Stationen im Innern militärische Stützpunkte zu erwerben“* und dadurch *„die tatsächliche Herrschaft über die vertragsmäßig erworbenen Länder auszuüben“*[143]

[140] Dr. iur. Gustav Michahelles (1855–1932); 1879–1882 Rechtsanwalt, danach im Konsulardienst; 1884 Vizekonsul am Generalkonsulat Alexandrien, 1887 Sansibar, dann Generalkonsul; 1891 Triest; 1893 Versetzung zum AA; 1898 Ministerresident in Haiti, 1900 außerordentlicher Gesandter und bevollmächtigter Minister; 1901–1910 Lima; 1902–1904 La Paz; 1910–1913 Rio de Janeiro; 1913–1916 Sofia, nach: Bringmann, S. 114, 116, 142, 149.

[141] Thomas Pakenham, Der kauernde Löwe. Die Kolonialisierung Afrikas 1876–1912, 2. Auflage, Düsseldorf [u. a.] 1994, S. 399.

[142] Andere Bezeichnungen: Bushiriaufstand, Aufstand der Küstenleute.

[143] Arendt an Bismarck, 06. März 1886, BArch, R 1001/382, S. 69f.

und kurze Zeit später hinzugefügt: *„Ohne militärische Okkupation der Gebiete wird die Gesellschaft nie einen Strich Landes so groß wie der Kreuzberg besitzen.“*[144] Als *„Hauptfehler unseres bisherigen kolonialpolitischen Vorgehens“* hatte Fabri den bisherigen Verzicht auf militärische Machtmittel kritisiert und, da *„es ohne Macht kein wirksames Gesetz, ohne Machtentfaltung kein politisches Regiment, welcher Art es sei, gebe und geben könne; in Afrika ebenso wenig wie in Europa“*, die Schlussfolgerung gezogen: *„Wir bedürfen, wenn wir unseren Verpflichtungen als Schutzmacht nachkommen und das Ansehen Deutschlands über See schirmen wollen, notwendig einer kleinen kolonialen Militärmacht.“*[145] Gerade hinsichtlich der islamischen Bevölkerung Ostafrikas hatte er die Befürchtung geäußert, es sei *„nicht ausgeschlossen, dass auch einmal eine Flamme des religiösen Fanatismus sich bei ihnen entzünde.“*[146]
Die Ursachen für den Aufstand waren das *„kopflose, unüberlegte, übermütige“*[147] Verhalten der DOAG-Handelsagenten gegenüber der einheimischen Bevölkerung[148] und das wirtschaftliche Vordringen der DOAG, welches den

[144] Privatbrief Arendts, 13. Mai 1886, BArch, R 1001/396, S. 86.

[145] Fabri, S. 94f.

[146] a. a. O., S. 105. Speziell zur Durchsetzung der von der DOAG geschlossenen Verträge bemerkte später auch Bamberger: *„...das Recht ist dort so schwach, dass es nichts bedeutet, wenn man die Macht nicht hat.“*, StenBer RT, 07. LP., 04. Sess. 1888/89, 20. Sitzung 15. Januar 1889, S. 424ff. (438).

[147] Bamberger vor dem Reichstag, StenBer RT, 07. LP., 04. Sess. 1888/89, 27. Sitzung 26. Januar 1889, S. 603ff. (610).

[148] Der ostafrikanische Vertreter der Firma O'Swald beschrieb das Verhalten der DOAG-Agenten: *„Die Vertreter der Deutsch-Ostafrikanischen Gesellschaft sind von Anfang an in einer wirklich unglaublichen Weise aufgetreten (...). Nicht nur, dass Dr. Peters, Dr. Jühlke und andere, die sich als berufene Vertreter des deutschen Volkes hinstellten, sich nicht entblödeten, durch wüste Trinkgelage, Prügeleien untereinander und ähnliche Exzesse die Achtung, welche der Eingeborene hier vor dem Weißen hat, tief zu untergraben, haben gerade in erster Linie die beiden Genannten in bewusster Absicht alles getan, um die bestehenden Verhältnisse zu verwirren (...).“*, Albrecht O'Swald an Handelshaus O'Swald, 22. Oktober 1888. Durch Handelshaus O'Swald übersandt an Bismarck am 27. November 1888, R 1001/693, S. 105–117 (109). *Eugen Richter** urteilte später, die DOAG *„war (...) aus dem Besitz gesetzt durch den Aufstand, teilweise hervorgerufen durch eigenes Ungeschick“*, StenBer RT, 08. LP., 01. Sess. 1890/91, 58. Sitzung 05. Februar 1891, S. 1336. Ebenso *von Vollmar*,** der einschätzte, das *„Vorgehen der Beamten der Ostafrikanischen Gesellschaft mag nicht die einzige Veranlassung für den späteren Aufstand gewesen sein; aber dass es einen Teil daran gehabt hat, wurde stets, und wohl mit Recht, angenommen.“*, StenBer RT, 08. LP., 01. Sess. 1890/91, 58. Sitzung 05. Februar 1891, S. 1341. *Gerhard Rohlfs* (1831–1896), Afrikareisender und Schriftsteller, hingegen sah als Ursache für den Aufstand *„keineswegs (...) in der Untüchtigkeit der Beamten der Ostafrikanischen Gesellschaft“*, sondern darin, dass *„die eigentliche Regierung fehlt, es fehlt namentlich eine militärische Macht, um das Ganze halten und stützen zu können.“*, Kölnische Zeitung, 30. September 1888, BArch, R 1001/688, S. 65.

* Eugen Richter (1838–1906), Jurist, bis 1864 preußischer Regierungsassessor, dann Verlassen des Staatsdienstes, kurze Tätigkeit in Magdeburg und ab 1868 politischer Schriftsteller in Berlin; MdPrAH 1868–1905; MdR (F/DFrP/DFrVP) 1867, 1871–1906. Führer der F 1874–1884, der DFrP 1884–1893, der DFrVP 1893–1906 und jeweils Vorsitzender der Reichstags-

Widerstand der arabischen Händler hervorrief, da es das Jahrhunderte alte Monopol der Araber im Handel mit Elfenbein, Kautschuk usw. zu vernichten drohte.[149] Daneben war das Auftreten der DOAG-Vertreter nicht mit den religiösen Gepflogenheiten der örtlichen Bevölkerung vereinbar.[150] Einige Führer nutzten das religiöse Moment geschickt aus, um die Bevölkerung gegen die Deutschen aufzuwiegeln. Ebenso stießen die Hissung der Flagge der DOAG[151] und der Erlass einer Steuer- und Katasterverordnung auf den Unmut der einheimischen Bevölkerung.[152] Die Küstenbewohner, die Sklaven hielten und vom Sklavenhandel lebten,[153] hatten die wohl berechtigte Befürchtung, dass die deutsche Kolonialverwaltung alsbald gegen die Sklaverei vorgehen würde.[154] Hinzu kam, dass die Häuptlinge der Küstenplätze in Sorge waren, unter dem Einfluss der Deutschen die Einnahmen aus den von den ankommenden Karawanen erhobenen Tributen zu verlieren.[155]
Wissmann, der Gegend und Leute aufgrund seiner Reisen kannte, überraschte der Ausbruch des Aufstandes nicht:

> *„Die Bewegungen, die jetzt in Ostafrika entbrannt sind, habe ich vor 18 Monaten, als ich zum zweiten Mal von der Westküste ausgehend die Ostküste erreichte, vorausgesehen und vorausgesagt. Diese Bewegung erschien mir unabwendbar. Sie besteht darin, dass der Araber einsieht, dass er den Kampf ums Dasein mit dem Europäer führen muss. Durch unbestrafte Übergriffe und durch unvermeidliche Eingriffe der Europäer ist der Anfang dieser Bewegung beschleunigt worden."*[156]

Bei Ausbruch des Aufstandes machte sich das Fehlen von Machtmitteln bemerkbar, die zur Umsetzung des mit den Schutzbriefen zugesicherten Reichsschutzes geeignet waren – zum Schutz der DOAG-Mitarbeiter standen nur die Truppen des Sultans zur Verfügung, die nicht zuverlässig waren, sondern sich

---

fraktion. Dazu: Ina Susanne Lorenz, Eugen Richter. Der entschiedene Liberalismus in wilhelminischer Zeit 1871 bis 1906, Husum 1981.
** Georg von Vollmar (1850–1922), Schriftsteller; MdR (SPD) 1881–1887 und 1890–1918, MdSächsLT 1883–1889, MdBayrLT 1893, nach: Schwarz, S. 487.

149 DKL (1920)/ *R. von Spalding*, Band I, S. 68–71.

150 Vgl.: Richter, S. 37f. Zum Ganzen auch: Claudia Lederer, Die rechtliche Stellung der Muslime innerhalb des Kolonialrechtssystems im ehemaligen Schutzgebiet Deutsch-Ostafrika, Würzburg 1994.

151 Der Sultan berichtete: *„Anstatt, solange die neue Ordnung der Dinge nicht befestigt war, rücksichtsvoll und milde mit ihnen* (den Untertanen, d. Verf.) *zu verfahren, begann die Gesellschaft ihre Geschäfte damit, dass sie unsere Flagge beschimpfte und die ihrige aufzog."*, Said Khalifa an Bismarck, 02. Juni 1889, BArch, R 1001/388, S. 64ff.

152 Heinrich Loth, Griff nach Ostafrika. Politik des deutschen Imperialismus und antikolonialer Kampf. Legende und Wirklichkeit, Berlin (DDR) 1968, S. 48.

153 H. v. Bismarck sprach im Reichstag von *„in ihrem Lebenserwerb bedrohten Sklavenhändler(n)"*, StenBer RT, 07. LP., 04. Sess. 1888/89, 27. Sitzung 26. Januar 1889, S. 603ff. (603).

154 Lederer, S. 38.

155 Wilhelm Arning, Deutsch-Ostafrika gestern und heute, 2. Auflage, Berlin 1942, S. 11f.

156 Zit. nach: Noske, S. 45.

teilweise sogar den Aufständischen anschlossen, so dass sich der Aufstand bald über die ganze Küste ausbreitete.[157] Es gelang der DOAG nicht, den Aufstand unter Kontrolle zu bringen. Sie musste daher die Reichsregierung um Hilfe ersuchen.[158]

2. Der Antrag Windthorsts vom 14. Dezember 1888

Der Zentrumsabgeordnete *Windthorst*[159] hatte angesichts der Ereignisse in Deutsch-Ostafrika am 27. November 1888 einen Antrag in den Reichstag eingebracht. Dieser hatte *„den alleinigen Zweck, die Beseitigung der Sklavenjagden und des Sklavenhandels herbeizuführen oder herbeiführen zu helfen.“*[160] Anlässlich der Beratungen über den Antrag Windthorsts hatte *Woermann* verdeutlicht, dass aus seiner Sicht eher handfeste ökonomische Gründe und die Sorge um den Erhalt der Macht den maßgeblichen Grund für ein Eingreifen in Ostafrika darstellten, indem er die Beseitigung der Sklaverei als *„eine Kulturaufgabe, welche im wahren Sinne eine wirtschaftliche Aufgabe ist“*,[161] bezeichnete, darauf hinwies, *„dass der Sklavenhandel und die Negerjagden nicht eigentlich vernichtet*

[157] Zum Beginn des Aufstandes: Michahelles an AA, 07., 09. , 11. , 14. , 16. , 17., 23. , 24., 25., 28., 29. September, 07., 11., 18., 19. Oktober 1888, BArch, R 1001/687, S. 3f., 10f.; 20, 39f., 48, 52, 74, 75, BArch, R 1001/688, S. 7, 42, 44, 52, R 1001/689, S. 32, 72, BArch, R 1001/690, S. 69, 73 sowie Michahelles an Bismarck, 30. August 1888, BArch, R 1001/688, S. 36-39 und 18. September 1888, BArch, R 1001/690, S. 6–12, 15–26 und 31–39, 22., 24. und 25. September 1888, BArch, R 1001/691, S. 5–26, 03., 04. und 21. Oktober 1888, BArch, R 1001/692, S. 18–37 sowie 03. November 1888, BArch, R 1001/693, S. 62–72. Ebenso: Denkschrift der DOAG über die Vorgänge während des Zeitraumes 14. Mai 1888 bis 16. Januar 1889, BArch, R 1001/697, S. 64–84. Darstellungen in der Literatur: Günther Jantzen, Ostafrika in der deutsch-englischen Politik 1884–1890, Hamburg 1934, S. 72ff.; Fritz Ferdinand Müller, Deutschland, Zanzibar, Ostafrika. Geschichte einer deutschen Kolonialeroberung 1884–1890, Berlin (DDR) 1959, S. 267–286, 357–457; Helmuth Stoecker, Deutsch-Ostafrika 1885–1906, in: Helmuth Stoecker (Hrsg.), Drang nach Afrika. Die deutsche koloniale Expansionspolitik und Herrschaft in Afrika von den Anfängen bis zum Verlust der Kolonien, 2. Auflage, Berlin 1991, S. 84–101 (86–90). Vgl. auch: Sammlung von Aktenstücken, betreffend den Aufstand in Ostafrika, 06. Dezember 1888, StenBer RT, 07. LP., 04. Sess. 1888/89, Vierter Band Erster Anlageband, Aktenstück Nr. 41, S. 390–417 und Sammlung von Aktenstücken, Ostafrika betreffend, 09. Mai 1890, StenBer RT, 08. LP., 01. Sess. 1890/91, Erster Anlageband, Aktenstück Nr. 26, S. 134–144.

[158] DOAG-Direktorium an Bismarck, 26. Oktober 1888, BArch, R 1001/730, S. 3ff.; Sitzungsprotokoll der DOAG-Direktionsratssitzung vom 26. Oktober 1888, BArch, R 1001/375, S. 128f.

[159] Dr. iur. Ludwig Windthorst (1812-1902), Rechtsanwalt, 1851-1853 und 1861-1865 preußischer Staatsminister der Justiz, MdR (Z) 1867-1891. Dazu: Margaret Lavinia Anderson, Windthorst. Zentrumspolitiker und Gegenspieler Bismarcks, Düsseldorf 1988.

[160] Antrag Windthorsts, 27. November 1888, StenBer RT, 07. LP., 04. Sess. 1888/89, Vierter Band Erster Anlageband, Aktenstück Nr. 27, S. 182.

[161] StenBer RT, 07. LP., 04. Sess. 1888/89, 15. Sitzung 14. Dezember 1888, S. 306.

und verhindert werden können, wenn Deutschland sich lediglich auf maritime Aktionen an der Küste Afrikas beschränkt" und ausführte, *„dass die Basis, welche Deutschland in Ostafrika gewonnen hat, in einer gewissen Weise festgehalten werden muss"*, jedoch der Reichsregierung die Ausgestaltung dieser *„gewissen Weise"* überließ.[162] *Helldorf*[163] regte dazu *„die Einrichtung einer ‚Landblockade' zur Unterstützung der Seeblockade in jenen Revieren"*[164] an. Am 14. Dezember 1888 erklärte *Windthorst* im Reichstag: *„Wenn wir die Maßregeln, die die Regierungen uns vorschlagen, dann in sorgfältige Erwägung ziehen, so versteht sich nach dem Zweck der ganzen Erklärung von selbst, dass wir sie auch, soweit unsere Kräfte reichen, unterstützen."* [165] Windthorsts Resolution fand die mehrheitliche Zustimmung der Reichstagsabgeordneten.[166]

3. Die Wissmann-Truppe und das Gesetz, betreffend den Schutz der deutschen Interessen und Bekämpfung des Sklavenhandels in Ostafrika vom 02. Februar 1889

Noch im August 1888 sah Bismarck keinen Anlass, wegen der Lage in Deutsch-Ostafrika eine Kolonialarmee aufzustellen, und war insbesondere nicht daran interessiert, dem Problem des Sklavenhandels durch den Einsatz von Soldaten zu begegnen.[167] So schlug Legationsrat Krauel,[168] der Bismarcks Einstellung zu Militäroperationen in Ostafrika kannte, diesem im August 1888 vor, eine Einga-

---

[162] a. a. O., S. 307.

[163] Otto von Helldorf (1833–1908), Kammerherr, Landrat, MdprAH 1890; MdR (K) 1871–1874, 1877–1881 und 1884–1893; 1876 Mitbegründer der Deutschkonservativen Partei; 1884–1892 Fraktionsvorsitzender.

[164] StenBer RT, 07. LP., 04. Sess. 1888/89, 15. Sitzung 14. Dezember 1888, S. 308.

[165] a. a. O., S. 304.

[166] a. a. O., S. 320. Die Resolution ist der Wendepunkt in der Kolonialpolitik des Zentrums, vgl.: Hans Spellmeyer, Deutsche Kolonialpolitik im Reichstag, Stuttgart 1931, S. 28–41.

[167] Am 12. Dezember 1895 äußerte er im Gespräch mit dem Reichstagsabgeordneten Dr. Albert Bürklin zur Sklaverei: *„Das Sklavenverhältnis hat Tausende von Jahren gedauert, ist gar nicht mal so schlimm aufzufassen in vielen Fällen, und da hätte es nichts verschlagen, wenn man es noch zehn oder zwanzig Jahre auch weiterhin belassen hätte."*, zit. nach: Otto von Bismarck, Die gesammelten Werke, Band 9 – Gespräche 3. Von der Entlassung bis zum Tode Bismarcks, Berlin 1926, S. 430–438 (433).

[168] Dr. iur. Richard Krauel (1848–1918); seit 1873 deutscher Diplomat; 1873–1878 Konsul in China, 1879–1884 Generalkonsul in Sydney/Australien, 1885–1890 Vortragender Rat und Leiter des Dezernates für die deutschen überseeischen Interessen, vom 01. April–30. Juni 1890 der Kolonialabteilung des AA; 1890 Gesandter in Buenos Aires, 1894 in Rio de Janeiro; 1898 einstweiliger Ruhestand; 1904 Honorarprofessor an der juristischen Fakultät der Universität Berlin, nach: Huber IV, S. 612, Bringmann, S. 88.

be des Kardinals Lavigerie[169] hinsichtlich der Beendigung der Sklaverei in Ostafrika mit militärischen Mitteln[170] abschlägig zu beantworten:

> *„Militärische Operationen in Afrika liegen außerhalb der Grenzen, welche unserer Kolonialpolitik gezogen sind."* [171]

Zu den Ereignissen in Pangani äußerte Bismarck: *„Die Situation zeigt auf das Klarste, wie notwendig es ist, den Sultan dort zum Bundesgenossen zu haben."* Er stellte klar, dass die weitere Entwicklung *„wesentlich auf der Beziehung zu der Bevölkerung weit im Inneren (beruht), und die Beziehung können wir nicht durch militärische Expeditionen erzwingen. Die Möglichkeit militärischer Expeditionen ist meiner Ansicht nach absolut ausgeschlossen, ich würde lieber die ganzen ostafrikanischen Kolonialversuche aufgeben als militärischen Expeditionen des Reichs im Inneren zuzustimmen."*[172] Die DOAG hatte sich am 26. Oktober 1886 bereit erklärt, *„eine eigene Truppe von 200–300 Mann anzuwerben, die als Besatzung in den Häfen dienen soll"* und bat hierfür um Unterstützung der Regierung.[173] Sie hatte bereits detaillierte Planungen über Zusammensetzung, Größe, Zweck, Verteilung und Unterbringung der Truppe erstellt, die entstehenden Kosten auf etwa 1,7 Millionen Mark an einmaligen und über 2,7 Millionen Mark an jährlichen Ausgaben veranschlagt und einen entsprechenden Kredit gefordert, da sie sich zur eigenständigen Erbringung der notwendigen Finanzmittel nicht in der Lage sah.[174] Anderenfalls sei sie zur Liquidation gezwungen, da sie nur noch über Kapital von ungefähr einer Million Mark verfüge.[175] Bismarck erteilte die Anweisung, die Eingabe der DOAG vorläufig unbeantwortet zu lassen.[176] Fabri regte in Absprache mit dem DOAG-Direktionsrat an, der DOAG durch eine Anleihe von 5–10 Millionen Mark, für die das Reich eine Zinsgarantie von 3,5 Prozent übernehmen sollte, die Aufstellung einer als *„Freiwilligen-Kolonialkorps"* bezeichneten Privattruppe aus 200 Deutschen und 800 Afrikanern zu ermöglichen sowie diese einer *„Kommission"* der DOAG zu

[169] Lavigerie an Bismarck, 25. August 1888, BArch, R 1001/7362, S. 22–26.

[170] Dieser hatte die Aufstellung einer kleinen deutschen Truppe von 500 Mann zur Bekämpfung des Sklavenhandels vorgeschlagen.

[171] Aktenvermerk Krauels, 31. August 1888, BArch, R 1001/7362, S. 43. Bismarck hat die Stelle markiert, stimmte demnach offenbar zu.

[172] Aktenvermerk Bismarcks, 18. September 1888, BArch, R 1001/687, S. 61f. Jedoch wurde der Sultan wegen der Zusammenarbeit mit den Deutschen von der Seite der Araber kritisiert. Vgl.: Michahelles an Bismarck, 18. September 1888, BArch, R 1001/690, S. 15–26 (19).

[173] DOAG-Generaldirektion an Bismarck, 26. Oktober 1886, BArch, R 1001/730, S. 3f. Vgl. auch den zugehörigen Aktenvermerk Kaysers, 27. Oktober 1888, BArch, R 1001/730, S. 4f.

[174] DOAG-Vertretung Sansibar an AA, 02. November 1888, R 1001/730, S. 67–70.

[175] Aktenvermerk Krauels, 05. November 1888, BArch, R 1001/730, S. 6–13.

[176] Aktenvermerk des Chefs der Reichskanzlei, Franz Johannes von Rottenburg, 07. November 1888, BArch, R 1001/730, S. 14f.

unterstellen, in der durch die Anwesenheit eines Generalstabsoffiziers dem Deutschen Reich ein Mitspracherecht eingeräumt werden sollte.[177]

Die Lösung hätte nun lauten können, die Rechte der DOAG zu verkaufen – an Großbritannien, das an der Erweiterung seines ostafrikanischen Einflussbereiches interessiert war.

Krauel sprach sich dafür aus, *„im Interesse des Reichs die Gesellschaft zu stützen"* und riet von einem Rückzug aus Ostafrika ab, denn *„dieser werde ohne Einbuße an politischem Ansehen dem Auslande gegenüber kaum durchführbar sein."*[178] Ferner würde der *„scheinbare Triumph, welcher hierin für die parlamentarische Opposition gegen die Kolonialpolitik liegt, auf innerem Gebiete und bei den Wahlen in unerwünschter Weise ausgebeutet werden."*[179]

Bismarck, der zunächst gehofft hatte, dass die Autorität des Sultans ausreichen würde, um die Aufständischen zum Entgegenkommen gegenüber der DOAG zu bewegen,[180] sah sich zur Niederschlagung des Aufstandes mit militärischer Gewalt gezwungen, da der Erhalt der Macht in Deutsch-Ostafrika nunmehr nur noch mit militärischen Mitteln zu gewährleisten war, auch wenn dies seiner bisherigen Kolonialpolitik diametral entgegenlief.

Unter dem Vorwand der Bekämpfung des Sklavenhandels[181] begannen das Deutsche Reich, Großbritannien und Italien – später beteiligte sich auch Portugal – eine Seeblockade der ostafrikanischen Küste, da zu befürchten war, dass die Aufstandsbewegung auch auf die Kolonien anderer Staaten übergreifen könnte.[182]

---

177 Denkschrift Fabris, 05. November 1888, BArch, R 1001/6924, S. 26–34, 37–41. Vgl. auch: Fabri, S. 40f., 112. Dort hatte Fabri die *„Aufstellung einer mobilen überseeischen Truppe, eines neuen Seebataillons"* und dessen Bildung als *„Freiwilligenkorps"* für notwendig gehalten.

178 Aktenvermerk Krauels, 05. November 1888, BArch, R 1001/730, S. 6–13 (8).

179 a. a. O.

180 Das deutsche Reich versuchte mehrfach, den Sultan zum Eingreifen zu bewegen.

181 Hierzu: Klaus J. Bade, Friedrich Fabri und der Imperialismus in der Bismarckzeit. Revolution – Depression – Expansion, Freiburg 1975, S. 326–338.

182 Noske, S. 46. Großbritannien hielt die deutschen Flottenaktivitäten nur für sicher, wenn ein mindestens gleich starker britischer Flottenverband sich an diesen beteiligen und diese kontrollieren würde – die Entstehung einer deutschen Vormachtsstellung und Beeinträchtigungen der britischen Handelsinteressen in Ostafrika sollten um jeden Preis vermieden werden, vgl.: Michael Fröhlich, Von Konfrontation zur Koexistenz. Die deutsch-englischen Kolonialbeziehungen in Afrika zwischen 1884 und 1914, Bochum 1990, S. 76. Zum vorherigen Zustand – die Unterzeichnerstaaten der Kongoakte hatten sich zur Bekämpfung des Sklavenhandels in Afrika verpflichtet – vgl.: Friedrich von Martitz, Das Internationale System zur Unterdrückung des Afrikanischen Sklavenhandels in seinem heutigen Bestande, in: AöR (1), 1887, S. 1–107.

Der Sultan schloss sich der Seeblockade ebenfalls an. Bismarck stellte jedoch den Sinn der Blockade klar:

> *„Der praktische Hauptzweck für uns liegt zunächst in der Verhinderung der Einfuhr von Waffen und Munition."*[183]

Ferner bezweckte man, die Anführer des Aufstandes in Gewahrsam zu nehmen sowie Peters am Betreten des Schutzgebietes und an weiterem Landerwerb zu hindern.[184]

Die Blockade und der Beschuss der Hafenorte waren eher erfolglos.[185] Kaiser Wilhelm II. zeigte sich besorgt: *„Sollten Matrosen umkommen, so sind wir mit unserer Flagge und Uniform engagiert."* Er teilte Bismarcks Auffassung, *„dass wir uns* militärisch *nicht weiter engagieren, als unsere Schiffs-Geschütze reichen."*[186] Bismarck untersagte danach alle *„Unternehmungen über Land."*[187]

---

[183] Anweisung Bismarcks, 28. November 1888, BArch, R 1001/711, S. 63. Vgl. hierzu das spätere „Übereinkommen zwischen dem Reichskommissar für Ost-Afrika und dem Generalverwalter der britisch-ostafrikanischen Gesellschaft über die Beschränkung des Handels mit Waffen und Munition, sowie über sonstige Maßnahmen in den beiderseitigen Verwaltungsgebieten", 24. Februar 1890, BArch, R 1001/746, S. 175–177. Auch in: DKBl. 1890, S. 17–20.

[184] Richter, S. 45. Bismarck hatte Peters' Unternehmungen in Ostafrika von Anfang an missbilligt. Als Peters am 4. November 1884 in Sansibar eintraf, teilte ihm der deutsche Konsul William O'Swald die Ansicht der Reichsregierung mit: *„Falls der pp Peters wirklich in Sansibar eintreffen sollte, sei ihm die Eröffnung zu machen, dass er keinen Anspruch auf Reichsschutz für eine Kolonie habe, und dass all sein Handeln auf seine eigene Rechnung und Gefahr gehe."*, zit. nach: Arning, S. 5.

[185] von der Goltz* an H. von Bismarck, 10., 17., 19., 24., 26. und 29. September 1888, 08., 09., 10., 13., 15., 18., 21., 25. und 31. Oktober 1888, 01., 06., 22., 23., 27., 29. und 30. November 1888, 07., 09. und 27. Dezember 1888, 18., 25. und 26. Januar 1889, 14. und 28. Februar 1889, 28. März 1889, 12. und 26. April 1889, 07. Mai 1889, BArch, R 1001/687, S. 13, 51f., 66, 76, BArch, R 1001/688, S. 30, 51, BArch, R 1001/689, S. 39, 42–61, 68f., 83f., BArch, R 1001/690, S. 45–49, 70, 84, BArch, R 1001/691, S. 57–63, BArch, R 1001/692, S. 61–72, 77, 93–99, BArch, R 1001/693, S. 34f., 58f., 79–85, 88–92, 103f., 123, BArch, R 1001/694, S. 4, 16, 150–155, BArch, R 1001/695, S. 28–38, 85, 93–97, BArch, R 1001/696, S. 25–36, 59–70, BArch, R 1001/697, S. 22–24, 27, 38–44, 52–59, 90–92.

* Maximilian Freiherr von der Goltz (1838–1906), preußischer Admiral, 1883 Direktor der Admiralität, hatte seit 1889 das Oberkommando der Marine inne.

[186] H. von Bismarck an Reichskanzler Bismarck, 01. Oktober 1888, BArch, R 1001/688, S. 73f. Hervorhebung im Original. H. v. Bismarck informierte Reichskanzler Bismarck darin über den Inhalt seines Immediatvortrages vor Wilhelm II. Zuvor hatte der Kaiser vermutet, dass sich Admiral Deinhard bei *„Überlassung der Entscheidung für Aktion entscheiden, dass aber Mithilfe von 40 Matrosen nicht genügen wird"*, a. a. O. Am 25. Januar 1889 bat von der Goltz Bismarck nochmals um dessen Einverständnis, Deinhard den Befehl erteilen zu dürfen, dass *„andere als zur Durchführung der Blockade und Halten der Stationen Bagamoyo und Dar es Salaam notwendige militärische Operationen nur mit Zustimmung des Generalkonsuls gestattet"* seien, von der Goltz an Bismarck, 25. Januar 1889, BArch, R 1001/695, S. 85, welches er erhielt, a. a. O. Vgl. auch: Bismarck an von der Goltz, 26. Januar 1889, BArch, R 1001/985, S. 92. Deinhard und Michahelles wurden entsprechend unterrichtet, vgl.: von der

Nachdem die DOAG schon zu Beginn die *„großen Dimensionen“*[188] des Aufstandes bemerkt und durch nahezu tägliche Eingaben mit der Schilderung der Ereignisse und der Bitte um militärischen Beistand des Reiches die Regierung massiv unter Druck gesetzt hatte[189] sowie nach ergebnislos gebliebenen Verhandlungen, die DOAG zur Aufstellung einer eigenen Schutztruppe zu bewegen,[190] prüfte die Regierung nun selbst Möglichkeiten zur Beendigung des Aufstandes. Der DOAG wurde zunächst mitgeteilt, *„auf eine schnelle Bewältigung des Aufstandes sei freilich nicht zu rechnen.“*[191]
Wissmann erstattete dem Auswärtigen Amt ein Gutachten mit Vorschlägen zur Bekämpfung des *„Arabertums“* in Afrika, in welchem er feststellte, dass alle interessierten Staaten zusammenwirken müssten, *„um den Arabern von allen Seiten Zufuhr von Waffen und Munition abzuschneiden und deren Handel zu unterbinden.“* Er riet zur Entsendung von *„2 Kriegsschiffen, 4–6 Kanonenbooten sowie 3 Bataillonen in Friedensstärke“* und schlug vor *„Freiwillige aus der Armee zu verwenden“* (Marginalie Bismarcks: *„?“)* sowie *„für den Fall, dass Sansibar besetzt werden würde (...) eine kleine Truppe Kavallerie, vielleicht 50 Pferde und 2 bespannte Geschütze zu formieren“* (Anmerkung Bismarcks: *„Von Reichs wegen?“*). Ferner müsste man dafür sorgen, *„das von den Handelshäusern keine Waffen und Munition eingeführt werden.“*[192]
Krauel sprach sich für einen Verbleib der Kriegsschiffe vor Sansibar aus.[193]
Ende November 1888 war die Regierung dann zur Entsendung einer militärischen Expedition nach Ostafrika entschlossen.[194]

Goltz an H. von Bismarck, 28. Januar 1889, BArch, R 1001/695, S. 97; Bismarck an Michahelles, 06. Februar 1889, BArch, R 1001/696, S. 10.

187 Bismarck an Michahelles, 01. Oktober 1888, BArch, R 1001/688, S. 75.

188 DOAG an Bismarck, 09. September 1888, BArch, R 1001/687, S. 11.

189 DOAG an Bismarck, 11., 12., 15., 22., 24., 25., 27., 28., 29. September 1888, 03., 04., 06., 12., 19. Oktober 1888, BArch, R 1001/687, S. 21, 24, 33, 41, 71–73; BArch, R 1001/688, S. 5, 8, 21–26, 27–29, 49, 68f.; BArch, R 1001/689, S. 3f., 21f., 30f., 76f.; BArch, R 1001/690, S. 74; DOAG an Wilhelm II., 28. September 1888, BArch, R 1001/688, S. 69–71.

190 Aktenvermerk Krauels, 15. Oktober 1888, BArch, R 1001/690, S. 49.

191 Aktenvermerk Krauels, 03. Oktober 1888, BArch, R 1001/690, S. 4.

192 *„Wie kann das europäischen Einfluss vernichtende Arabertum in Afrika, südlich des Äquators, nachdrücklich bekämpft werden?“*, 03. Oktober 1888, BArch, R 1001/690, S. 78–82.

193 Aktenvermerk Krauels, 05. Oktober 1888, BArch, R 1001/689, S. 23; AA an von der Goltz, 06. Oktober 1888, BArch, R 1001/689, S. 25f.; Aktenvermerk Krauels, 10. Oktober 1888, BArch, R 1001/689, S. 70f..

194 Referat Krauels über *„Entsendung des Lieutenant Wissmann nach Sansibar“*, 30. November 1888, BArch, R 1001/693, S. 124f. Im Gegensatz dazu lehnte Bismarck im Dezember 1888 die Entsendung einer Rettungsexpedition für den in Gefangenschaft geratenen Emin Pascha ab und erklärte, dass ein militärisches Eingreifen in Afrika unabschätzbare Folgen haben und außer Kontrolle geraten könnte. Die Expedition wurde schließlich von Carl Peters durchgeführt. Dazu: Carl Peters, Die deutsche Emin-Pascha-Expedition, München, Leipzig 1891; Ian R. Smith, The Emin Pasha Relief Expedition 1886–1890, Oxford 1972.

In einem Referat unterbreitete Krauel Bismarck Vorschläge für Militäroperationen an Land. Diese beinhalteten die Entsendung von Wissmann, der als *„der beste Kenner der dortigen Verhältnisse"*[195] galt. Krauels Frage, ob sich Wissmann persönlich in Friedrichsruh vorstellen solle, bejahte Bismarck.[196] Der zugehörige Vorschlag zu Formierung einer militärischen Expedition samt Kosten-Anschlag,[197] den Wissmann aufgestellt hatte, sah die Besetzung der vier wichtigsten Küstenplätze – Pangani, Tanga, Bagamoyo und Daressalam – zur *„Sicherung des Handels und der Zoll-Erhebung sowie gegen die Sklaven-Ausfuhr (...) und demnächst zur Sicherung der Karawanen-Straßen"*, durch eine *„Truppe von 600 Farbigen unter Leitung von 36 Europäern (...) binnen Jahresfrist"* vor. Für die Eroberung der Küstenplätze Pangani und Tanga war die Unterstützung durch zwei Kanonenboote und für alle Plätze eine Sicherung *„durch Befestigungsanlagen und eine Besatzung von 100 Mann"* vorgesehen, während die restlichen 200 Mann auf Sansibar stationiert werden sollten. Die 600 Mann sollten aus *„450 Küsten-Negern und 150 anderweitig angeworbenen farbige(n) Leute(n)"* bestehen. Bismarck widersetzte sich zwar ersterem (*„Die sind weniger tüchtig u. mehr zu verräterischer Beziehung mit Eingeborenen geneigt."*),[198] vermerkte jedoch keine grundsätzliche Ablehnung.

a) Die Beratungen des Gesetzentwurfs

Der Plan musste jetzt finanziert werden. Der Reichstag beriet am 26. Januar 1889[199] den Regierungsentwurf eines „Gesetzes, betreffend Bekämpfung des Sklavenhandels und Schutz der deutschen Interessen in Ostafrika"[200] vom 22. Januar 1889, der die Bereitstellung von zwei Millionen Mark für Militäroperationen in Ostafrika vorsah. In dessen Begründung wies die Reichsregierung zunächst eine *„Verpflichtung (...), deutsche Unternehmer in überseeischen Ländern bei Verlusten schadlos zu halten, oder Ihnen günstige Ergebnisse auf wirtschaftlichem Gebiete zu sichern"* von sich und führte weiter aus, dass die Bekämpfung von Aufständen der einheimischen Bevölkerung gerade nicht Aufgabe des Reichs sein kann.[201] Angesichts der in Südwestafrika Ende 1888

[195] Referat Krauels über *„Entsendung des Lieutenant Wissmann nach Sansibar"*, 30. November 1888, BArch, R 1001/693, S. 125.
[196] a. a. O., S. 126.
[197] BArch, R 1001/693, S. 126–130. Dort auch der Plan zu Organisation der Expedition, a. a. O., S. 128 f. und Kostenanschlag für ein Jahr, a. a. O., S. 129 f.
[198] a. a. O., S. 128.
[199] StenBer RT, 07. LP., 04. Sess. 1888/89, 27. Sitzung 26. Januar 1889, S. 603–638.
[200] Entwurf eines Gesetzes, betreffend Bekämpfung des Sklavenhandels und Schutz der deutschen Interessen in Ostafrika, 22. Januar 1889, StenBer RT, 07. LP., 04. Sess. 1888/89, Vierter Band, Erster Anlageband, Aktenstück Nr. 71, S. 491–493.
[201] Denn: *„Die Vorteile, welche der Schutz des Reichs den Reichsangehörigen gewährt, welche unzivilisierte Gebiete in fremden Weltteilen zu kolonisieren beabsichtigen, liegen*

gewonnenen Erfahrungen war jedoch klar, dass diese Ausführungen bloße Theorie bleiben mussten, wenn der Verlust des ostafrikanischen Schutzgebietes abgewendet werden sollte – dies war auch für die Reichsregierung offensichtlich.[202] Die DOAG hatte zwischenzeitlich wieder die Bildung einer schlagkräftigen Truppe zur Niederschlagung des Aufstandes gefordert.[203]
Herbert von Bismarck[204] erläuterte am Anfang seiner Rede die Auswirkungen des Aufstandes auf die Missionstätigkeit, fuhr fort, dass „*allein (...) die Marine diejenigen Ziele, welche die Resolution vom 14. Dezember im Auge hatte, unmöglich durchführen (kann); sowohl wegen der geringen Zahl der Schiffe, als auch, weil sie zu Lande nicht zu operieren hat*", und stellte in Aussicht, „*dass die Orte, welche jetzt dank der Wirksamkeit unserer Marine gehalten werden, durch eine Polizeitruppe, welche den klimatischen Verhältnissen dort angepasst sein würde, besetzt und gehalten werden sollen.*" Im Gegensatz zur Ansicht von Reichskanzler Bismarck, der die Kosten der Kolonialunternehmungen stets auf die Kaufleute abwälzen wollte, vertrat er die Ansicht, dass es „*einer Gesellschaft (...) nicht wohl zugemutet werden kann, dass sie außerhalb derjenigen Interessen, für welche sie ins Leben gerufen ist, große Mittel aufwende*", und forderte aus Gründen der „*Billigkeit*" die Bereitstellung der Mittel durch den Reichstag.[205] Der Regierungsentwurf berief sich daher auf eine aus den Beschlüssen der Kongokonferenz abgeleitete „*Ehrenpflicht (...), sich an der Zivilisierung Afrikas in gleicher Weise mit den anderen Großmächten zu beteiligen*" und stellte fest, dass „*die erste Vorbedingung für das Gelingen zivilisatorischer*

---

hauptsächlich in der Sicherstellung des zu kolonisierenden Gebietes gegen Störungen und Eingriffe anderer Kolonialmächte. Die Intervention des Reichs kann in der Regel nur anderen auswärtigen Mächten gegenüber zur Geltung kommen, während die Bewältigung des Widerstrebens wilder Eingeborener (...) Aufgabe der Unternehmer bleiben muss. Auf diesem Gebiete kann außerhalb des Bereichs unserer maritimen Streitkräfte kolonialen Unternehmungen materielle Unterstützung nicht geleistet werden. Desgleichen gehört es nicht in das Programm der deutschen Kolonialpolitik, für die Herstellung staatlicher Einrichtungen unter barbarischen Völkerschaften einzutreten und dort eine unseren Anschauungen entsprechende Ordnung der Verwaltung und Justiz herzustellen.", Entwurf eines Gesetzes, betreffend Bekämpfung des Sklavenhandels und Schutz der deutschen Interessen in Ostafrika, 22. Januar 1889, StenBer RT, 07. LP., 04. Sess. 1888/89, Vierter Band, Erster Anlageband, Aktenstück Nr. 71, S. 491–493 (492).

202 Diese gestand ein: „*Die Macht des Sultans hat sich als nicht ausreichend erwiesen, um, dem Vertrage entsprechend, die Gesellschaft bei der Ausübung der ihr gewährten Rechte wirksam zu unterstützen, und die Gesellschaft verfügt nicht über die notwendigen Mittel, um sich der Angriffe der arabischen Sklavenhändler auf allen Küstenpunkten zu erwehren.*", Entwurf eines Gesetzes, betreffend Bekämpfung des Sklavenhandels und Schutz der deutschen Interessen in Ostafrika, 22. Januar 1889, StenBer RT, 07. LP., 04. Sess. 1888/89, Vierter Band, Erster Anlageband, Aktenstück Nr. 71, S. 491–493 (492).

203 DOAG-Generalvertretung Sansibar an DOAG-Generaldirektion, 30. Januar 1889, BArch, R 1001/736, S. 44–48.

204 Dieser referierte als Bevollmächtigter zum Bundesrat, Staatssekretär des Auswärtigen Amtes und Staatsminister den Entwurf im Reichstag.

205 StenBer RT, 07. LP., 04. Sess. 1888/89, 27. Sitzung 26. Januar 1889, S. 604.

Bestrebungen (...) die Abstellung der Sklavenausfuhr und der damit verbundenen Jagden und Kriege (ist)." Vorgeschlagen wurde, „*einen Kommissar des Reiches zu ernennen und nach Sansibar zu entsenden, welcher mit den erforderlichen Vollmachten ausgestattet ist, um (...) die zur Bekämpfung der aufrührerischen Sklavenhändler erforderlichen Maßnahmen zu überwachen*" und „*zur Herstellung und Erhaltung der Sicherheit und Ordnung vor Allem die Anwendung einer Polizeimacht von ausreichender Stärke*" einzusetzen.[206] Für Reichskanzler Bismarck, der wiederholt seiner Unzufriedenheit über Peters' Vorgehen in Ostafrika Ausdruck gegeben hatte, bot sich damit die Möglichkeit, die DOAG einer gewissen Kontrolle zu unterstellen.[207] Die Entsendung des Reichskommissars für Ostafrika sollte dem Zweck dienen, „*ein ständiges politisches Aufsichtsorgan an Ort und Stelle zu besitzen, welches den dortigen Vertretern der Gesellschaft gegenüber mit durchgreifender Autorität ausgestattet ist*", dem „*insbesondere auch das Recht zustehen müsse, die von der Gesellschaft auf Grund der ihr vom Sultan übertragenen Ausübung der Landeshoheit für das ostafrikanische Küstengebiet erlassenen Verordnungen und Reglements außer Kraft zu setzen oder Abänderungen derselben zu verlangen, sowie die Entfernung beziehungsweise Ersetzung der dort angestellten Beamten der Gesellschaft herbeizuführen.*"[208] Eine „*staatliche Einmischung in die wirtschaftlichen Angelegenheiten oder in die Zollerhebung*" der DOAG war nicht beabsichtigt.[209] Das Gesetz wurde nach zwei weiteren Beratungen[210] am 30. Januar 1889 mit einer Mehrheit von Konservativen, Freikonservativen, Nationalliberalen und Zentrum[211] angenommen[212] Kaiser und Reichskanzler unterzeichneten das Gesetz am

---

206 Entwurf eines Gesetzes, betreffend Bekämpfung des Sklavenhandels und Schutz der deutschen Interessen in Ostafrika, 22. Januar 1889, StenBer RT, 07. LP., 04. Sess. 1888/89, Vierter Band, Erster Anlageband, Aktenstück Nr. 71, S. 491–493 (492).

207 Bismarck beabsichtigte zu diesem Zeitpunkt nicht, Deutsch-Ostafrika in die direkte Reichsverwaltung zu übernehmen: „*Das Organ der Ausführung unserer Politik muss (...) die Gesellschaft bleiben; (...) Wir können sie kontrollieren; wir können unter Umständen (...) ihr durch die Vermittlung des Reichskommissars Befehle und Vorschriften erteilen (...); ich habe den Gedanken, dass die Gesellschaft die Herrin dort bleibt; der Kaiser kann unmöglich an Stelle der Gesellschaft Pächter des Sultans von Sansibar werden.*", StenBer RT, 07. LP., 04. Sess. 1888/89, 27. Sitzung 26. Januar 1889, S. 617, 620.

208 StenBer RT, 07. LP., 04. Sess. 1888/89, Vierter Band, Erster Anlageband, Aktenstück Nr. 71, S. 491–493 (493).

209 a. a. O.

210 StenBer RT, 07. LP., 04. Sess. 1888/89, 29. Sitzung 29. Januar 1889, S. 653–678; StenBer RT, 07. LP., 04. Sess. 1888/89, 30. Sitzung 30. Januar 1889, S. 679–687.

211 Bismarck nutzte die veränderte Haltung des Zentrums aus und sicherte sich dessen Stimmen, indem er die Beantragung der Mittel zur Niederschlagung des Aufstandes, ebenso wie H. v. Bismarck, mit einer Begründung vortrug, die den von Windthorst angeführten Motiven entsprach: „*Die Regierung hat durch ihr Eintreten in die gleiche Front mit England und Frankreich in der Kongofrage die Verpflichtung übernommen, an der Zivilisierung und Christianisierung dieses großen Weltteiles Anteil zu nehmen.*", StenBer RT, 07. LP., 04. Sess. 1888/89, 27. Sitzung 26. Januar 1889, S. 621.

212 StenBer RT, 07. LP., 04. Sess. 1888/89, 30. Sitzung 30. Januar 1889, S. 679–687 (687).

02. Februar 1889.[213] Die beschlossenen Maßnahmen fanden in Deutschland große Zustimmung,[214] jedoch blieben auch ablehnende Stimmen nicht aus.[215]
Schon die allerersten Diskussionen über die Bereitstellung vom Mittel für Militäreinsätze in den Schutzgebieten zeigen, dass der Reichstag hier Einfluss zu nehmen gedachte – sowohl hinsichtlich der Frage, ob überhaupt Mittel bewilligt werden, als auch bezüglich der Höhe der Mittel. Regelmäßig wurde bei der schrittweisen Verrechtlichung des Truppeneinsatzes in Afrika auch die gesamte Kolonialpolitik als solche in Frage gestellt.

b) Die praktische Umsetzung

Mit der Umsetzung des Beschlusses in die Praxis wurde Hauptmann Hermann Wissmann beauftragt. Dieser hatte in seinen Reden vor dem Reichstag am 26. und 29. Januar 1889 die Anwendung von Gewalt gegen die Aufständischen befürwortet und klargestellt: „*(...) der Geist der Unschlüssigkeit und Zaghaftigkeit (...) ist mir allerdings durchaus nicht eigen.*“[216] Wissmann wurde zum „Kommissar des Reiches für Ostafrika“ bestellt und erhielt am 08. Februar 1889 die Kaiserliche Bestallung.[217] Die Direktion der DOAG wurde entsprechend unterrichtet.[218]
Das Verhältnis zur DOAG war in Wissmanns Instruktionen klar geregelt. Er erhielt den Hinweis, „*dass die Rechte der Gesellschaft (...) unverändert fortbestehen*“, verbunden mit der Anweisung, „*eine Einmischung in die geschäftlichen Angelegenheiten der Gesellschaft und namentlich auch in die Zollverwaltung*“ zu vermeiden und den Befugnissen, die „*Aufsicht über die Gesellschaft, soweit es sich um die Tätigkeit derselben auf dem Festlande handelt*“ auszuüben, und die „*Abänderung etwaiger Anordnungen der Gesellschaft zu verlangen, welche geeignet erscheinen, die einheimische Bevölkerung zu beunruhigen, oder welche im Widerspruch mit den vertragsmäßigen Rechten anderer Nationen stehen*“ und „*die von Ihnen angefochtenen Verordnungen zeitweise außer Kraft setzen*“ sowie „*in dringenden Fällen die Entfernung von Beamten der Gesellschaft*

---

[213] Gesetz betreffend den Schutz der deutschen Interessen und Bekämpfung des Sklavenhandels in Ostafrika vom 02. Februar 1889, RGBl. 1889, S. 3.
[214] StenBer RT, 07. LP., 04. Sess. 1888/89, Vierter Band Erster Anlageband, Aktenstück Nr. 71, Nr. 24 und 25, S. 409f.
[215] Vgl.: Wehler, Imperialismus, S. 363f.
[216] StenBer RT, 07. LP., 04. Sess. 1888/89, 27. Sitzung 26. Januar 1889, S. 604–606, 614, 623; StenBer RT, 07. LP., 04. Sess. 1888/89, 29. Sitzung 29. Januar 1889, S. 674.
[217] Kaiserlicher Erlass vom 08. Februar 1889, BArch, R 1001/735, S. 29. Text im Anhang. Vgl. auch: „*Militärisches Programm und Organisation der Polizeitruppe*“, 05. Januar 1889, BArch, R 1001/735, S. 31–34. Michahelles wurde über die Ernennung Wissmanns unterrichtet und beauftragt, den Sultan von Sansibar in Kenntnis zu setzen, AA an Michahelles, 20. Februar 1889, BArch, R 1001/735, S. 92–95.
[218] AA an DOAG-Generaldirektion, 17. Februar 1889, BArch, R 1001/735, S. 79f.

herbeizuführen, deren Verbleiben mit der Aufrechterhaltung der Sicherheit und der guten Beziehungen zu der einheimischen Bevölkerung nicht vereinbar erscheint."[219]

Wissmann schätzte den Bedarf an Truppen auf 500 bis 1000 Mann.[220]

Die britische Regierung signalisierte ihr Einverständnis mit der Entsendung deutscher Truppen nach Ostafrika und sicherte ihre Unterstützung bei der Anwerbung von Truppen in Ägypten zu.[221] Portugal billigte die Truppenanwerbung in Mocambique.[222] Italien hingegen war wegen der Anwerbung von ägyptischen Truppen zum Polizeidienst in Ostafrika verstimmt.[223]

Wissmann warb in Ägypten 600 sudanesische Soldaten und in Moçambique 100 Zulus an; die Führung der Truppe übernahmen weiße Offiziere und Unteroffiziere, die vom deutschen Heer beurlaubt und in ein Vertragsverhältnis zu Wiss-

---

219 Instruktionen des Reichskanzlers für den Reichskommissar für Ostafrika, 12. Februar 1889, BArch, R 1001/735, S. 41. Auch abgedruckt bei: Robert Adam, Völkerrechtliche Okkupation und deutsches Kolonialstaatsrecht, in: AöR 6 (1891), S. 193–310 (307f.).

220 Wissmann an AA, 18. Januar 1889, BArch, R 1001/735, S. 4.

221 Erlass an die Botschaften in London und Lissabon, 22. Januar 1889, BArch, R 1001/735, S. 5; Hatzfeldt an AA, 29. Januar 1889, BArch, R 1001//735, S. 11; Hatzfeldt an Bismarck, 30. Januar 1889, BArch, R 1001/735, S. 16. Ebenso: Brauer* an AA, 30. Januar 1889, BArch, R 1001/735, S. 13. Vgl. auch: Hatzfeldt an Bismarck, 06. März 1889, über eine Anfrage im britischen Unterhaus zur Anwerbung von Truppen in Ägypten, BArch, R 1001/736, S. 62f.

* Arthur von Brauer (1845–1926), 1888–1890 deutscher Generalskonsul in Kairo, 1890–1893 badischer Gesandter in Berlin, 1901–1905 badischer Ministerpräsident, nach: Bringmann, S. 106.

222 Gotter* an AA, 01. Februar 1889, BArch, R 1001/735, S. 18 und 20. Februar 1889, BArch, R 1001/735, S. 99 sowie Gotter an Bismarck, 01. Februar 1889, BArch, R 1001/735, S. 22–24; AA an Brauer, 21. Februar 1889, BArch, R 1001/735, S. 100; Gotter an AA, 20. Februar 1889, BArch, R 1001/736, S. 13–22; AA an Wissmann, 25. Februar 1889, BArch, R 1001/736, S. 23; Gotter an Bismarck, 27. Februar 1889, BArch, R 1001/736, S. 52f.; Bismarck an Wissmann, 06. März 1889, BArch, R 1001/736, S. 55; Alvensleben** an Bismarck, 04. März 1889, BArch, R 1001/736, S. 57f.

*Ludwig Freiherr von Waecker-Gotter (1833–1908), 1869–1879 deutscher Generalkonsul in Budapest, 1879–1888 deutscher Gesandter in Mexiko-Stadt, 1888–1891 in Lissabon, 1891–1902 in Belgrad, nach: Bringmann, S. 117.

** Friedrich Johann Graf von Alvensleben (1836–1913), 1872–1876 erster Botschaftsrat in St. Petersburg, 1876–1880 deutscher Generalkonsul in Bukarest, 1882–1884 deutscher Gesandter in Den Haag, 1884–1886 in Washington, 1886–1901 in Brüssel, 1901–1905 deutscher Botschafter in St. Petersburg, nach: Bringmann, S. 85.

223 Malet* an Bismarck, 13. Februar 1889, BArch, R 1001/735, S 68f.; AA an Solms,** 14. Februar 1889, BArch, R 1001/735, S. 70–72; AA an Hatzfeldt, 14. Februar 1889, BArch, R 1001/735, S. 72f.; AA an Malet, 14. Februar 1889, BArch, R 1001/735, S. 73.

* Sir Edward Baldwin Malet (1837–1908), 1879–1883 britischer Generalkonsul in Kairo, 1883–1884 britischer Gesandter in Brüssel, 1884–1895 britischer Botschafter in Deutschland, seit 1899 britisches Mitglied des Internationalen Gerichtshofs in Den Haag, nach: Bringmann, S. 194.

** Eberhard Graf zu Solms-Sonnenwalde (1825–1912), 1872–1873 deutscher Gesandter in Rio de Janeiro, 1873–1876 preußischer Gesandter in Dresden, 1878–1887 deutscher Gesandter in Madrid, 1887–1893 deutscher Botschafter in Rom (Quirinal), nach: Bringmann, S. 121.

mann getreten waren.[224] Auf die Anwerbung von Truppen in Konstantinopel hatte Wissmann verzichtet.[225] In einem ausführlichen Bericht meldete Wissmann am 12. März 1889 Bismarck den Abschluss der Anwerbungen.[226] Seine Truppe bestand aus 850 Afrikanern und 80 Weißen mit 26 Geschützen und sieben Dampffahrzeugen.[227] Bereits zu diesem Zeitpunkt musste Wissmann mitteilen, dass sich *„die Ausgaben pro Mann und Monat auf 50 Mark, ein Betrag, der meinen Kostenanschlag weit übersteigt"*, erhöht hatten (Bismarck: *„Das war ja vorauszusehen!"*).[228] Die Transportunkosten für die Verlegung der Truppe nach Ostafrika veranschlagte er auf 200.000 Mark (Bismarck: *„Donnerwetter!"*).[229] Nachdem das Kaiserliche Kommissariat für Ostafrika durch von Gravenreuth[230] das Auswärtige Amt ersucht hatte, die Passage der für Sansibar bestimmten Schiffe zu ermöglichen,[231] waren zuvor diverse deutsche Auslandsvertretungen angewiesen worden, die dortigen Regierungen über die Anwerbung von Zulus in Moçambique zu unterrichten, so dass dem Ersuchen entsprochen werden konnte.[232]

Wissmann ging am 17. März 1890 mit den Ergänzungstruppen für die deutsche Schutztruppe von Suez nach Sansibar in See.[233]

---

[224] Brauer an Bismarck, 02. Februar 1889, BArch, R 1001/735, S. 36; AA an Brauer, 21. Februar 1889, BArch, R 1001/735, S. 100; Brauer an Bismarck, 01. März 1889, BArch, R 1001/736, S. 66–70, 09. März 1889, BArch, R 1001/736, S. 83–85, 12. März 1889, BArch, R 1001/736, S. 91–93; Wissmann an Bismarck, 24. März 1889, BArch, R 1001/736, S. 132–134. Vgl. zur Eignung der angeworbenen Afrikaner für den Militärdienst: Michahelles an Bismarck, 07. Februar 1889, BArch, R 1001/736, S. 70–76; AA an Michahelles, 19. März 1889, BArch, R 1001/736, S. 87.

[225] AA an Radowitz,* 13. Februar 1889, BArch, R 1001/735, S. 67; Radowitz an AA, 22. Februar 1889, BArch, R 1001/736, S. 9f., und 25. Februar 1889, BArch, R 1001/736, S. 35–39. AA an Radowitz, 06. März 1889, BArch, R 1001/736, S. 54.

* Joseph Maria von Radowitz (1839–1912), 1870–1872 deutscher Generalkonsul in Bukarest, 1874–1882 deutscher Gesandter in Athen, 1882–1892 außerordentlicher Gesandter und bevollmächtigter Minister in Konstantinopel, 1892–1908 deutscher Botschafter in Madrid, nach: Bringmann, S. 112.

[226] Wissmann an Bismarck, 12. März 1889, BArch, R 1001/736, S. 95–100.

[227] a. a. O., S. 98.

[228] a. a. O., S. 97.

[229] a. a. O., S. 99.

[230] Karl Freiherr von Gravenreuth (1858–1891), 1878 Leutnant in der bayerischen Armee, zuletzt Hauptmann; 1885–1888 beurlaubt und im Dienst der DOAG; seit 1889 Mitglied der Wissmanntruppe; 1891 nach Kamerun versetzt und dort bei Kämpfen gegen die Bakwiri gefallen, nach: DKL (1920), Band I, S. 751.

[231] von Gravenreuth an AA, 06. März 1889, mit der Liste der zu entsendenden Schiffe (Harmonie, Martha, Max, Vesuv und Vulcan), BArch, R 1001/736, S. 59–61.

[232] AA an die deutschen Vertretungen in Konstantinopel, London, Paris, St. Petersburg, Rom, Wien und Lissabon, 07. März 1889, BArch, R 1001/736, S. 58; AA an Hatzfeldt, 09. März 1889, BArch, R 1001/736, S. 64f.; Hatzfeldt an Bismarck, 16. März 1889, BArch, R 1001/736, S. 86f.; AA an von der Goltz, 19. März 1889, BArch, R 1001/736, S. 88f.

[233] Brauer an Bismarck, 18. März 1889, BArch, R 1001/736, S. 105; Bericht über die Verstärkung der Ostafrikanischen Schutztruppe, DKBl. 1890, S. 12.

Hinsichtlich der vor der Küste Ostafrikas stationierten Schiffe der Kaiserlichen Marine hatte von der Goltz in einem Entwurf einer Instruktion für Konteradmiral Deinhard vorgeschlagen, dass diese *„den Reichskommissar bei Ausführung seiner Aufgaben* nach Möglichkeit *(...) unterstützen"* sollten.

Ferner hieß es:

> *„Bei gemeinsamen Aktionen der Marine und der Polizeitruppe tritt ein Unterordnungsverhältnis des einen Teils unter den anderen **nicht** ein."*[234]

Wissmann, der nach seiner Ankunft Auftrag und Auftraggeber nach außen hin kenntlich machen wollte, hatte am 15. Februar 1889 die Admiralität um Überlassung mehrerer Kriegsflaggen für die Stationen, Fahrzeuge und Boote gebeten. Die Reaktion der Regierung verdeutlichte jedoch, dass das Reich zwar die finanziellen Mittel für einen Militäreinsatz genehmigt hatte, sich jedoch keinesfalls zu offen engagieren wollte und eher dazu neigte, die Angelegenheit schnellstmöglich wieder in die Hände der Kaufleute zu legen. Bismarck kommentierte die Anforderung, von der ihn der Chef der Admiralität, von der Goltz, in Kenntnis gesetzt hatte, mit *„mir scheint Handelsflagge geeignet"*, dessen Vorschlag, dem Antrag vorläufig keine Folge zu geben, mit *„gut."*[235] Wissmann erhielt schließlich die Anweisung, die Handelsflagge zu führen,[236] zu der er sich kritisch äußerte.[237]
Der Generalvertretung der DOAG in Sansibar wurde die Entsendung Wiss-

---

[234] Vgl.: von der Goltz an H. v. Bismarck, 14. Februar 1889, BArch, R 1001/735, S. 74–76; AA an Wissmann, 14. Februar 1889, BArch, R 1001/735, S. 76; AA an von der Goltz, 16. Februar 1889, BArch, R 1001/735, S. 77; von der Goltz an H. von Bismarck, 18. Februar 1889, BArch, R 1001/735, S. 85–87. Hervorhebungen im Original. Vgl. auch: von der Goltz an H. von Bismarck, 22. Februar 1889, R 1001/736, S. 11 und die Allerhöchste Kabinetts-Ordre an von der Goltz, 21. Februar 1889, BArch, R 1001/736, S. 12 und AA an von der Goltz, 26. Februar 1889, BArch, R 1001/736, S. 26f. Von der Goltz hatte am 28. Februar 1889 den Entwurf der Instruktionen für Deinhard vorgelegt, vgl. von der Goltz an H. von Bismarck, BArch, R 1001/736, S. 41–43. Deinhard erhielt seine Instruktionen am 03. März 1889 und Wissmann wurde entsprechend unterrichtet, AA an Wissmann, 03. März 1889, BArch, R 1001/736, S. 48–50.
[235] von der Goltz an H. von Bismarck, 20. Februar 1889, R 1001/735, S. 98f.; Bismarck an von der Goltz, 23. Februar 1889, R 1001/736, S. 8f.
[236] AA an Wissman, 23. Februar 1889, BArch, R 1001/736, S. 5–7.
[237] Wissmann an Bismarck, 04. März 1889, BArch, R 1001/736, S. 81f. Erst durch Allerhöchste Ordre vom 05. März 1891 erhielt das Gouvernement von Deutsch-Ostafrika das Recht zur Führung der Kriegsflagge, DKBl. 1891, S. 116. Durch Allerhöchste Kabinetts-Ordre, betreffend die Kriegsflagge vom 21. August 1893 wurde auch den Behörden und Anstalten der Schutztruppe die Führung der Kriegsflagge genehmigt, DKBl. 1893, S. 427. S. auch: Ausführungsbestimmungen zur Führung der Kriegsflagge seitens der Schutztruppe für Deutsch-Ostafrika vom 12. Dezember 1893, DKBl. 1894, S. 2, und Runderlass des Kaiserlichen Gouverneurs von Deutsch-Ostafrika, betreffend das Führen der Reichskriegsflagge und der Reichsdienstflagge vom 12. November 1893, DKBl. 1894, S. 2.

manns angekündigt und sie erhielt diesbezügliche Instruktionen.[238] Wissmann, dem am 19. Februar 1889 die Disziplinarbefugnisse für die Truppe übertragen worden waren,[239] traf am 31. März 1889 in Deutsch-Ostafrika ein.[240] Sofort zog er alle militärischen Befugnisse und wichtige Verwaltungsbefugnisse an sich, indem er *„das Oberkommando über die militärischen Machtmittel der Stationen sowie über alle militärischen Maßnahmen und Operationen, (...) die Leitung und Anordnung der zur Verteidigung der Stationsgebäude und Ortschaften erforderlichen Bauten und sonstigen Einrichtungen"* und die *„Oberleitung der Zivilverwaltung - abgesehen von der Zollverwaltung"* übernahm.[241] Er traf unverzüglich mit dem Sultan von Sansibar, den Vertretern der DOAG sowie Konteradmiral Deinhard, dessen Kreuzergeschwader unverändert vor Ostafrika lag, zusammen, um alle nötigen Maßnahmen zu vereinbaren. Danach kündigte er Bismarck an, innerhalb von zwei Wochen eine Verstärkung durch Zulu- und Somali-Truppen aus Aden und Zulus aus Moçambique zu erwarten, sowie etwa 100 Askari der DOAG zu übernehmen.[242]

Wissmann begann im April 1889 mit Militäroperationen gegen die Aufständischen.[243] Am 29. April 1889 trafen 393 Mann der Polizeitruppe in Bagamoyo ein.[244] Mit dem Dampfer „Martha" folgten am 03. Mai 1889 weitere 70 weiße und 270 schwarze Soldaten.[245] Wissmann verließ Bagamoyo am 08. Mai 1889

---

[238] DOAG-Generaldirektion an Bismarck, 23. Februar 1889, BArch, R 1001/736, S. 31–34. Vgl. auch: AA an Michahelles, 01. März 1889, BArch, R 1001/736, S. 40.

[239] Kaiserliche Verordnung, betreffend das summarische kriegsgerichtliche Verfahren bei der Polizeitruppe in Ostafrika vom 19. Februar 1889, BArch, R 1001/735, S. 91f.

[240] Wissmann an Bismarck, 31. März 1889, BArch, R 1001/736, S. 118. Michahelles an Bismarck, 01. April 1889, BArch, R 1001/737, S. 4.

[241] Protokoll zwischen dem Kaiserlichen Kommissar für Ostafrika und dem Generalvertreter der Deutsch-Ostafrikanischen Gesellschaft vom 28. April 1889, StenBer RT, 07. LP., 05. Sess. 1889/90, Dritter Band Anlageband, Aktenstück Nr. 44, S. 90. Vgl. dazu: Aktenvermerk Krauels, 01. Februar 1890, BArch, R 1001/737, S. 64.

[242] Wissmann an Bismarck, 03. April 1889, BArch, R 1001//737, S. 5–12; Deinhard an von der Goltz, 03. April 1889, BArch, R 1001/737, S. 12f.

[243] Anfang Mai 1889 teilte die Admiralität mit, dass Wissmann und Deinhard gemeinsam am 03. April Bagamoyo und am 05. April Dar-es-Salaam bereist hatten, von d. Goltz an H. von Bismarck, 07. Mai 1889, BArch, R 1001/697, S. 90f.

[244] Wissmann an Bismarck, 29. April 1889, BArch, R 1001/737, S. 13; Ober-Kommando der Marine an H. von Bismarck, 30. April 1889, R 1001/737, S. 14.

[245] Wissmann an Bismarck, 03. Mai 1889, BArch, R 1001/737, S. 15; Ober-Kommando der Marine an H. von Bismarck, 04. Mai 1889, R 1001/737, S. 61. Über die Zusammensetzung der Truppe berichtete Wissmann: *„In Summa 730 Mann schwarze Truppen, mit dem Mausergewehr bewaffnet, und etwa 200 irreguläre Waniamwesi, mit Vorderladern bewaffnet, geführt von circa 20 Deutschen, und außerdem ein geschlossener Trupp von 40 Deutschen."*, Wissmann an Bismarck, 01. Mai 1889, BArch, R 1001/737, S. 56–63 (60f.), auch abgedruckt in: StenBer RT, 07. LP., 05. Sess. 1889/90, Dritter Anlageband, Aktenstück Nr. 44, Nr. 2, S. 90. Nach DKL (1920)/*R. von Spalding*, Band I, S. 68–71 ergibt sich folgendes Bild: *„Zur Niederwerfung des Aufstandes warb er in Ägypten 650 Sudanesen und in Mozambique 350 Sulus an. Dazu kamen ca. 80 eingeborene Askaris, welche in Bagamojo und Daressalam noch im Dienste der Deutsch-Ostafrikanischen Gesellschaft standen, und 40 Somalis als Mannschaft*

mit knapp 900 Soldaten, nachdem seine Truppe um zwei Offiziere und 210 Matrosen verstärkt worden war, und griff Bushiris Lager am gleichen Tage an – dieser konnte jedoch entkommen.[246] Das Angebot Admiral Deinhards, zur Unterstützung ein 200 Mann starkes Landungskorps zu entsenden, hatte Wissmann zunächst als mit seinen Instruktionen unvereinbar abgelehnt, lenkte aber widerwillig ein.[247] Zuvor hatten, nicht zuletzt mangels einer gesetzlichen Regelung der Zuständigkeiten von Wissmanns Truppe, Kompetenzstreitigkeiten zwischen Wissmann und Deinhard begonnen. Wissmann fragte: *„Bin ich allein verantwortlich für Unternehmungen **an Land** oder der Admiral auch?"* (Bismarck: *„Er soll sich an seine Instruktion halten."*) und erkundigte sich danach, ob die Marine zu selbständigen Operationen an Land berechtigt sei,[248] erhielt aber zunächst nur eine ausweichende Antwort[249] und dann nochmals den Hinweis, dass eine Unterstellung der Marineeinheiten für Operationen an Land unter sein Kommando ausgeschlossen sei, sofern nicht das Marinekommando freiwillig zustimme.[250] Wissmanns Antrag, ihm die alleinige Verantwortung für Landgefechte zu übertragen, fand keine Zustimmung.[251]

---

für die Flottille. Als Führer dieser Truppen traten 25 deutsche Offiziere, Ärzte und Beamte, 7 Deckoffiziere und 56 Unteroffiziere in die persönlichen Dienste Wissmanns."

[246] Wissmann an AA, 09. Mai 1889, BArch, R 1001/737, S. 22; von der Goltz an H. v. Bismarck, 09. Mai 1889, BArch, R 1001/737, S. 25, 08. Juni 1889, BArch, R 1001/738, S. 4f. Vgl. auch Bericht des Kommandanten der „Schwalbe", Korvettenkapitän Hirschberg, einschließlich Ordre de bataille für die Landungsabteilungen der „Leipzig", „Carola" und „Schwalbe", 12. Mai 1889, BArch, R 1001/738, S. 22–27.

[247] Wissmann an Bismarck, 12. August 1889, BArch, R 1001/740, S. 62–64; Aktenvermerk Krauels, 10. und 27. September 1889, BArch, R 1001/740, S. 66f. Vgl. zu den Meinungsverschiedenheiten zwischen Wissmann und Deinhard auch: Deinhard an von der Goltz, 13. Mai 1889, BArch, R 1001/738, S. 8–18; Wissmann an Deinhard, 07. Mai 1889, BArch, R 1001/738, S. 18; Deinhard an Wissmann, 07. Mai 1889, BArch, R 1001/738, S. 19f., Wissmann an Deinhard, 07. April (richtig offenbar: Mai) 1889, BArch, R 1001/738, S. 21; Wissmann an Deinhard, 09. Mai 1889, BArch, R 1001/738, S. 30f.; AA an von der Goltz, 11. Juni 1889, BArch, R 1001/738, S. 33.

[248] Wissmann an AA, 09. Mai 1889, BArch, R 1001/737, S. 20. Hervorhebung im Original. Marginalie Bismarcks.

[249] AA an Wissmann, 10. Mai 1889, BArch, R 1001/737, S. 26f.

[250] von der Goltz an H. von Bismarck, 15. Mai 1889, BArch, R 1001/737, S. 39f.; AA an Wissmann, 16. Mai 1889, BArch, R 1001/737, S. 40; AA an von der Goltz, BArch, R 1001/737, S. 41f.; von der Goltz an H. von Bismarck, 18. Mai 1889, BArch, R 1001/737, S. 43. Nach erneuter Intervention der Marine erhielt Wissmann nochmals die Instruktion, dass bei gemeinsamen Operationen von Marine und Polizeitruppe an Land ein Unterordnungsverhältnis des einen Teils unter den anderen nicht gegeben sei, Allerhöchster Erlass vom 22. Juni 1889, BArch, R 1001/738, S. 62–71. Vgl. dazu: von der Goltz an H. von Bismarck, 14. Juni 1889, BArch, R 1001/738, S. 48; Aktenvermerk Krauels, 18. Juni 1889, BArch, R 1001/738, S. 52f.; AA an von der Goltz, 24. Juni 1889, BArch, R 1001/738, S. 72.

[251] Wissmann an Bismarck, 30. Mai 1889, BArch, R 1001/738, S. 73–78; Allerhöchster Erlass an Wissmann, 28. Juni 1889, BArch, R 1001/738, S. 106–108.

Sein Vorschlag, die Polizeitruppe in „Schutztruppe“ umzubenennen, wurde hingegen angenommen.[252]

Am 01. Mai 1889 erklärte Wissmann *„die ostafrikanische Küste von Umba im Norden bis zum Rovuma im Süden und zwar in einer Ausdehnung von zehn Seemeilen nach dem Innern als im Kriegszustand befindlich.“*[253]

Sadani, der Amtssitz des Sultans Bwana Heri, wurde am 06. Juni 1889 zerstört.[254] Eine Verhandlungslösung des Konfliktes gelang nicht, denn der Sultan hatte keine Autorität mehr. Dessen Abgesandter wurde bei der Annäherung an Pangani beschossen und ihm wurde mitgeteilt *„man wolle weder vom Sultan noch von Europäern etwas wissen.“*[255] Pangani wurde am 08. Juli 1889 erobert, die Marine nahm am 11. Juli 1889 Tanga ein.[256] Mittlerweile lebte der Sklaven- und Waffenhandel – vor allem auf französischen Schiffen – wieder auf,[257] so dass Wissmann das Anlaufen Ostafrikas nur an den von der Schutztruppe besetzten Plätzen gestattete.[258] Da Wissmann verschiedene Expeditionen ins Landesinnere – so zum Kilimandscharo – plante, man aber in Berlin befürchtete, dies könnte den Erfolg von Wissmanns Militäroperationen beeinträchtigen,[259]

---

[252] Privatbrief H. von Bismarcks, 27. Juni 1889, BArch, R 1001/738, S. 114. Dieser konstatierte: *„Mir scheint, dass sowohl Deinhard wie Wissmann Anflüge von Größenwahn haben und ich hoffe, dies wird sich gegenseitig ausgleichen.“* Vgl. zugehörigen Aktenvermerk Krauels, 28. Juni 1889, BArch, R 1001/738, S. 115, über die Vorlage des Schreibens bei von der Goltz. Letzterer hoffte, dass *„weitere Friktionen und Rivalitäten“* zwischen Deinhard und Wissmann vermieden werden könnten, doch kaum einen Monat später telegraphierte Wissmann: *„Rücksichtslose Eigenmächtigkeit des Admirals erschwert meine Aufgaben.“*, Wissmann an AA, 23. Juli 1889, BArch, R 1001/739, S. 80.

[253] Proklamation Wissmanns, 01. Mai 1889, BArch, R 1001/737, S. 54f.

[254] von der Goltz an H. von Bismarck, 08. Juni 1889, BArch, R 1001/737, S. 98; Wissmann an Bismarck, 07. Juni 1889, BArch, R 1001/737, S. 101; Deinhard an von der Goltz, 10. Juni 1889, BArch, R 1001/739, S. 28–41.

[255] Wissmann an Bismarck, 30. Juni 1889, BArch, R 1001/739, S. 56–58. Wissmann berichtete zudem, dass wegen zahlreicher Todes- und Krankheitsfälle nur 425–450 Mann für den Einsatz in Pangani zur Verfügung stehen würden. Wissmanns Bitte um Entsendung eines *„verantwortlichen Verwaltungsbeamten“* fand Bismarcks Zustimmung, a. a. O.

[256] von der Goltz an H. von Bismarck, 09. Juli 1889, BArch, R 1001/739, S. 6; Wissmann an AA, 10. Juli 1889, BArch, R 1001/739, S. 8; DOAG-Generaldirektion an Bismarck, 11. Juli 1889, BArch, R 1001/739, S. 16; von der Goltz an H. von Bismarck, 11. Juli 1889, BArch, R 1001/739, S. 17f.; Aktenvermerk Krauels, 11. Juli 1889, BArch, R 1001/739, S. 18f.; von der Goltz an Bismarck, 13. Juli 1889, BArch, R 1001/739, S. 21f.; Ober-Kommando der Marine an Bismarck, 28. August 1889, BArch, R 1001/740, S. 45–53.

[257] Wissmann an AA, 27. November 1889, BArch, R 1001/742, S. 95; Aktenvermerk des AA für Bismarck, 28. November 1889, BArch, R 1001/742, S. 96f. Da diplomatische Verwicklungen vermieden werden sollten, erhielt Wissmann die Instruktion, an einem geschlossenen Küstenabschnitt angetroffene französische Schiffe nur aufzuhalten und dem französischen Konsul zur Verfügung zu stellen, a. a. O.

[258] Proklamation vom 21. November 1889, BArch, R 1001/743, S. 38.

[259] Aktenvermerk Krauels für Bismarck, 09. Dezember 1889, BArch, R 1001/742, S. 126, Marginalie Bismarcks; Aktenvermerk des AA für Bismarck, 27. Dezember 1889, R 1001/743, S. 80–83. Marginalie Bismarcks.

hatte dieser über den Konsul in Sansibar die Instruktion bekommen, *„dass die Küste und deren Sicherheit den Unternehmungen im Innern vorgeht“*[260] und direkt die Anweisung, *„dass alle weit ins Innere führenden Expeditionen (...) zu unterlassen sind, bis die Pazifizierung der ganzen Küste vollendet ist.“*[261] Bushiri wurde im Dezember 1889 gefasst und am 15. Dezember 1889 hingerichtet.[262] Nach einer Verstärkung der Schutztruppe am 02. April 1890[263] wurden die Operationen gegen die Aufständischen im Süden begonnen.[264] Bwana Heri ergab sich mit dem Rest seiner Truppen im April 1890.[265] Im Mai 1890 wurden Kilwa,[266] Lindi[267] und Mikindani[268] wieder unter deutsche Kontrolle gestellt.[269] Zur Untersuchung der Verhältnisse war am 06. Februar 1890 Major Liebert nach Ostafrika entsandt worden. Dessen Auftrag war in erster Linie von der Sorge um die ständig wachsenden Kosten für die Schutztruppe gekennzeichnet.[270] Allein für das Haushaltsjahr 1890/91 waren für Besoldungen 141.720 Mark und für den Kauf von Häusern auf Sansibar weitere 60.000 Mark eingeplant.[271] Wissmann hatte zudem im Etat-Entwurf für 1890/91 den Bau von acht Haupt- und

---

260 AA an Konsulat Sansibar, 11. Dezember 1889, BArch, R 1001/742, S. 131.

261 AA an Wissmann, 12. Dezember 1889, BArch, R 1001/742, S. 132.

262 Wissmann an AA, 16. Dezember 1889, BArch, R 1001/743, S. 5; H. von Bismarck an Bismarck und Wilhelm II., 16. Dezember 1889, BArch, R 1001/743, S. 6; Wissmann an Bismarck, 27. Dezember 1889, BArch, R 1001/744, S. 5–13.

263 Vgl.: Brauer an Bismarck, 24. Februar 1890, BArch, R 1001/745, S. 27–30, 03. März 1890, BArch, R 1001/745, S. 40f. und 17. März, BArch, R 1001/745, S. 52–55; Wissmann an AA, 02. April 1890, BArch, R 1001/745, S. 88.

264 Detaillierte Planung in Wissmanns *„Befehl für die Operation gegen den Süden“*, 23. April 1890, BArch, R 1001/746, S. 45–48.

265 Wissmann an AA, 07. April 1890, BArch, R 1001/745, S. 90.

266 Wissmann an AA, 07. Mai 1890, BArch, R 1001/745, S. 146 und 149; von der Goltz an Bieberstein,* 07. Mai 1890, BArch, R 1001/745, S. 154.

* Adolf Freiherr Marschall von Bieberstein (1842–1912), MdR (K) 1878–1883, 1883–1890 badischer Gesandter in Berlin, ab 1890 im Reichsdienst, 1890–1897 Staatssekretär des AA, 1897–1912 deutscher Botschafter in Konstantinopel, 1907 deutscher Delegierter auf der Zweiten Haager Friedenskonferenz, zuletzt noch einige Monate deutscher Botschafter in London, nach: Bringmann, S. 113.

267 Wissmann an AA, 12. Mai 1890, BArch, R 1001/746, S. 23; von der Goltz an Bieberstein, 13. Mai 1890, BArch, R 1001/746, S. 27.

268 Wissmann an AA, 17. Mai 1890, BArch, R 1001/746, S. 32; Ober-Kommando der Marine an Bieberstein, 18. Mai 1890, BArch, R 1001/746, S. 35.

269 Darstellung der Gefechte von Mai 1889 bis Januar 1891 bei: Ernst Nigmann, Geschichte der Kaiserlichen Schutztruppe für Ostafrika, Berlin 1911, S. 6–22. Vgl. auch die Aktenüberlieferung in: BArch, R 1001, Band 735 (Januar bis Februar 1889) bis 745 (Oktober 1890 bis Mai 1891) und die Aufzählung in: Gefechts-Kalender der Schutztruppe für Ost-Afrika, 24. April 1891, BArch, R 1001/748, S. 92–114.

270 Vgl. Entwurf der Instruktionen des AA für Liebert, 05. Februar 1890, BArch, R 1001/744, S. 58–68; AA an Wissmann, 07. Februar 1890, BArch, R 1001/744, S. 69; AA an Michahelles, 07. Februar 1890, BArch, R 1001/744, S. 69f.; Liebert an AA, 07. Februar 1890, BArch, R 1001/744, S. 72.

271 Entwurf der Instruktionen des AA für Liebert, 05. Februar 1890, BArch, R 1001/744, S. 58–68 (59).

elf Nebenstationen gefordert.[272] Der Ansatz für das Haushaltsjahr 1890/91 sah ferner eine Truppenstärke von 35 Offizieren, 87 Unteroffizieren und 1741 Mannschaften vor. Diese war aus Sicht der Regierung, *„wenn auch vom rein militärischen Standpunkte zu rechtfertigen, zu kostspielig. Die für die Schutztruppe angesetzte Besoldung (...) würde sich dem Bundesrat und dem Reichstag gegenüber nicht vertreten lassen."*[273] Liebert sollte daher bei seiner Berichterstattung *„eingehend"* prüfen, ob eine Verlagerung des Hauptquartiers der Schutztruppe von Sansibar nach einem günstigeren Ort auf dem Festland, eine Einschränkung von Wissmanns Schifffahrtsbetrieb, eine Reduzierung des Schutztruppenpersonals bzw. Einschränkungen bei dessen Besoldung und der Anzahl der Stationen möglich seien und im Hinblick auf die in einem künftigen Verwaltungsetat zu berücksichtigenden Militärausgaben die Erschließung regelmäßiger Einnahmequellen gefördert werden könne.[274]

Im Mai 1890 war die Zahl der deutschen Schutztruppenangehörigen auf 183 angewachsen.[275] Am 01. Dezember 1890 gehörten ihr nach den Stammrollen 192 Europäer und 1531 Afrikaner an.[276] Unverzüglich hatte man zudem mit dem Bau militärischer Stationen begonnen.[277] Deren Aufgabe war *„in erster Linie eine militärische, sie haben für die Ruhe in ihrem Bezirke zu sorgen und ihn vor fremden Einfällen zu schützen. Daneben sollen sie auch auf die Entwicklung des Landes und den Ausbau der Verkehrswege einwirken."*[278]

Nun wurden erste Rechtsvorschriften für die deutsch-ostafrikanische Schutztruppe notwendig. Die Abgrenzung der einzelnen Stationsbezirke erfolgte durch Kommandantur-Befehl vom 06. August 1890,[279] die Regelung der Befugnisse

---

[272] a. a. O., S. 63.

[273] a. a. O., S. 63.

[274] Hierzu bemerkte das AA realistisch, dass die Tragung der Kosten der DOAG obliege, diese aber angesichts ihrer finanziellen Lage hierzu nicht in der Lage sei, a. a. O., S. 66.

[275] Bericht über die deutsche Schutztruppe für Ostafrika, DKBl. 1890, S. 58. Vgl. auch: Verzeichnis der bei der Deutschen Schutztruppe für Ost-Afrika angestellten Offiziere etc., DKBl. 1890, S. 194–196, und Bericht über die Verteilung der Offiziere etc., DKBl. 1890, S. 223.

[276] Zusammenstellung der auf den ostafrikanischen Stationen befindlichen Europäer und schwarzen Soldaten, DKBl. 1890, S. 311. Detailliert: Wissmann an Caprivi, 31. Dezember 1890, BArch, R 1001/747, S. 141–162 (154–156), der eine Zahl von 1348 zur Truppe gehörenden Sudanesen und Zulus angab und weitere 204 anforderte.

[277] Vgl. z. B.: Wissmann an Bismarck, 20. November 1889, BArch, R 1001/743, S. 32–37. Ausführlich: Nigmann, Anlage 7 (Angaben, die Geschichte der Militärstationen betreffend), S. 160–166. S. auch: Bericht über Militärische Stationen in Deutsch-Ostafrika, DKBl. 1890, S. 40. Ausführlich zur Bedeutung der Militärstationen: Horst Bernhard, Erste Auswirkungen des kolonialen Herrschaftssystems. Zur Expeditionspolitik der deutschen Kolonialinvasoren in der Phase der militärischen Okkupation der Kolonie (1891–1905), in: Kurt Büttner/Heinrich Loth (Hrsg.), Philosophie der Eroberer und koloniale Wirklichkeit. Ostafrika 1884–1918, Berlin (DDR) 1981, S. 153–250 (170–175).

[278] Denkschrift, betreffend das ostafrikanische Schutzgebiet, StenBer RT, 09. LP., 03. Sess. 1894/95, Erster Anlageband, Aktenstück Nr. 89, S. 381–416 (386).

[279] BArch, R 1001/746, S. 185–188.

der Stationschefs am 10. August 1890,[280] die Regelung des Dienstbetriebes auf den Dampfern und des Verkehrs mit den Stationen am 01. Oktober 1890.[281] Wissmanns Kommissorium endete am 21. Februar 1891.[282] Die Amtgeschäfte waren zuvor von Soden[283] übertragen worden.[284] Zwischenzeitlich hatte der Reichstag für die Militäroperationen am 28. November 1889 weitere 1,95 Millionen Mark[285] und am 12. Juni 1890 weitere 4,5 Millionen Mark[286] bewilligt. Deutsch-Ostafrika war aber mit der Niederschlagung des Aufstandes keineswegs „befriedet". Allein in den Jahren 1891–1897 führte die Schutztruppe noch weitere 61 Straf- und Unterwerfungsfeldzüge, bis 1905 stieg die Zahl auf 76, und der Maji-Maji-Aufstand von 1905–1907, der etwa 130.000 Tote forderte, verwüstete den Süden des Schutzgebietes.[287]

---

280 Dienstvorschriften für die Stationschefs, 10. August 1890, BArch, R 1001/746, S. 188-190. Vgl. Schmidt, stellvertretender Reichskommissar, an Caprivi, 12. August 1890, R 1001/746, S. 191f.

281 Vorschriften über den Dienstbetrieb auf den Dampfern und den Verkehr mit den Stationen des Reichskommissars, 01. Oktober 1890, BArch, R 1001/747, S. 113f.

282 Allerhöchster Erlass, 21. Februar 1891, BArch, R 1001/747, S. 186.

283 Julius von Soden (1846–1921); Jurist; 1871 im Generalkonsulat in Lagos; 1872 Konsul in Algier, 1876 in Hongkong, 1879 in Havanna, 1881 in Lima, 1884 in St. Petersburg; 1885 Gouverneur in Kamerun, 1891 in Deutsch-Ostafrika; 1893 aus dem Auswärtigen Dienst ausgeschieden; 1899–1901 Kabinettschef des Königs von Württemberg und 1901–1906 württembergischer Staatsminister für Auswärtiges und des Königlichen Hauses, nach: DBE (9), S. 357.

284 Caprivi an Wissmann, 17. Februar 1891, BArch, R 1001/747, S. 187. Caprivi an von Soden, 22. Februar 1881, a. a. O. Wissmann kehrte vier Jahre später nach Deutsch-Ostafrika zurück und wurde am 01. Mai 1895 zum Gouverneur ernannt, übte dieses Amt aber aus gesundheitlichen Gründen nur bis Dezember 1896 aus.

285 Vgl.: StenBer RT, 07. LP., 05. Sess. 1889/90, 25. Sitzung 28. November 1889, S. 564–574 (574); Entwurf eines Gesetzes, betreffend die Feststellung eines zweiten Nachtrags zum Reichshaushalts-Etat für das Etatsjahr 1889/90, 21. November 1889, StenBer RT, 07. LP., 05. Sess. 1889/90, Dritter Anlageband, Aktenstück Nr. 69, S. 282–285.

286 StenBer RT, 08. LP., 01. Sess. 1890/91, 04. Sitzung 12. Mai 1890, S. 31–51; 05. Sitzung 13. Mai 1890, S. 55–73; 12. Sitzung 09. Juni 1890, S. 240f., 15. Sitzung 12. Juni 1890, S. 282-300; Entwurf eines Gesetzes, betreffend die Feststellung eines Nachtrags zum Reichshaushalts-Etat für das Etatsjahr 1890/91, 06. Mai 1890, StenBer RT, 08. LP., 01. Sess. 1890/91, Erster Anlageband, Aktenstück Nr. 8, S. 55–61; Mündlicher Bericht der Kommission für den Reichshaushalts-Etat über den Entwurf eines Gesetzes, betreffend die Feststellung eines Nachtrags zum Reichshaushalts-Etat für das Etatsjahr 1890/91, 20. Mai 1890, StenBer RT, 08. LP., 01. Sess. 1890/91, Erster Anlageband, Aktenstück Nr. 43, S. 240.

287 Reinhard, Kolonialismus, S. 257; Joachim Zeller/Jürgen Zimmerer, Das Oberkommando der Schutztruppen – Die Zentrale der deutschen Kolonialmilitärs, in: Ulrich van der Heyden/Joachim Zeller (Hrsg.), Kolonialmetropole Berlin. Eine Spurensuche, Berlin 2002, S. 35-41 (39). S. a.: Nigmann, Anlage 5 (Verzeichnis der größeren militärischen Unternehmungen und Gefechte, nebst Angabe der beteiligten Führer und Truppen), S. 149–157.

Die „*Diktatur Wissmanns*“[288] blieb nur ein vorübergehender Zustand. Mit dem sog. Helgoland-Sansibar-Abkommen vom 01. Juli 1890[289] verzichtete das Deutsche Reich auf diverse Erwerbungen in Ostafrika (Art. I) und die Schutzherrschaft über Witu (Art. II). Es erkannte die britische Schutzherrschaft über Sansibar an und Großbritannien verpflichtete sich, „*seinen ganzen Einfluss auf(zu)bieten, um ein freundschaftliches Übereinkommen zu erleichtern, wodurch der Sultan von Sansibar seine auf dem Festland gelegenen und in den vorhandenen Konzessionen der deutsch-ostafrikanischen-Gesellschaft erwähnten Besitzungen (...) ohne Vorbehalt abtritt*“ (Art. XI).

Zudem erfolgte durch Großbritannien die Abtretung der Insel Helgoland (Art. XII), die sich seit 1814 unter britischer Herrschaft befand und für die Seekriegsführung von strategischer Bedeutung war.[290]

Mit Vertrag zwischen der Reichsregierung und der DOAG vom 20. November 1890, in dem die DOAG alle Hoheitsrechte sowie das Recht zur Steuer- und Zollerhebung abtrat, wurde Deutsch-Ostafrika mit Wirkung vom 01. Januar 1891 in die direkte Reichsverwaltung übernommen. Unter Umgehung des Reichstages[291] gewährte die Reichsregierung der DOAG eine Anleihe von 10,556 Millionen Mark, welche davon dem Sultan von Sansibar vier Millionen Mark als Entschädigung für die Abtretung des Küstenstreifens zahlte,[292] übernahm die Garantie, Zinsen und Tilgung aus den ostafrikanischen Bruttozolleinnahmen aufzubringen und „*mit dem Bankrott der Bismarckschen Kompagniepolitik fiel auch das Peterssche Phantom einer kolonialen Hoheitsgesellschaft in sich zusammen.*“[293]

---

[288] R. Adam, AöR 6 (1891), S. 193–310 (310). Ähnlich Michahelles, der die Herrschaft Wissmanns als „*Militärdiktatur*“ bezeichnet hatte, Privatbrief Michahelles', 05. März 1890, BArch, R 1001/745, S. 95f.

[289] Abkommen zwischen Deutschland und England über Kolonien und Helgoland, 01. Juli 1890, DKBl. 1890, S. 120–128. Vgl. auch: Gesetz, betreffend die Vereinigung von Helgoland mit dem Deutschen Reich von 15. Dezember 1890, RGBl. 1890, S. 207f.

[290] Maximilian von Hagen, Geschichte und Bedeutung des Helgolandvertrages, München 1916, S. 24, 29.

[291] Caprivi - wenig überzeugend - über die Gründe: „ *(...) wir konnten nicht an den Reichstag gehen, einmal schon zeitlich nicht, wir mussten am 29. Dezember das Geld von hier abschicken, wenn es am 1. Januar in London gezahlt sein sollte. (...) Zweitens hatten wir gar keine Neigung, indem wir qua Reich den Sultan bezahlten, dessen Rechtsnachfolger zu werden (...)*“, StenBer RT, 08. LP., 01. Sess. 1890/91, 58. Sitzung 05. Februar 1891, S. 1332.

[292] Privilegium wegen Ausfertigung auf den Inhaber lautender Obligationen der Deutsch-Ostafrikanischen Gesellschaft zu Berlin im Betrage von 10.556.000 Mark, 20. November 1890, BArch, R 1001/362, S. 9ff. Auch abgedruckt in: DKBl. 1890, S. 307. S. auch: Bekanntmachung über die Zahlung von vier Millionen Mark als Abfindung an den Sultan von Sansibar, 24. Dezember 1890, DKBl. 1891, S. 1f. Weiterhin verpflichte sich die DOAG, 250.000 Mark für den Ausbau der ostafrikanischen Häfen zu verwenden.

[293] Maximilian von Hagen, Bismarcks Kolonialpolitik, Stuttgart, Gotha 1923, S. 551.

Die Bilanz der DOAG-Herrschaft hatte Bamberger vor dem Reichstag bereits fast zwei Jahre vorher verkündet:

> *„(...) die Erfolge dieser Gesellschaft waren die, dass jetzt jene Küsten, wo friedliche Geschäfte betrieben wurden, bombardiert, eingeäschert werden und Szenen von Totschlag und Verwüstung stattfinden. (...) die Erfolge dieser Kompagnie sind ferner die, dass der deutsche Name ein Schreckensruf geworden ist für die dortige Bevölkerung.“*[294]

In Deutsch-Ostafrika misslang damit der Versuch, *„informelle Kontrolle in Herrschaft zu verwandeln.“*[295] Maßgeblich hierfür waren das mangelnde Interesse der deutschen Wirtschaft, sich in Deutsch-Ostafrika in erheblichem Maße zu engagieren sowie die gezeigten Schwierigkeiten im Umgang mit den religiösen und wirtschaftlichen Befindlichkeiten der ostafrikanischen Bevölkerung. Durch die Entsendung von Truppen wurde der Übergang vom „Informal Empire“ zur unmittelbaren Reichsverwaltung eingeleitet. Es wurde erforderlich, die Rechtsverhältnisse der Schutztruppe im Lande gesetzlich zu regeln.

II. Deutsch-Südwestafrika

Bismarcks Idee der von Kaufleuten verwalteten Schutzgebiete scheiterte in Deutsch-Südwestafrika bereits im Jahre 1885. Da die DKGSWA die Erteilung eines Schutzbriefes nicht beantragte, weil sie nicht in der Lage war, selbst einen nur kleinen Verwaltungsapparat und das zur Sicherung des Schutzgebietes notwendige Militär zu finanzieren, sah sich Bismarck gezwungen, einen Reichskommissar für Deutsch-Südwestafrika, Heinrich Göring,[296] zu ernennen,[297] welcher mit dem Kanzler Louis Nels und dem Polizeimeister Hugo von Goldammer im August 1885 in Südwestafrika eintraf.[298] Göring war ermächtigt, die Gerichtsbarkeit auszuüben, Verträge mit Eingeborenen abzuschließen sowie Verordnungen zu erlassen, wobei sich die Verordnungsvollmachten auf die

---

[294] StenBer RT, 07. LP., 04. Sess. 1888/89, 27. Sitzung 26. Januar 1889, S. 608. Peters selbst hatte, mit Bebels Worten, *„bereits soviel Dreck an seinem Stock, dass dieser Mann ein für allemal in Deutschland und in den Kolonien als Beamter unmöglich ist.“*, StenBer RT, 09. LP., 04. Sess. 1895/97, 105. Sitzung 15. Juni 1896, S. 2609.

[295] Reinhard, Kolonialismus, S. 257.

[296] Dr. iur. Heinrich Göring (1839–1913), Studium der Rechtswissenschaften in Bonn und Heidelberg, 1865 Referendar, 1869 Gerichtsassessor, Teilnahme am Preußisch-Österreichischen Krieg 1866 und Deutsch-Französischen Krieg 1870/71, 1871 Kreisrat, 1873 Landgerichtsrat in Metz, 1885 Reichskommissar für das südwestafrikanische Schutzgebiet, 1889 Kaiserlicher Konsul in Port-au-Prince, 1892 Ministerresident, 1895 in den einstweiligen Ruhestand versetzt, nach: DKL (1920), Band I, S. 742f.

[297] AA an Göring, 23. April 1885, BArch, R 151 F/A.I.a.1, Bd. 1, S. 66–73. Göring unterstand direkt dem Reichskanzler.

[298] Wilhelm Külz, Deutsch-Südafrika im 25. Jahre Deutscher Schutzherrschaft. Skizzen und Beiträge zur Geschichte Deutsch-Südafrikas, 2. Auflage, Berlin 1909, S. 188.

allgemeine Verwaltung sowie das Zoll- und Steuerwesen beschränkten,[299] und war nun für die Verwaltung eines Gebietes zuständig, in dem nach zeitgenössischer Schätzung etwa 90.000–100.000 Ovambo, 70.000–80.000 Herero, 15.000-20.000 Nama, 30.000–40.000 Bergdamara und San sowie 3.000–4.000 Bastards lebten.[300]

1. Die Gesellschaftstruppe

Dass Göring, Nels und Goldammer allein – noch dazu ohne militärische Unterstützung – die in den Verträgen vereinbarten Schutzzusagen nicht umsetzten konnten, versteht sich von selbst. Die einheimische Bevölkerung erkannte schnell, dass dem Deutschen Reich für die vereinbarte Schutzgewährung keine wirksamen Machtmittel zur Verfügung standen und stellte die mit Lüderitz geschlossenen Verträge in Frage. Bismarck wurde von mehreren Seiten um die Durchsetzung des vom Deutschen Reich zugesicherten Schutzes gebeten.[301] Noch Anfang 1887 sah sich die DKGSWA nicht in der Lage, Hoheitsrechte zu übernehmen:

> *„Was die Hoheitsrechte angeht, so haben wir allerdings (...) bisher wegen unserer beschränkten Mittel und wegen der noch unterentwickelten Bedürfnisse des Landes eine eigentliche Staatsverwaltung noch nicht einrichten können und werden dazu in nächster Zeit kaum gelangen."*[302]

Nachdem in Deutsch-Südwestafrika im August 1887 Goldfunde gemeldet wurden, die sich allerdings später als Betrug der Goldgräber herausstellten,[303] wurde der DKGSWA das Bergregal für das gesamte Schutzgebiet übertragen[304] und ihr

---

[299] Kaiserliche Verordnung, betreffend den Erlass von Verordnungen auf dem Gebiete der allgemeinen Verwaltung, des Zoll- und Steuerwesens für die westafrikanischen Schutzgebiete, 19. Juli 1886, BArch, R 1001/5631, S. 8, auch abgedruckt in: KolGG I, S. 177f.

[300] Leutwein, Elf Jahre, S. 11. Diese Angaben entsprechen etwa denen in den neueren Arbeiten. Helmut Bley, Kolonialherrschaft und Sozialstruktur in Deutsch-Südwestafrika 1894-1914, Hamburg 1968, S. 22 (Fn. 14) verweist auf die Angaben Leutweins. Drechsler I, S. 28f. nennt 100.000–150.000 Ovambo, 80.000 Herero, 20.000 Nama, 30.000 Bergdamara und 3.000 San. Sudholt, S. 40–45, bezweifelt diese Zahlen, insbesondere hinsichtlich der Zahl der Herero, die er lediglich auf 40.000 schätzt.

[301] Exemplarisch ist die Forderung des Geographen Eduard Pechuel-Loesche, der ein militärisches Eingreifen in Deutsch-Südwestafrika verlangte, denn sonst *„geht uns alle Autorität verloren und Dr. Göring muss das Feld räumen – wie vor ihm die englischen Kommissare."*, Pechuel-Loesche an AA, 24. Oktober 1886, BArch, R 1001/2126, S. 27.

[302] DKGSWA an Bismarck, 21. März 1887, BArch, R 1001/1522, S. 68–71 (69).

[303] So: Paul Rohrbach, Das Deutsche Kolonialwesen, Leipzig 1911, S. 57f.; Louis Sander, Geschichte der Deutschen Kolonialgesellschaft für Südwest-Afrika von ihrer Gründung bis zum Jahre 1910, 2 Bände, Berlin 1912, Band I, S. 37; Drechsler I, S. 47. Gegenauffassung bei: Alfred Zimmermann, Geschichte der deutschen Kolonialpolitik, Berlin 1914, S. 141f.

[304] Verordnung, betreffend das Bergwesen und die Gewinnung von Gold und Edelsteinen im südwestafrikanischen Schutzgebiet, 25. März 1888, RGBl. 1888, S. 115–124. Das Bergregal

die Errichtung einer Bergbehörde aufgetragen, welche alsbald als Bergamt der DKGSWA in Otjimbingwe entstand.[305] Görings Bericht nach Berlin über die ersten Goldfunde führte dazu, dass sich die DKGSWA am 16. Dezember 1887 verpflichtete, eine Schutztruppe *„zur Unterstützung der gesetzlichen Autorität und zur Aufrechterhaltung der Ordnung, namentlich bei der durch die entdeckten Goldlager wahrscheinlichen Minenbearbeitung auf unsere Kosten einzurichten und vorläufig auf ein Jahr zu erhalten, und dieselbe dem Herrn Reichskommissar für das südwest-afrikanische Schutzgebiet zur Verfügung zu stellen.“*[306] Auch der sich Mitte 1887 verschärfende Konflikt zwischen dem Namakapitän Witbooi und den Hereros führte dazu, dass jetzt dringend Machtmittel zur Durchsetzung der Schutzverträge benötigt wurden.

Es wurde daher eine Einheit aus drei Offizieren, drei Unteroffizieren und 20 afrikanischen Soldaten gebildet, die von der Gesellschaft finanziert, dem Reichskommissar unterstellt und in Otjimbingwe stationiert wurde.[307] Sie hatte die Aufgabe *„zunächst innerhalb des Land- und Minenbesitzes der Gesellschaft, ferner aber auch, soweit angänglich, darüber hinaus im gesamten deutschen Schutzgebiete von Südwest-Afrika die Ordnung im Verkehr aufrecht zu erhalten, Leben und Eigentum der Bewohner zu beschützen, die Durchführung der zu Recht bestehenden schutzherrlichen und behördlichen Verfügungen zu sichern und die Entscheidungen der richterlichen und polizeilichen Gewalt zu vollstrecken.“*[308] Das ursprüngliche Ziel des Auswärtigen Amtes war eine Truppenstärke von 75 Soldaten. Dieses konnte jedoch in den Verhandlungen mit der DKGSWA nicht erreicht werden und zudem erwies sich nach relativ schneller Anwerbung der Deutschen die Anwerbung der Afrikaner als sehr schwierig.[309] Jedoch blieb die „Gesellschaftstruppe“ nahezu bedeutungslos, da sie nicht in der Lage war, den lukrativen Waffen-, Munitions- und Alkoholhandel des Engländers Robert Lewis mit den Eingeborenen zu überwachen und sie auch die zum Schutz des Bergbaus erlassenen Verordnungen nicht durchsetzen konnte.[310]

---

wurde der DKGSWA durch die Verordnung, betreffend das Bergwesen südwestafrikanischen Schutzgebiet, 15. August 1889, RGBl. 1889, S. 179–190, wieder abgenommen und die Bergverwaltung einer Kaiserlichen Behörde übertragen.

305 DKL (1920)/*Meyer-Gerhard*, Band I, S. 306.

306 Protokoll der DGKSWA-Verwaltungsratssitzung vom 16. Dezember 1887, BArch, R 1001/1534/1, S. 40–43.

307 DKGSWA an Göring, 30. Januar 1888, BArch, R 151 F/U.IV.c.1, Bd. 1, S. 91–96. Dort auch: Muster des von den angeworbenen Soldaten zu unterzeichnenden *„Dienst-Vertrages zwischen der Deutschen Kolonial-Gesellschaft für Südwest-Afrika in Berlin (vertreten durch ihren Bevollmächtigten, Herrn Carl Franken z. Z. in ...) und Herrn ...“*, a. a. O., S. 93; *„Organisations-Plan der Schutztruppe der Deutschen Kolonial-Gesellschaft für Südwestafrika“*, a. a. O., S. 95.

308 a. a. O., S. 95.

309 Sander, Band I, S. 46; Drechsler II, S. 37.

310 Graudenz/Schindler, S. 60. Sudholt, S. 47, billigte hingegen der Truppe zu, dass es ihr *„gelang, (...) eine gewisse Kontrolle über das Land zu gewinnen, insbesondere in bezug auf Einfuhr von Waffen, Munition und Alkoholika.“*

Im Herbst 1888 brachen Unruhen im Damaraland aus. Die einzelnen Stämme waren untereinander zerstritten und jeder Stamm beanspruchte den Schutz des Deutschen Reiches für sich allein. Gerade wegen der fehlenden militärischen Möglichkeiten konnten jedoch die gegebenen Schutzzusagen nicht in die Tat umgesetzt werden. Als Ergebnis einer von Maharero geleiteten Protestversammlung der Herero am 30. Oktober 1888 in Okahandja, an der für das Deutsche Reich Reichskommissar Göring, der DKGSWA-Beamte Franken, Leutnant von Quitzow – ein Schutztruppenoffizier, die Missionare Diehl und Eich, acht Briten unter Führung von Robert Lewis und schließlich ca. 100 Herero teilnahmen,[311] erklärte Maharero aus Enttäuschung und Empörung über den ausbleibenden Schutz gegen die Angriffe der Nama[312] den Schutzvertrag mit dem Deutschen Reich vom 21. Oktober 1885 für nichtig und berief sich auf dabei eine Generalvollmacht, die er 1885 dem englischen Händler Lewis[313] ausgestellt hatte – eine Woche später zogen sich Reichskommissar Göring und die Vertreter der DKGSWA fluchtartig in das benachbarte Gebiet der Walvis Bay zurück.[314] Die Gesellschaftstruppe wurde dort aufgelöst.[315]

---

311 Vgl. Protokoll der Versammlung, BArch, R 1001/2104, S. 29–45; Abschrift in BArch, R 1001/9329, S. 458–477. Dazu: Drechsler I, S. 52 und dort Fn. 128.

312 Detailliert zu den Streitigkeiten zwischen Maharero, dem Vater Samuel Mahareros, und dem Namahäuptling Hendrik Witbooi: Wolfgang Reinhard (Hrsg.), Hendrik Witbooi. Afrika den Afrikanern! Aufzeichnungen eines Nama-Häuptlings aus der Zeit der deutschen Eroberung Südwestafrikas 1884 bis 1894, Berlin [u. a.] 1982, S. 35–48. Fabri vertrat 1889 die Ansicht, dass die Ereignisse vermeidbar gewesen wären: „*Ein kleines Korps von ungefähr 150 Farbigen unter deutscher Leitung, vor etwa zwei Jahren errichtet, (würde) für die Bedürfnisse des Hererolandes ausgereicht haben.*" Es „*hätte (...) eine kleine Machtentfaltung zu rechter Zeit vonseiten Deutschlands Eindruck gemacht.*", Fabri, S. 103f.

313 Es ist umstritten, welche Rolle Lewis beim Ausbruch der Unruhen spielte. Gemeinhin gilt er als deren Initiator. Vgl.: Drechsler I, S. 51f. Ebenso: Ronald F. Dreyer, The mind of official imperialism. British and Cape government perceptions of German rule in Namibia from the Heligoland-Zanzibar treaty to the Kruger telegram (1890–1896), Essen 1987, S. 62f. Lewis hatte zusammen mit sechzig Herero-Großleuten bereits am 09. September 1876 an einer vom englischen Kommissars Palgrave veranlassten Versammlung teilgenommen, die mit dem Ersuchen an die britische Regierung endete, das Herero-Gebiet unter britischen Schutz zu stellen und Palgrave als Residenten zur Verwaltung des Landes einzusetzen, Oskar Hintrager, Geschichte von Südafrika, München 1952, S. 288.

314 Göring an Bismarck, 15. November 1888, BArch, R 1001/2104, S. 5–25; Auch die den deutschen Minengesellschaften gewährten Abbaurechte wurden bestritten. Vgl. auch: François, S. 26–28.

315 Külz, S. 125.

2. Die François-Truppe

Einige in Südwestafrika ansässige Deutsche hatten schon am 02. August 1887 dem Auswärtigen Amt ihre Forderung nach militärischen Machtmitteln übersandt.[316] *Bley* hat hierzu bemerkt, dass die Weißen in Deutsch-Südwestafrika den Widerstand der örtlichen Häuptlinge zu einer Verletzung der Hoheitsgewalt stilisierten und nationalistisches Prestigedenken ausnutzten, um die politische und staatsrechtliche Ausfüllung des Protektoratsanspruches durch die Reichsregierung zu erreichen.[317]
Um der Unruhen Herr zu werden, beantragte Reichskommissar Göring bei Bismarck, *„ein Landungskorps von 4 bis 500 Mann mit 5 bis 6 leichten Feldgeschützen"* in das Landesinnere entsenden zu dürfen. Da er offenbar die Ablehnung des Vorschlages durch Bismarck befürchtete, schlug er ersatzweise vor:

> *„Verträgt sich eine derartige militärische Intervention nicht mit unserem Kolonialsystem, dann muss es den betreffenden Privat-Gesellschaften überlassen bleiben, mittels einer organisierten nur aus Weißen bestehenden Kolonial-Truppe von mindestens 600 Mann (...) ihre Rechte sich wieder zu erobern (...)."*[318]

Bismarck lehnte dann auch tatsächlich die Entsendung von Soldaten durch das Reich als unvereinbar mit seiner Kolonialpolitik ab und teilte Göring mit, *„dass es nicht Aufgabe des Reichs sein könne und außerhalb des Programms der deutschen Kolonialpolitik liege, für die Herstellung staatlicher Einrichtungen unter unzivilisierten Völkerschaften einzutreten und durch Aufwendung militärischer Machtmittel den Widerstand eingeborener Häuptlinge gegen noch nicht fundierte Unternehmungen von Reichsangehörigen in überseeischen Ländern zu bekämpfen. Es könne daher eine Zusicherung, dass dem südwestafrikanischen Gebiete durch Machtmittel des Reiches der ungestörte Betrieb bergmännischer und sonstiger Unternehmungen verbürgt werden solle, nicht erteilt werden."*[319]

---

[316] Dort hieß es: *„Wir zweifeln nicht daran, dass er* (Göring, d. Verf.) *bald zu der Überzeugung kommen wird, dass ohne eine Macht von 200 bis 250 Mann mit einigen Feldgeschützen hier nichts auszurichten ist. (...), dass ohne eine entsprechende Macht hier keine Verträge aufrechterhalten werden können. Auch kränkt es unser politisches Ehrgefühl, wenn wir sowohl von den Eingeborenen als auch von den nichtdeutschen Europäern spöttische Bemerkungen über den aus 3 Mann bestehenden Reichsschutz, die froh sein müßten, von ihnen selbst beschützt zu werden, mit anhören müssen."*, Eingabe Deutscher an Bismarck durch Göring, 02. August 1887, BArch, R 1001/9328, S. 143.

[317] Bley, Kolonialherrschaft, S. 15.

[318] Göring an Bismarck, 15. November 1888, BArch, R 1001/2104, S. 5–25.

[319] François, S. 31. Vgl.: Bismarck an Göring, 06. März 1889, BArch, R 1001/2104, S. 150–153.

Doch auch der Superintendent der Rheinischen Mission im Damaraland, H. Brincker, folgte Görings Einschätzung und schrieb an Bismarck:

> *„Damaraland ist nicht durch Verträge mit Häuptlingen zu halten. Soll die Ausbeutung seiner Schätze gesichert sein, so muss eine europäische Macht hier etabliert werden, und zwar eine stehende Miliz von wenigstens 400 Mann und 2 Batterien, damit jeder Fall von Arroganz und der Verletzung der Interessen bestraft werden kann."*[320]

Ebenso ermahnte Fabri Bismarck:

> *„Bleibt der Reichskommissar ohne alle Machtmittel, so wird die deutsche Protektion bald so kläglich enden wie die englische."*

Er war nicht der Meinung, dass man *„in ausgedehnten, unzivilisierten Ländern eine politische Schutzherrschaft ausüben könne ohne jede Machtentfaltung"* und befürwortete die Entsendung einer *„militärischen Expedition"* von 250–300 deutschen Soldaten, um die Ruhe im Schutzgebiet und die *„Verträge"* wiederherzustellen.[321]
Die DKGSWA, die schon vor dem Aufstand der Herero beschlossen hatte, die Gesellschaftstruppe nicht über den 31. März 1889 zu unterhalten,[322] lehnte die Aufstellung einer größeren Truppe jedoch ab:

> *„Eine Änderung der jetzigen Lage im Damaraland herbeizuführen dazu fehlen unserer Gesellschaft die Mittel. (...) Die Kosten einer militärischen Expedition in das Hereroland würde die Gesellschaft nicht aufzubringen vermögen. Auch kann es in einem Gebiete, wo, wie in Südwestafrika, nicht eine mit Schutzbrief versehene Gesellschaft, sondern das Reich selbst die Schutzherrlichkeit ausübt, wohl nicht als die Sache der beteiligten Privaten angesehen werden, die Autorität des Reiches wiederherzustellen. Die dortigen deutschen Privatinteressen sind auf den Schutz des Reiches angewiesen."*[323]

So musste letztlich doch das Reich selbst Truppen nach Deutsch-Südwestafrika entsenden, obwohl Bismarck darüber nachgedacht hatte, den von England angebotenen Tausch Deutsch-Südwestafrikas gegen Helgoland zu akzeptieren[324] oder *„das ganze Land zu abandonieren"*, was wegen der Gefahr für seine innenpolitische Stellung im Zusammenhang mit dem „Kartell"[325] von 1887 nicht möglich

---

[320] H. Brincker an Bismarck, 13. März 1889, BArch, R 1001/2105, S. 32–34. Dieser Vorgang entbehrt nicht einer gewissen Ironie, da später ausgerechnet die Missionare ausdrücklich vom Militärdienst in der Schutztruppe ausgenommen wurden.
[321] Denkschrift Fabris, 05. November 1888 BArch, R 1001/6924, S. 26–34, 37–41.
[322] DKGSWA an Göring, 30. Januar 1888, BArch, R 151 F/U.IV.c.1, Bd. 1, S. 91–96.
[323] Eingabe der DKGSWA an Bismarck, 19. Februar 1889, BArch, R 1001/2104, S. 113–124.
[324] Vgl.: Wehler, Imperialismus, S. 290.
[325] Dieses „Kartell" bestand aus einer Mitte-Rechts-Koalition der Deutschkonservativen, Freikonservativen und Nationalliberalen, die sich unmittelbar nach der Verkündung des kaiserlichen Beschlusses über die Auflösung des Reichstages am 14. Januar 1887 gebildet hatte. Bei den anschließenden Reichstagswahlen vom 21./28. Februar 1887 gewannen die

war[326] und Bismarck ebenso den Anschein des Zurückweichens vor Großbritannien vermeiden wollte.[327]

Eine weitere von Göring vorgeschlagene Möglichkeit, nämlich die Nama gegen die Herero einzusetzen, wurde von Missionsinspektor Carl Gotthilf Büttner,[328] den das Auswärtige Amt um Stellungnahme gebeten hatte, entschieden abgelehnt und nicht verwirklicht, stattdessen schlug Büttner die Entsendung einer kleinen Truppe vor – Bismarck traf die Entscheidung über die Truppenentsendung im März 1889.[329]

Für die Reichsleitung beantragte *von Behr-Behrenhoff*[330] als Berichterstatter der Budgetkommission im Reichstag für das Etatsjahr 1889/90 als einmalige Ausgabe *„ein Mehr von 51 000 Mark"* für die *„Bestreitung der Verwaltungsausgaben in dem südwestafrikanischen Schutzgebiete"*[331] – eine euphemistische Formulierung, die Bamberger zu der Korrektur, dass es sich *„um die Wehrausgaben für Südwestafrika"* handele, dem Hinweis, *„dass man seit drei Jahren nichts näheres von dieser Kolonie gehört (hat), und zwar aus dem einfachen Grunde, weil sie nur noch auf dem Papier sozusagen existiert"* und dem Vorschlag, das

---

Kartellparteien 220 von 397 Sitzen und damit die absolute Mehrheit. Den vorangegangenen Wahlkampf bestimmten vor allem außenpolitische Themen. Dazu: Lothar Gall, Bismarck. Der weiße Revolutionär, 5. Auflage, Frankfurt a. M. 1985, S. 674–680; Hans-Ulrich Wehler, Deutsche Gesellschaftsgeschichte, Dritter Band: Von der „Deutschen Doppelrevolution" bis zum Beginn des Ersten Weltkrieges 1849–1918, München 1995, S. 991–1000.

326 Gründer, Kolonien, S. 86. Vgl. hierzu auch Bismarcks Rede vor dem Reichstag vom 15. Januar 1890, StenBer RT, 07. LP., 04. Sess. 1888/89, 20. Sitzung 15. Januar 1889, S. 439–447.

327 Wolfgang Reinhard, Eingeborenenpolitik in Südwestafrika 1842–1915. Der deutsche Weg zur Apartheid, in: Sabine Weiss (Hrsg.), Historische Blickpunkte. Festschrift für Johann Rainer zum 65. Geburtstag, Innsbruck 1988, S. 543–556 (548).

328 Vgl.: Ursula Trüper, Carl Gotthilf Büttner – Missionar, Kolonialpolitiker und Sprachforscher, in: Ulrich van der Heyden/Joachim Zeller (Hrsg.), Kolonialmetropole Berlin. Eine Spurensuche, Berlin 2002, S. 122–124.

329 Votum Krauels, 04. März 1889, BArch, R 1001/2104, S. 131–136; Bismarcks Instruktionen für Göring, 06. März 1889, BArch, R 1001/2104, S. 150–153. Obwohl man später durchaus die Streitigkeiten der südwestafrikanischen Stämme untereinander ausnutzte, wie Caprivi vor dem Reichstag im Hinblick auf die Auseinandersetzung mit Witbooi ausdrücklich erklärte: *„Wir haben bisher mit der geringen Truppe, die wir in Südwestafrika hatten, auskommen können, weil wir die Hereros gelegentlich gegen Witbooi ausspielen konnten, vielleicht auch Witbooi gegen die Hereros. Wenn nun aber die beiden die Neigung zeigten, sich untereinander zu verständigen, so wurde unsere Lage schwieriger."*, StenBer RT, 08. LP., 02. Sess. 1892/93, 55. Sitzung 01. März 1893, S. 1341ff. (1359).

330 Carl Graf von Behr-Behrenhoff (1835–1906), Gutsbesitzer, Landrat; MdprAH 1873; MdR (DRP) 1878–1881 und 1883–1893, nach: Schwarz, S. 264.

331 StenBer RT, 07. LP., 04. Sess. 1888/89, 20. Sitzung vom 15. Januar 1889, S. 437ff. (437). Vgl. auch: Mündlicher Bericht der Kommission für den Reichshaushalts-Etat über die denselben überwiesenen Teile des Reichshaushalts-Etats für das Etatsjahr 1889/90, 11. Dezember 1888, StenBer RT, 07. LP., 04. Sess. 1888/89, Vierter Band Erster Anlageband, Aktenstück Nr. 49, S. 421.

Schutzgebiet aufzugeben, veranlasste.[332] Obwohl Bismarck eine allgemeine Kolonialdiskussion ausdrücklich für unerwünscht erklärt hatte,[333] entwickelte sich im Fortgang der Debatte genau diese. Die Ausgabe wurde vom Reichstag am 15. Januar 1889 bewilligt.[334]

Hauptmann Curt von François, der Afrikaerfahrung besaß, erhielt zusammen mit seinem Bruder Hugo den Auftrag, die benötigte Truppe aufzustellen. Curt und Hugo von François waren aktive Offiziere der preußischen Armee, jedoch mit Order vom 15. November 1887 zum Auswärtigen Amt abkommandiert worden.[335] Der Tod des Vaters, Generalmajor Bruno von François, der 1870 bei Spichern gefallen war, führte dazu, dass die Familie François zu den angesehensten der Monarchie gehörte.[336] Die Mitglieder wurden nicht dem Reich, sondern aufgrund eines privaten Vertrages Hauptmann von François verpflichtet,[337] so dass eine *„Privattruppe unter staatlicher Führung"*[338] entstand. Die Truppe bestand aus zwei Offizieren – Hauptmann Curt von François und Leutnant Hugo von François – und 21 Unteroffizieren, davon acht aus dem aktiven Heer und 13 aus dem Beurlaubtenstand – die Mannschaften traten als Gemeine zur Truppe, lediglich acht Unteroffiziere durften ernannt werden.[339] Sie traf auf englischen Schiffen – und daher als Forschungsexpedition getarnt – am 24. Juni 1889 in der Walvis Bay ein.[340]

Curt von François, zwischenzeitlich zum Kommandeur der Truppe ernannt,[341] stellte später fest, dass die Schaffung der Truppe nach der Entsendung des Reichskommissars *„der zweite wichtige, prinzipielle Schritt in der Umwandlung der Gesellschafts- in eine Kronkolonie"* war.[342] Er richtete am 08. Juli 1889 das Kommissariat in Otjimbingwe wieder ein[343] und stationierte seine Soldaten am 07. August 1889 in Tsaobis und begann dort mit der Errichtung *„von zur Verteidigung eingerichtete(n) Baracken"*, deren Fertigstellung Mitte Oktober erfolg-

---

332 StenBer RT, 07. LP., 04. Sess. 1888/89, 20. Sitzung 15. Januar 1889, S. 438.

333 a. a. O., S. 424, 433.

334 a. a. O., S. 448.

335 Vgl. Hinweis in der Kaiserlichen Kabinetts-Ordre für Curt von François, 16. Mai 1889, BArch, R 1001/2106, S. 45f.

336 Petter, Actes, S. 233.

337 *„Kontrakt mit den Mannschaften"*, 29. April 1889. Abgedruckt bei: François, Anlage 6, S. 220f.

338 Schildknecht, S. 228.

339 François, S. 33. Dort auch die namentliche Aufzählung der Truppenangehörigen. Diese ist auch im Bestand erhalten: BArch, R 1001/2106, S. 47f.

340 Nels an Bismarck, 26. Juni 1889, BArch, R 151 F/A.I.a.1, Bd. 2, S. 52. Dazu: François, S. 44.

341 AA an Curt von François, 17. und 25. April, BArch, R 1001/2106, S. 19 und 23; Kaiserliche Kabinetts-Ordre für Curt von François, 16. Mai 1889, BArch, R 1001/2106, S. 45f.

342 François, S. 35f.

343 Nels an Bismarck, Juli 1889, BArch, R 151 F/A.I.a.1, Bd. 2, S. 54.

te.[344] Vom Auswärtigen Amt hatte er die Anweisung erhalten, möglichst Robert Lewis oder andere europäische „Anführer“ der Eingeborenen zu verhaften, keinesfalls aber Gewalt gegen die Herero anzuwenden.[345] Wie vor allem *Petter*[346] in seinen Studien gezeigt hat, begannen Schutztruppenoffiziere[347] aber regelmäßig ihren „eigenen kleinen Krieg.“[348] Der Dienst in den Schutzgebieten war gefragt, die Kolonialoffiziere bildeten ein *„corps d'elite.“*[349] Während in der Heimat Frieden herrschte, hofften die Offiziere in den Schutzgebieten, *„ihre Karriere durch zweckfreie Kriegstaten zu beflügeln“*[350] und so setzten einige von ihnen alles daran, den *„ruhmbringenden Krieg, wenn er schon nicht herrschte, gegebenenfalls selbst herbeizuführen“*, so dass nach Petters Auffassung *„das häufige Auftreten des Militärs als Störfaktor (...) strukturell vorgegeben“* und die Schutztruppenoffiziere *„Gefangene des militärisch-zivilen Dualismus“* waren.[351] Die Schutzgebiete wurden zum *„Tummelplatz für die Bürokratie“*, *„Schlachtfeld für die Militaristen“* und *„Ausflugsziel für gewissenlose Abenteurer“*,[352] zum *„Betätigungsfeld für verkrachte Existenzen oder für solche (...), die irgend etwas in der Heimat gesündigt hatten.“*[353] Bereits *Zintgraff*[354] hatte nachdrücklich gewarnt, *„dass eine Schutztruppe in der Hand unerfahrener Beamten den A n f a n g d e r U n s i c h e r h e i t im Schutzgebiete besagen würde“* und hinzugefügt, dass *„es (...) nicht die Kolonien so sehr an*

---

344 François, S. 50. Zur militärischen Infrastruktur in Deutsch-Südwestafrika: Andreas Vogt, Von Tsaobis bis Namutoni. Die Wehrbauten der deutschen Schutztruppe in Deutsch-Südwestafrika (Namibia) von 1884–1915, Göttingen, Windhoek 2002.

345 Kaiserliche Kabinetts-Ordre für Curt von François, 16. Mai 1889, BArch, R 1001/2106, S. 45f.; AA an Nels, 19. Mai 1889, BArch, R 1001/2106, S. 50–57, und auch die Zusammenfassung der Instruktionen bei: François, S. 35.

346 s. Fn. 21.

347 Vgl. zur Soziologie des Offizierskorps: Karl Demeter, Das Deutsche Offizierkorps in Gesellschaft und Staat 1650–1945, Frankfurt a. M. 1964, S. 1–68; Heiger Ostertag, Bildung, Ausbildung und Erziehung des Offizierkorps im deutschen Kaiserreich 1871 bis 1914. Eliteideal, Anspruch und Wirklichkeit, Frankfurt a. M. [u. a.] 1990, S. 38–89. Speziell zu den Offizieren der Schutztruppe: Petter, Offizierkorps, S. 163–174.

348 Beispiele bei: Petter, Offizierkorps, S. 164.

349 L. H. Gann/Peter Duignan, The Rulers of German Africa 1884–1914, Stanford 1977, S. 107.

350 Petter, Actes S. 230.

351 Petter, Offizierkorps, S. 164f.

352 M(ary) E(velyn) Townsend, Macht und Ende des deutschen Kolonialreiches, Leipzig 1932, S. 138.

353 Heinrich Schnee, Als letzter Gouverneur in Deutsch-Ostafrika. Erinnerungen, Heidelberg 1964, S. 10.

354 Dr. iur. Eugen Zintgraff (1858–1897), Afrikaforscher; seit 1886 im Dienst der deutschen Kolonialverwaltung, die ihm die Erforschung des nördlichen Kameruner Hinterlandes von der Küste her übertrug; 1886–1887 zunächst einige Vorexpeditionen in die Umgegend der Kamerunbucht; 1889 durch ihn Gründung der Station Baliburg; Dezember 1889 Heimreise; 1890 weitere Expedition nach Bali, dabei Gefecht mit Einheimischen; bis 1892 weitere Stationsgründungen; 1892 Rücktritt vom Kolonialdienst; 1893 Reise nach Südafrika; 1896 durch ihn erstmals Plantagenbau in Kamerun, nach: DKL (1920), Band III, S. 753f.

sich (sind), die das Geld der Nation kosten, als vielmehr oft der Unverstand der Beamten in den Kolonien, für welche man teures Lehrgeld bezahlen muss."[355]

Ähnliches hatte auch Fabri geschildert:

> *„In der Behandlung farbiger Bevölkerungen, namentlich wenn dieselben noch mit natürlichem Misstrauen und Argwohn gegen die europäischen Eindringlinge erfüllt sind, ist Ruhe, Besonnenheit, humane Gesinnung, aber auch furchtlose Entschlossenheit die Grundbedingung. Das ist nicht gerade das Bild von dem, was wir in der Heimat schneidige Lieutenants zu nennen gewohnt sind. Brauseköpfe mit nicht geringer Selbstüberhebung und mit engem Gesichtswinkel sind über See nicht nur unpassend, sondern in Kolonialverhältnissen geradezu gefährliche Leute.*"[356]

Erstes Beispiel hierfür war von François, der seine Instruktionen verletzte – er *„hatte das aus Machtlosigkeit erzwungene Lavieren der Deutschen zwischen den Stämmen nicht ertragen*"[357] – und, um die Macht der Deutschen gewaltsam durchzusetzen, binnen kürzester Zeit Streitigkeiten mit den Herero provozierte[358] Diese führten dazu, dass der Hererohäuptling für den 22. August 1889 einen Angriff von 500 mit Gewehren bewaffneten Herero auf Tsaobis androhte.[359] François musste sich in seinem Lager in Tsaobis verschanzen, von wo aus er den Kampf nicht für sich entscheiden konnte, jedoch immerhin vor den Herero in Sicherheit war.[360]

Die Truppe unter von François konnte wegen ihrer geringen Stärke keine Bedeutung erlangen. In einer Denkschrift des Reichskanzlers wurde festgestellt:

> *„Erst im Jahre 1888 finden wir die ersten Spuren einer deutschen Schutztruppe. (...) In ihrer Zusammensetzung von zwei Offizieren, fünf Unteroffizieren und 20 Eingeborenen war sie jedoch nicht in der Lage, den deutschen Beamten das fehlende Ansehen zu verschaffen. (...) So war die Durchführung der bis dahin vom Reichskommissar*

---

355 (Eugen) Zintgraff, Meine Beschwerden gegen das Kaiserliche Gouvernement in Kamerun. Beiträge zu dem derzeitigen bureaukratischen Regime in der Kamerun-Colonie, Hamburg 1893, S. 20. Hervorhebung im Original. Er bezog sich auf die Verhältnisse in Kamerun.

356 Fabri, S. 111.

357 Bley, Kolonialherrschaft, S. 19.

358 Ebenso: Drechsler I, S. 56f. Diese Darstellung ist nicht unumstritten. Insbesondere *Sudholt* hat versucht, diese These zu widerlegen. Kritisch hierzu: Horst Drechsler, Neue Aspekte der Literatur zur deutschen Kolonialgeschichte Namibias, in: Helmut Christmann (Hrsg.), Kolonisation und Dekolonisation. Referate des Internationalen Kolonialgeschichtlichen Symposiums '89 an der Pädagogischen Hochschule Schwäbisch Gmünd, Schwäbisch Gmünd 1989, S. 28–36 (29–31).

359 François, S. 51.

360 Jürgen Zimmerer, Deutsche Herrschaft über Afrikaner. Staatlicher Machtanspruch und Wirklichkeit im kolonialen Namibia, 2. Auflage, Hamburg 2002, S. 19. Vgl. auch: Drechsler I, S. 56–58.

getroffenen Anordnungen (...) lediglich von dem guten Willen der Eingeborenen abhängig."[361]

Von François forderte daher am 06. August 1889 eine Verstärkung der Truppe[362] und erneuerte diese Bitte zwei Wochen später, wobei er diesmal langfristig plante,[363] stieß jedoch damit in Berlin auf Unmut.[364] Mit Erlassen vom 03. und 09. November 1889 erteilte das Auswärtige Amt ihm die Weisung, sich strikt an die Instruktionen zu halten, die ihm kriegerische Unternehmungen gegen die Herero untersagten, und die Klärung politischer Fragen dem stellvertretenden Reichskommissar Nels zu überlassen.[365] Ende Dezember 1889 wurde der zwischenzeitlich wieder zum Reichskommissar ernannte Göring angewiesen, sich bei den einheimischen Stämmen um eine friedliche Lösung zur Durchsetzung der Schutzherrschaft des Deutschen Reiches zu bemühen,[366] was im Mai 1890 mit der Anerkennung der Schutzherrschaft des Deutschen Reiches durch Maharero auch weitgehend gelang.[367] Widerwillig folgte die Reichsleitung den Forde-

---

361 Denkschrift: Eingeborenen-Bevölkerung und Kämpfe der Eingeborenen unter einander, 29. November 1904, StenBer RT, 11. LP., 01. Sess. 1903/05, Fünfter Band Anlagen, Aktenstück Nr. 518, S. 2757–2804 (2759). Ebenso Curt von François: „*Dass diese Truppe nicht nur sehr kostspielig war, sondern dass man nur wenig von ihr erwarten durfte, lag auf der Hand. Sie war viel zu schwach, um den Eingeborenen gegenüber mit Erfolg auftreten zu können. Ihre Organisation war mangelhaft.*", François, S. 20f.

362 „*Eine Verstärkung der Truppe auf 50 Mann, die Bewaffnung mit dem neuesten kleinkalibrigen Repetiergewehr und die Zuteilung eines Geschützes mit 100 Granaten und 50 Schrapnells halte ich für dringend geboten, da ich nicht glaube, dass mit Güte die Verhältnisse dauernd zu regeln sind.*", Curt von François an Bismarck, 06. August 1889, BArch, R 1001/2107, S. 22f..

363 „*Um geregelte Verhältnisse zu schaffen, ist es notwendig, die Hereros niederzuwerfen und ihre Freunde, die Engländer, aus dem Lande zu weisen. Hierzu würden 140 Infanteristen, 10 Artilleristen und 2 leichte Feldgeschütze mit voller Kriegsausrüstung genügen. 100 Mann könnten nach Ablauf eines Jahres entlassen werden. Der Rest würde auf 3 Jahre zu verpflichten (...) sein.*", Curt von François an Bismarck, 20. August 1889, BArch, R 1001/2107, S. 68–70. Auch für Nels war, „*um die Hereros zu unterwerfen und zu entwaffnen (...) eine Macht von 400 bis 500 militärisch ausgebildeten Leuten erforderlich*", Nels an Bismarck, 18. September 1889, BArch, R 151 F/A.I.a.1, Bd. 2, S. 95 f. (96).

364 Krauel bezeichnete das Vorgehen Curt von François' in Otjimbingwe als „*ungeschickt*", Aktenvermerk Krauels, 07. November 1889, BArch, R 1001/2107, S. 97.

365 AA an Curt von François, 03. und 09. November 1889, BArch, R 151 F/A.I.a.1, Bd. 2, S. 84f.; BArch, R 1001/2107, S. 108–112.

366 AA an Göring, 29. Dezember 1889, BArch, R 1001/2152, S. 52f.; BArch, R 151 F/A.I.a.1, Bd. 2, S. 128–135.

367 Göring an AA, 22. Mai 1890, BArch, R 151 F/A.I.a.1, Bd. 2, S. 125–127. Drechsler schrieb in diesem Zusammenhang: „*Unter dem Druck der Anwesenheit der deutschen Truppe in Südwestafrika erklärten sich die Herero bereit, die deutsche ‚Schutzherrschaft' wieder anzuerkennen. Da sie sich zu jenem Zeitpunkt noch immer im Krieg mit Hendrik Witbooi befanden, wollten sie sich die waffentechnisch überlegenen Deutschen nicht noch zusätzlich auf den Hals laden.*", Drechsler I, S. 64. Dies erscheint zumindest zweifelhaft, da eine knapp 50 Mann starke Einheit trotz waffentechnischer Überlegenheit kaum ein taugliches Druckmittel gegenüber Maharero dargestellt haben dürfte. Hierzu auch: François, S. 69–71. Nach

rungen nach einer stärkeren militärischen Machtentfaltung zumindest teilweise[368] und verstärkte die Truppe im Januar 1890 auf 50 Mann.[369]
Am 15. April 1890 verlangte François erneut ein militärisches Vorgehen gegen Hendrik Witbooi, der sich dem Schritt Mahareros nicht angeschlossen hatte.[370] Auch Reichskommissar Göring sprach sich nun für einen Militäreinsatz aus.[371] Erst knapp drei Jahre später wurde jedoch die deutsche Militärmacht in Deutsch-Südwestafrika massiv ausgebaut. Am 15. Februar 1893 wurden ein aus einem Offizier, einem Sanitätsoffizier, 21 Unteroffizieren, vier Lazarettgehilfen und 189 Gemeinen bestehendes Verstärkungskommando, die volle Ausrüstung für 220 Mann und 220 Pferde sowie Waffen und Munition in Cuxhaven eingeschifft und erreichten die Walvis Bay am 16. März 1893, so dass die südwestafrikanische Schutztruppe nunmehr aus vier Offizieren, einem Arzt und 220 Mann bestand, die durch etwa 30 ausgediente Schutztruppensoldaten, die im Schutzgebiet verblieben waren und deren vorübergehende Einberufung zur Schutztruppe im Notfall möglich war, ergänzt werden konnte.[372] Zur Heranziehung der ausgedienten, zur Ablösung gelangenden Mannschaften war der Reichskommissar ermächtigt worden, da es zwischen Witbooi und den Herero zu einer Annäherung gekommen war und ein gemeinschaftlicher Schlag gegen die Schutztruppe befürchtet wurde.[373] Die beiden für die Schutztruppe bestimmten Geschütze, die von François angefordert hatte,[374] erreichten Windhoek am 05. August 1893.[375]
Nachdem die Schutztruppe von François jetzt stark genug für einen Feldzug gegen Hendrik Witbooi erschien, wurde dieser am 12. April 1893 in Hornkranz angegriffen, konnte jedoch nicht vernichtend geschlagen werden. Die Auseinandersetzungen mit Witbooi zogen sich daher in die Länge.

---

dessen Darstellung unterwarf sich Maharero, um die Schutztruppe in eine Auseinandersetzung mit Witbooi zu zwingen. Der Ausgang einer Auseinandersetzung zwischen Maharero und der Schutztruppe muss spekulativ bleiben.

[368] Die Verstärkung der Schutztruppe auf 50 Mann wurde angekündigt, jedoch deren Verwendung auf Polizeiaufgaben beschränkt – die Truppe sollte den Beamten als Exekutivorgan zu Verfügung stehen, AA an Hatzfeld, 21. November 1890, BArch, R 1001/2108, S. 37–40.

[369] Drechsler I, S. 59.

[370] Die hierfür notwendige Truppe sollte nach von François' Vorstellungen aus neun Offizieren, 32 Unteroffizieren, 185 Mannschaften und 166 afrikanischen Soldaten bestehen, von François, S. 184–192.

[371] Göring an Caprivi, 15. November 1890, BArch, R 1001/2109, S. 7–21.

[372] Bericht über die Verstärkung der südwestafrikanischen Schutztruppe, DKBl. 1893, S. 179f.

[373] Denkschrift, betreffend das südwestafrikanische Schutzgebiet unter besonderer Berücksichtigung des Zeitraums vom 1. Oktober 1892 bis zum 30. September 1893, 17. November 1893, StenBer RT, 09. LP., 02. Sess. 1893/94, Erster Anlageband, Aktenstück Nr. 48, S. 345–359 (358).

[374] von François an AA, 25. März 1893, BArch, R 1001/1483, S. 7f.

[375] Bericht über das Eintreffen von Geschützen für die südwestafrikanische Schutztruppe in Windhoek, DKBl. 1893, S. 458.

Als Resultat dieses Misserfolges wurde die Ablösung von François' gefordert. Vor dem Reichstag schätze Kolonialdirigent Dr. Kayser ein:

> *„Es ist ganz richtig, dass der Major von François dasjenige an Truppen und Waffen erhalten hat, was er verlangte; es ist ferner richtig, dass der Erfolg, den wir von ihm erwartet haben, nicht eingetreten ist."*[376]

Ende 1893 wurde daher Theodor Leutwein[377] nach Deutsch-Südwestafrika entsandt, der sich zunächst ein Bild der Lage verschaffen sollte.[378] Durch Allerhöchste Kabinetts-Ordre vom 03. Mai 1894 erfolgte die Umwandlung der François-Truppe in eine Kaiserliche Schutztruppe.[379] Nachdem Major von François beurlaubt war,[380] übernahm Leutwein im Juli 1894 das Kommando der Schutztruppe.[381] Deren Stärke wurde weiter erhöht. Sie bestand am 01. Juli 1893 aus drei Offizieren, einem Sanitätsoffizier und 214 Mann,[382] am Ende des Berichtszeitraums vom 01. Oktober 1892 bis zum 30. September 1893 neben Curt und Hugo von François aus sechs Offizieren, einem Sanitätsoffizier und etwa 340 Mann.[383] Sie wurde am 23. August 1893 um zwei Offiziere und 117 Mann,[384] Ende Oktober 1893 um zwei Offiziere, Ende März 1894 um einen Offizier und am 17. Juli 1894 um sieben Offiziere, einen Sanitätsoffizier, einen Rossarzt,

---

[376] StenBer RT, 09. LP., 02. Sess. 1893/1894, 54. Sitzung 20. Februar 1894, S. 1345ff. (1369).

[377] Theodor Leutwein (1849–1921), 1868 Fahnenjunker; 1869 Leutnant; Teilnahme am deutsch-französischen Krieg 1870/71; 1885 Hauptmann, 1893 Major; im Dezember 1893 Entsendung nach Deutsch-Südwestafrika; später dort Landeshauptmann, ab 1898 Gouverneur; 1899 Oberstleutnant, 1901 Oberst, 1905 Generalmajor, nach: DKL (1920), Band II, S. 452; Paul Leutwein, Theodor Leutwein, der Eroberer Deutsch-Südwestafrikas, Lübeck 1934, S. 3–5, 39–44.

[378] Caprivi an Leutwein, 20. November 1893. Text bei: Leutwein, Elf Jahre, S. 16f. Dazu: Drechsler I, S. 72–77.

[379] Vgl.: Denkschrift, betreffend das südwestafrikanische Schutzgebiet, 20. Dezember 1894, StenBer RT, 09. LP., 03. Sess. 1894/95, Erster Anlageband, Aktenstück Nr. 89, S. 426–497 (428).

[380] von François an Caprivi, 17. März 1894, BArch, R 1001/1486, S. 8–11 (11); Erlasse an von François vom 21. Mai 1894 und das Reichsmarineamt vom 26. Mai 1894, a. a. O., S. 8.

[381] Denkschrift, betreffend das südwestafrikanische Schutzgebiet, 20. Dezember 1894, StenBer RT, 09. LP., 03. Sess. 1894/95, Erster Anlageband, Aktenstück Nr. 89, S. 426–497 (428). Leutwein wurde durch Allerhöchste Kabinetts-Ordre vom 27. Juni 1895 zum etatsmäßigen Landeshauptmann ernannt, Denkschrift über die Entwickelung der Deutschen Schutzgebiete im Jahre 1894/1895, Jahresbericht über die Entwickelung Deutsch-Südwestafrikas, 15. Januar 1896, StenBer RT, 09. LP., 04. Sess. 1895/97, Zweiter Anlageband, Aktenstück Nr. 88, S. 919–935 (925).

[382] a. a. O.

[383] Denkschrift, betreffend das südwestafrikanische Schutzgebiet unter besonderer Berücksichtigung des Zeitraums vom 1. Oktober 1892 bis zum 30. September 1893, 17. November 1893, StenBer RT, 09. LP., 02. Sess. 1893/94, Erster Anlageband, Aktenstück Nr. 48, S. 328–359 (357f.).

[384] Zehn Unteroffiziere, zwei Lazarettgehilfen und 105 Gemeine, DKBl. 1893, S. 502.

zwei Zahlmeisteraspiranten und 210 Mann verstärkt.[385] Nach einem bis zum 01. August 1894 andauernden Waffenstillstand und vom 27. August bis 09. September 1894 andauernden Kämpfen erreichte Leutwein mit Witbooi eine vertragliche Übereinkunft[386] und konnte so die militärischen Auseinandersetzungen mit diesem beenden.[387] Leutwein gelang es in der Folgezeit, mit gewissem Erfolg die südwestafrikanischen Stämme gegeneinander auszuspielen – eine Politik, die als „System Leutwein" bekannt wurde.[388] Im Berichtsjahr 1894/1895 erreichte die Schutztruppe in Stärke von 540 Mann, verteilt auf sieben Distrikte, zwei Feldkompanien in Windhoek und den Stab des Truppenkommandos.[389] Bismarcks kolonialpolitische Vorstellungen von einer Regierung des Schutzgebietes durch die Kaufleute waren damit in Deutsch-Südwestafrika an der Unfähigkeit von François', auf die einheimische Bevölkerung Rücksicht zu nehmen, gescheitert. Innerhalb weniger Jahre war die Entsendung von Truppen erforderlich geworden, die in den Jahren 1893–1904 in insgesamt sieben Gefechte verwickelt waren.[390]

III. Kamerun

1. Der Aufstand im Dezember 1884

In seinem Erlass an Nachtigal vom 19. Mai 1884 hatte Bismarck für Kamerun seinen Wunsch nach einer „Regierung der Kaufleute" deutlich werden lassen und die Schaffung einer Schutztruppe für Kamerun abgelehnt:

> *„Die Einrichtung eines Verwaltungsapparats, der die Entsendung einer größeren Anzahl deutscher Beamten bedingen würde, die Errichtung ständiger Garnisonen mit deutschen Truppen und die Übernahme einer Verpflichtung des Reichs, den in solchen Gebieten sich ansiedelnden Deutschen und ihren Faktoreien und Unternehmungen, auch während etwaiger Kriege mit größeren Seemächten, Schutz zu gewähren, wird dabei nicht beabsichtigt."*[391]

---

[385] Denkschrift, betreffend das südwestafrikanische Schutzgebiet, 20. Dezember 1894, StenBer RT, 09. LP., 03. Sess. 1894/95, Erster Anlageband, Aktenstück Nr. 89, S. 426–497 (428). Dort auch: Aufstellung über die Verteilung der Schutztruppe.

[386] Schutz- und Freundschaftsvertrag zwischen dem Deutschen Reiche und dem Kapitän Hendrik Witbooi, 15. September 1894, BArch, R 1001/1487, S. 12–14.

[387] Leutweins Sohn urteilte darüber: *„Leutwein hat sich freilich bedingungslose Unterwerfung erzwungen, aber Deutschland hatte den Witboikrieg* (sic!) *zu Unrecht begonnen."*, P. Leutwein, Eroberer, S. 13.

[388] Dazu: Bley, Kolonialherrschaft, S. 18–188; Sudholt, S. 91–191.

[389] Denkschrift über die Entwickelung der Deutschen Schutzgebiete im Jahre 1894/1895, Jahresbericht über die Entwickelung Deutsch-Südwestafrikas, 15. Januar 1896, StenBer RT, 09. LP., 04. Sess. 1895/97, Zweiter Anlageband, Aktenstück Nr. 88, S. 919–935 (926).

[390] Joachim Zeller/Jürgen Zimmerer, Das Oberkommando der Schutztruppen – Die Zentrale der deutschen Kolonialmilitärs, in: Ulrich van der Heyden/Joachim Zeller (Hrsg.), Kolonialmetropole Berlin. Eine Spurensuche, Berlin 2002, S. 35–41 (39).

[391] Bismarck an Nachtigal, 19. Mai 1884, BArch, R 1001/4194, S. 6–31 (7).

Als Bismarck am 25. September 1884 im Rahmen einer Unterredung mit in Westafrika tätigen Unternehmern die Ausarbeitung klarer Richtlinien für die Zeit nach der Inbesitznahme Kameruns forderte, erschien Woermann hingegen die Übertragung der Verantwortung für Schutz und Verwaltung Kameruns auf das Reich wünschenswert durch die *„die möglichst ununterbrochene Anwesenheit eines deutschen Kriegsschiffes, dessen jeweiliger Kommandant als Vertreter des Kaisers von Deutschland zu fungieren haben würde"*, und dem ein *„Zivilbeamter"*, möglichst ein *„Reichs-Konsul oder ein anderer mit anderen Ländern vertrauter Beamter"*[392] beigegeben werden sollte. Die Unternehmer erklärten sich unter dem Druck Bismarcks dann zwar doch zur Bildung eines „Syndikates für Westafrika" bereit, welches im Oktober 1885 entstand, jedoch keinesfalls die Verwaltung Kameruns übernehmen sollte – während Bismarck die Bildung einer Chartergesellschaft für wünschenswert gehalten hatte.[393] Die Aufstellung einer militärischen Formation in Kamerun war zu diesem Zeitpunkt nicht vorgesehen. Die ersten für die Verwaltung in Kamerun bestimmten 180.000 Mark hatte Bismarck bereits am 20. November 1884 im Reichstag beantragt.[394] Die weitere Entwicklung in Kamerun entsprach nicht Bismarcks Plänen. Die mangelnde Demonstration militärischer Präsenz in Kamerun führte innerhalb weniger Monate zu Schwierigkeiten. Einerseits wurde dadurch das nach größerem Einfluss in Westafrika strebende Großbritannien ermutigt, seine Absichten mit Nachdruck zu verfolgen. Andererseits zeigte die einheimische Bevölkerung immer deutlicher ihre Enttäuschung über die deutsche Schutzmacht. Nachdem die „Möwe", mit der Nachtigal in Kamerun eingetroffen war, das Land wieder verlassen hatte, beschränkte sich die deutsche Schutzmacht auf die Anwesenheit des allein und ohne Militärmacht zurückgebliebenen Buchner[395] – Großbritan-

---

392 Woermann an Bismarck, 30. April 1884, BArch, R 1001/4193, S. 82–84.

393 Eine von Bismarck dem Reichstag übersandte Denkschrift vom 02. Dezember 1885 enthielt den Hinweis, dass in Kamerun *„die Bemühungen des Reichskanzlers, die dort interessierten Handelshäuser zur Bildung einer mit der lokalen Verwaltung zu betrauenden Korporation zu bewegen, bisher den gewünschten Erfolg nicht gehabt haben, und also die dorthin gesandten Kaiserlichen Beamten unmittelbarer in die Regelung der Verhältnisse eingreifen müssen."*, Denkschrift über die deutschen Schutzgebiete, 02. Dezember 1885, StenBer RT, 06. LP., 02. Sess. 1885/86, Fünfter Band Erster Anlageband, Aktenstück Nr. 44, S. 133–138 (134). Vgl. auch den Bericht Dr. Biebers über die Besprechung vom 25. September 1884, BArch, R 1001/4202, S. 243–252, und Woermann an H. von Bismarck, 12. Oktober 1884, BArch, R 1001/4203, S. 46. Das Syndikat löste sich am 29. Dezember 1886 auf.

394 Es handelte sich um Mittel für den Bau eines Küstendampfers und einer Barkasse. Diese waren zwar *„nicht für Kriegszwecke bestimmt"*, doch sollte *„die Besatzung unter dem Kommando und der Disziplin der Kaiserlichen Marine"* stehen. Vgl. Entwurf eines Gesetzes, betreffend die Feststellung eines Nachtrags zum Reichshaushalts-Etat für das Etatsjahr 1884/1885, StenBer RT, 06. LP., 01. Sess. 1884/85, Fünfter Band Erster Anlageband, Aktenstück Nr. 8, S. 51–53.

395 Dr. Max Buchner (1846–1921); Forschungsreisender; reiste 1884 mit Nachtigal nach Togo und Kamerun; bis 1885 Stellvertreter des Reichskommissars in Kamerun mit der Funktion eines Konsuls mit richterlicher Gewalt, 1888–1890 Forschungsreisen in die Südsee und nach Ostasien, nach: DKL (1920), Band I, S. 248; NDB 2, S. 705 f.

nien hingegen entsandte mit steigender Intensität Kanonenboote in die Kamerunbucht, was zur Beunruhigung unter den Häuptlingen führte und diesen den Eindruck vermittelte, dass die vorherrschende europäische Macht in Kamerun nicht das Deutsche Reich, sondern Großbritannien war – eine Entwicklung, die die Briten sogleich ausnutzten, indem sie ihre Bemühungen um den Abschluss von Schutzverträgen verstärkten, die an der Küste und im Hinterland von Kamerun in zahlreichen Fällen erfolgreich waren.[396] Angesichts der eintreffenden Nachrichten über den bevorstehenden Ausbruch von Aufständen der einheimischen Bevölkerung trafen Bismarck und Caprivi im Oktober 1884 die Entscheidung, mehrere Kriegsschiffe vor die Kamerunküste zu entsenden, um *„durch Erscheinen des Geschwaders vor der West-Afrikanischen Küste den Eindruck zu verstärken, dass seine Majestät der Kaiser gewillt seien, den zum Schutze deutscher Interessen daselbst getanen Schritten erforderlichen Falles den nötigen Nachdruck zu geben.*[397] Diese verließen am 19. Oktober 1884 Wilhelmshaven und am 18. Dezember 1884 erreichte Admiral Knorr, der Kommandant dieses „Westafrikanischen Geschwaders", mit den ersten beiden Schiffen die Küste Kameruns.[398] Seine Befehle beinhalteten einerseits die Anweisung, *„unter allen Umständen (...) Frankreich in erster und England in zweiter Linie zu schonen und Flaggen sowie Gesellschaften beider Mächte zu respektieren"*, lauteten andererseits hinsichtlich des Umganges mit der einheimischen Bevölkerung:

> *„Sollten Verletzungen deutscher Rechte oder deutscher Personen durch Eingeborene in den unter das Protektorat Seiner Majestät gestellten Küstenstrichen zu Ihrer Kenntnis kommen, so haben Sie – sofern Ihnen andere Wege zur Erledigung des Falles nicht möglich oder nicht rätlich erscheinen –, mit Waffengewalt einzuschreiten."*[399]

Tatsächlich hatten Mitte Dezember 1884 in Kamerun die erwarteten Unruhen begonnen. Die Häuptlinge Lock Priso und Green Joss revoltierten gegen den mit den Deutschen verbündeten King Bell. Knorr handelte nach seinem Eintreffen unverzüglich. Nach vorherigem Beschuss durch die Schiffsartillerie entsandte er am 20. Dezember 1884 ein 331 Mann starkes Landungskorps mit vier Geschützen, schlug den Aufstand nieder und setzte anschließend Hickorydorf, Jossdorf und zwei weitere Dörfer in Brand.[400] Die Unruhen waren am 22. Dezember 1884 beendet.

---

[396] Walter Nuhn, Kamerun unter dem Kaiseradler. Geschichte der Erwerbung und Erschließung des ehemaligen deutschen Schutzgebietes Kamerun. Ein Beitrag zur deutschen Kolonialgeschichte, Köln 2000, S. 73.

[397] Caprivi an Knorr, 09. Oktober 1884, BArch, R 1001/4196, S. 49–52. Auch in: BArch, R 1001/7121, S. 67.

[398] Knorr an Caprivi, 25. Dezember 1884, BArch, R 1001/4205, S. 37ff. Zur Lage bei Eintreffen Knorrs: Buchner an Knorr, 19. Dezember 1884, BArch, R 1001/4205, S. 51–54.

[399] Caprivi an Knorr, 09. Oktober 1884, BArch, R 1001/4196, S. 49–52 (50).

[400] Ausführlich zum sog. „Dezemberaufstand": Hans-Peter Jaeck, Die deutsche Annexion, in: Stoecker, Kamerun I, S. 29–95 (71–77).

Knorr berichtete über den Erfolg dieser Kanonenbootpolitik nach Berlin:

> *„‚Bismarck' und ‚Olga' haben am 20., 21. und 22. Dezember aufrührerische Negerparteien in Kamerun mit Waffengewalt niedergeschlagen; mehrere Häuptlinge und größere Zahl ihrer Krieger gefallen bzw. vertrieben oder gefangen. Ortschaften vernichtet. Autorität der Flagge und Ruhe am Ort wiederhergestellt. Unsere fernere Anwesenheit erforderlich. Proklamation an Einwohner erlassen, darin Waffenverkauf untersagt."*[401]

Danach schlug Knorr vor, dauerhaft zwei Kriegsschiffe nach Kamerun zu entsenden und dort *„Garnisonstruppen"* zu stationieren. Es *„würden voraussichtlich zwei Offiziere, ein Arzt und 50 Mann genügen, um die Ruhe und Sicherheit aufrecht zu erhalten"* und Hilfe bei der Bildung einer aus einheimischen Soldaten bestehenden Polizeitruppe zu leisten.[402] Ebenso wie ein Plan Buchners zur Aufstellung einer größeren Militäreinheit für Kamerun *„von 2 bis 300 afrikanischen Soldaten unter vier deutschen Offizieren"*,[403] die durch Besteuerung der Faktoreien finanziert werden sollte, da *„doch unzweifelhaft die Faktoreien soviel Gewinn ab(werfen), dass ihre Rimessen ein ganz vorzügliches Mittel der Besteuerung bieten"*,[404] wurde dieser Vorschlag nicht Wirklichkeit. Dennoch hatte der Einsatz Knorrs bewiesen, dass auch in Kamerun eine „bewaffnete Exekutive" zur Durchsetzung der deutschen Interessen erforderlich sein würde. Die für Kamerun beantragten Mittel bewilligte der Reichstag am 13. Januar 1885.[405] Im April 1885 erfolgten die Ernennung von Freiherr Julius von Soden zum Gouverneur und des Referendars Jesko von Puttkamer[406] zum Kanzler,

---

[401] Caprivi an Hatzfeldt, 10. Januar 1885, BArch, R 1001/4204, S. 207f.

[402] Knorr an Caprivi, 25. Dezember 1884, BArch, R 1001/4205, S. 37–50 (48).

[403] Buchner an Bismarck, 17. April 1885, BArch, R 1001/4212, S. 4–10 (5).

[404] a. a. O., S. 7. Nachdem Woermann daraufhin behauptet hatte, Buchner sei *„nicht der passende Mann für Kamerun"*, Woermann an Kusserow,* 06. Juni 1885, BArch, R 1001/4213, S. 6f. (6), hat Buchner kurz darauf *„krankheitshalber Kamerun verlassen"*, Kusserow an Bismarck, 06. Juli 1885, R 1001/4213, S. 5.

* Heinrich von Kusserow (1836–1900), 1860 Attaché in Den Haag, 1863 Legationssekretär in Turin, 1867 in Washington, 1868 in London, 1871 im Reichskanzleramt beschäftigt, 1872 Legationsrat, 1874 Wirklicher Legationsrat und Vortragender Rat im AA, 1879 Geheimer Legationsrat, 1885 preußischer Gesandter in Hamburg, 1890 in den einstweiligen Ruhestand versetzt, 1895 Dezernent in der politischen Abteilung des AA, nach: DKL (1920), Band II, S. 403.

[405] StenBer RT, 06. LP., 01. Sess. 1884/85, 21. Sitzung 10. Januar 1885, S. 521–545 (545), 23. Sitzung 13. Januar 1885, S. 574. Bismarck hatte dem Reichstag dort das Schreiben mit den Forderungen des Syndikates für Westafrika verlesen, a. a. O., S. 525f. Vgl.: Syndikat für Westafrika an Bismarck, 31. Dezember 1884, BArch, R 1001/4198, S. 36–38.

[406] Jesko von Puttkamer (1855–1917); Jurist; 1882–1883 Kammergericht Berlin; 1883–1884 Konsulat in Chicago; 1885 Kanzler in Kamerun; 1887 interimistischer Kommissar in Togo; 1888 Konsul in Lagos; 1889 wieder interimistischer Kommissar (1891 etatmäßiger Kommissar, 1893 Landeshauptmann) in Togo; 1895 Gouverneur in Kamerun; 1906 Abberufung; 1908 Pensionierung nach einem förmlichen Disziplinarverfahren, nach: NDB 21, S. 21f.

welche am 03. Juli 1885 in Kamerun eintrafen.[407] Damit hatte auch in Kamerun das Zeitalter der direkten Verwaltung durch das Reich begonnen.

2. Die Polizeitruppe

Neben der Sicherung der politischen Macht waren Truppen auch zur Durchsetzung der wirtschaftlichen Vorherrschaft nötig. Bereits während des Aufstandes im Dezember 1884 war es zu Beeinträchtigungen des Handels gekommen, die Buchner dazu veranlasst hatten, um die Entsendung von Kriegsschiffen zu bitten. Gleichzeitig hatte Buchner auf die Gefahr einer englischen Intervention hingewiesen, verursacht dadurch, dass *„die hier ansässigen Engländer sich beunruhigen und bei den hier häufig vorsprechenden englischen Kriegsschiffen Hilfe suchen.“*[408] Das eigentliche Problem für die deutschen Firmen in Kamerun bestand jedoch darin, dass die Küstenvölker, die große Gewinne aus dem Zwischenhandel zogen, eine Handelssperre eingeführt hatten, indem sie den europäischen Kaufleuten den Weg von der Küste ins Landesinnere und umgekehrt versperrten und zu Beginn sogar das Anlegen von Faktoreien verboten, so dass die Kaufleute auf Hulks, in Flussmündungen verankerten Schiffen, bleiben mussten.[409] Die Küstenstämme – und auch die ebenfalls als Zwischenhändler tätigen Stämme im Inneren des Landes – konnten ihr Handelsmonopol gegenüber den Europäern bis in die zweite Hälfte der 1880er Jahre hinein behaupten. Um ins Landesinnere vordringen zu können, ersuchten die Firmen Woermann und Jantzen & Thormählen die Reichsregierung, durch Aufstellung einer Schutztruppe die Sicherung der deutschen Vorherrschaft und somit auch die Beseitigung des Zwischenhandels mit militärischen Mitteln zu herbeizuführen.[410] Dies führte dazu, dass auf Betreiben der genannten Firmen Expeditionen, die *„mehr einen militär-politischen als wissenschaftlichen Charakter“*[411] hatten, mit der Erschließung des Hinterlandes begannen. Es gelang 1887/88 den Offizieren Kund[412] und Tappenbeck,[413] die zur Dienstleistung beim Auswärtigen

---

[407] von Soden an Bismarck, 05. Juli 1885, BArch, R 1001/4213, S. 29–31.

[408] Vgl.: Max Buchner, Aurora colonialis. Bruchstücke eines Tagebuchs aus dem ersten Beginn unserer Kolonialpolitik 1884/85, München 1914, S. 157.

[409] (Hans) Ramsay, Die Festsetzung der deutschen Herrschaft in Kamerun, Teil I, in: Karl Schneider (Hrsg.), Jahrbuch über die deutschen Kolonien, Jg. IV, Essen 1911, S. 173–199 (183). Zum Ablauf des Sperrhandels: Meyer I, S. 534f.

[410] Broschüre *„Kamerun. Betrachtungen und Vorschläge der Firma Jantzen & Thormählen, Hamburg“*, 28. Oktober 1892, BArch, R 1001/4284, S. 54. Dort besonders S. 47–55 mit detaillierten Planungen für eine Schutztruppe.

[411] Kurt Hassert, Die Erforschung Afrikas, 2. Auflage, Leipzig 1943, S. 72f.

[412] Richard Kund (1852–1904); Afrikaforscher, Offizier in der preußischen Armee; 1890–1891 im Großen Generalstab, nach: DKL (1920), Band II, S. 392; NDB 13 (1982), S. 288f.

[413] Hans Tappenbeck (1861–1889), Afrikaforscher, Offizier in der preußischen Armee, nach: DKL (1920), Band III, S. 459.

Amt kommandiert waren,[414] das Binnenhochland zu erreichen.[415] Anfang 1889 gründeten Kund und Tappenbeck im Verlaufe einer erneuten Expedition in Jaunde die erste Station.[416] Zintgraff unternahm zunächst zwei kleinere Expeditionen und erreichte 1889/90 auf seiner dritten Expedition das Baliplateau. Im Verlaufe dieser Expeditionen wurde in Nordkamerun ein weitere Station – Barombi mit der Kanustation Mundame – angelegt.
Ab November 1889 führte Morgen[417] mehrere Expeditionen durch. Alle Expeditionen wurden in Kämpfe verwickelt. Keiner gelang die Durchbrechung des Zwischenhandelsmonopols der einheimischen Stämme.[418] Zintgraff hatte berichtet, dass der Küstenstamm der Balis, nachdem er die Aussichtslosigkeit direkten Widerstandes erkannt hatte, zu passivem Widerstand übergegangen war und den durchziehenden Expeditionen und Händlern die dringend benötigten Lebensmittel nur zu überhöhten Preisen verkaufte oder den Verkauf gänzlich verweigerte.[419] Er hielt zunächst eine Lösung im Verhandlungsweg für wünschenswert und zog diese der Aufstellung einer Schutztruppe vor:

> *„Dem Charakter der Schwarzen entsprechend, ist das ‚Palaver'*[420] *mit den Schwarzen die Hauptbeschäftigung der Verwaltungsbeamten. Nur durch richtig geleitetes Palaver lässt sich auf die Dauer beim Schwarzen etwas erreichen. An der Küste, das heißt dort, bis wohin armierte Fahrzeuge kommen können, lässt sich ja so ziemlich alles durchdrücken. Im Innern ist das doch erheblich anders (...). Im gewöhnlichen Verlauf ist ja auch hier der Gang ein höchst einfacher und wird bei einiger Ruhe (...) wohl in den meisten Fällen zum Ziele führen."*[421]

Jedoch wurden nun erste Schritte zu einer über die bloße Anwesenheit von Kriegsschiffen hinausgehende Militärpräsenz in Kamerun unternommen und *„auch in Kamerun haben militärische Dinge in jenen Jahren die Hauptrolle*

---

[414] Allerhöchster Erlass, 21. Juli 1887, BArch, R 1001/4341, S. 8.
[415] Bericht Kunds vom 15. März 1888, BArch, R 1001/3267, S. 18–22.
[416] Kund an von Soden, 04. April 1889, BArch, R 1001/3268, S. 14 f.
[417] Curt von Morgen (1858–1928); Afrikaforscher, Offizier in der preußischen Armee; 1891-1893 beschäftigt in der Kolonialabteilung des AA; 1894 Errichtung der Schutztruppe in Kamerun; 1897–1901 Militärattaché in Konstantinopel; 1901 Großer Generalstab; 1904 geadelt, nach: DKL (1920), Band II, S. 590.
[418] Ausführliche Expeditionsberichte sind im Bestand erhalten. Zu den Expeditionen Kunds und Morgens: BArch, R 1001/3266–3271. Zu den Expeditionen Zintgraffs: BArch, R 1001/3272–3283.
[419] Zintgraff, S. 15.
[420] Verhandlungen mit den Einheimischen (d. Verf.).
[421] Zintgraff, S. 19f. Hervorhebung im Original. An anderer Stelle kam Zintgraff hinsichtlich der Besetzung des Kamerun-Beckens zu dem Schluss, dass sich *„die großen Unkosten für eine stehende Schutztruppe, ich sehe von 50 Mann Küstengendarmerie ab, sehr wohl vermeiden lassen, denn die (...) eingeborene Bevölkerung ist, sofern ihr die richtige Vorstellung von dem beigebracht wird, was wir wollen, so leicht zu leiten, dass der Gedanke an eine militärische Besetzung dieses Teiles, denn das besorgt doch schließlich die Schutztruppe, durchaus abzulehnen ist."*, DKBl. 1892, S. 137.

gespielt.“[422] Fabri schätzte 1889 ein, dass *„bisher der militärische Schutz von unserer Marine nachdrücklich geleistet worden (ist)“*, hielt es dennoch gleichzeitig für *„zunächst eine Frage finanziellen Kalküls, ob die Errichtung einer kleinen Schutztruppe nicht wohlfeiler zu stehen käme“* und schlug vor, *„unter deutscher Führung ein kleines Corps von Haussanegern aufzustellen.“*[423] Für das Etatsjahr 1889/90 plante Gouverneur von Soden versuchsweise den Aufbau einer aus *„12 Polizeidienern“* bestehenden Truppe.[424]

Wie wichtig gerade das Vordringen in das Innere Kameruns den deutschen Unternehmen war, wird in einem an das Auswärtige Amt gerichteten Schreiben vom 21. März 1891 deutlich, in dem die Firma Jantzen & Thormählen darauf hinwies, *„dass infolge des gänzlichen Mangels eines Schutzes seitens des Gouvernements in Kamerun Eigentum und Leben der Europäer in höchstem Grade gefährdet ist“* und in dem sie forderte *„dass sobald das möglich ist mit der Errichtung einer Schutztruppe und deren Stationierung an den wichtigsten Punkten vorgegangen wird“*, sonst *„wird jegliche Unternehmungslust, das Hinterland zu erschließen, gar bald verschwinden und die Entwicklung der Kolonie ein frommer Wunsch bleiben.“*[425]

Ebenso teilte der stellvertretende Gouverneur Leist mit Schreiben vom 01. Mai und 20. Juni 1891 dem Reichskanzler mit, dass *„ohne Schutztruppe selbst in nächster Umgebung des Gouvernementssitzes die Aufrechterhaltung der Autorität nicht möglich ist“* und stellte fest, *„dass die jetzigen Zustände unhaltbar sind und der gewaltsamen Korrektur dringend bedürfen.“* Für Leist, der nun für den Gouverneur *„Exekutivorgane“* forderte, um *„Ruhe und Ordnung wenigstens in der unmittelbaren Umgebung des Regierungssitzes aufrecht zu erhalten“*, kam nur eine Lösung in Frage: *„Die einzige Möglichkeit (...) besteht in der Anwerbung und Aufstellung einer Schutztruppe.“*[426]

Am 29. April 1891 beantragte die Regierung daher im Reichstag als „Zuschuss zur Förderung von Kultur und Handel im Schutzgebiet von Kamerun“ Mittel i. H. v. 1,425 Millionen Mark.[427] Diese waren unter anderem für die Anlage je eines Handelsweges im Norden und Süden Kameruns bestimmt. Nach heftigen Auseinandersetzungen in der ersten Beratung wurde der Entwurf an die Budgetkommission überwiesen.[428] Die neuen Handelswege, so erläuterte der Berichter-

---

[422] A. Zimmermann, S. 205.
[423] Fabri, S. 103.
[424] von Soden an Bismarck, 30. Juni 1888, BArch, R 1001/4033, S. 40–42.
[425] Jantzen & Thormählen an AA, 21. März 1891, BArch, R 1001/4283, S. 51.
[426] Leist an Caprivi, 01. Mai 1891 und 20. Juni 1891, BArch, R 1001/ 4283, S. 63–66; 99–108.
[427] Entwurf eines Gesetzes, betreffend die Feststellung eines Nachtrags zum Reichshaushalts-Etat für das Etatsjahr 1891/1892, 29. April 1891, StenBer RT, 08. LP., 01. Sess. 1890/91, Vierter Anlageband, Aktenstück Nr. 442, S. 2645 und Gesetz, betreffend die Feststellung eines Nachtrags zum Reichshaushalts-Etat für das Etatsjahr 1891/92, 01. Juni 1891, RGBl. 1891, S. 328–335. Dort Kap. 2, Tit. 3a, S. 332.
[428] StenBer RT, 08. LP., 01. Sess. 1890/91, 114. Sitzung 04. Mai 1891, S. 2712-2739.

statter der Budgetkommission, *von Arenberg*,[429] zu Beginn der zweiten Beratung,[430] sollten durch *„von 20 bis 30 Eingeboren unter Führung eines oder zweier Europäer"* besetzte Stationen gesichert werden und der Offenhaltung der Wege sowie dem Schutz der Karawanen dienen. Daneben nannte er ausdrücklich als weiteren Zweck der Stationen, *„wenigstens was den nördlichen Teil des Kamerungebietes betrifft-, den Ring zu durchbrechen, welchen die Völkerschaften der Dualas um die Mündung des Kamerunflusses gelegt haben"*, denn den Dualas sei *„ein förmliches und ausschließliches Privileg für den Zwischenhandel (...) nie erteilt worden."*[431] Die Mittel wurden am Ende der Beratung bewilligt.[432]

Mit der Aufstellung der geforderten Schutztruppe wurde im Sommer 1891 begonnen. Nachdem ein Aufstand der Abo ausgebrochen war, beantragte Leist am 17. Juni 1891 bei der Kolonialabteilung des Auswärtigen Amtes in Berlin die Genehmigung der Anwerbung von 300 Soldaten in Togo und bat um einen Offizier, zwei Unteroffiziere sowie erhebliche Mengen an Waffen, Munition und Ausrüstung.[433] Bereits vor dem Eintreffen der entsprechenden Genehmigung kaufte Hauptmann von Gravenreuth, der von Ostafrika nach Kamerun entsandt worden war, in Dahomey[434] 370 Sklaven, die am 18. und 29. August bzw. 01. September 1891 einen Arbeitskontrakt[435] mit von Gravenreuth unterzeichneten und von denen nach der Ankunft in Kamerun einige sofort als Soldaten in ein für das Vordringen zum Tschadsee bestimmte Expeditionskorps eingegliedert wurden, welches jedoch erfolglos blieb.[436] Die Kolonialabteilung des Auswärtigen Amtes genehmigte am 30. Oktober 1891 die Bildung einer Polizeitruppe aus den verbliebenen Soldaten der Gravenreuth-Expedition.[437]

Die Truppe, deren Mitglieder sich auf eine Dienstzeit von zwei Jahren verpflichtet hatten,[438] bestand zunächst aus 54 Mann,[439] im März 1892 aus fünf Gefreiten und 51 Mann – darunter 15 aus Togo übersandte Polizeisoldaten – und 21 von der Expedition Gravenreuth übernommene Dahomeys,[440] verringerte sich bis September 1892 auf drei Gefreite und 43 Mann[441] und wurde im November,

---

[429] Franz Prinz von Arenberg (1849–1907); Jurist; zunächst im preußischen auswärtigen Dienst; MdprAH 1882–1904; MdR (Z) 1890–1907; nach: Schwarz, MdR, S. 255. 1897 wurde Arenberg Vorsitzender der Deutschen Kolonialgesellschaft.

[430] StenBer RT, 08. LP., 01. Sess. 1890/91, 118. Sitzung 08. Mai 1891, S. 2843–2852.

[431] a. a. O., S. 2843.

[432] a. a. O., S. 2852.

[433] Leist an das AA, 17. Juni 1891, BArch, R 1001/ 4283, S. 58f.

[434] Heute: Benin.

[435] Der Vertrag findet sich im Bestand: BArch, R 1001/4022, S. 2f. Text im Anhang.

[436] Vgl. die im Bestand erhaltenen Berichte über die Expedition Gravenreuths: BArch, R 1001/3284–3291.

[437] Aktenvermerk des AA, 30. Oktober 1891, BArch, R 1001/4033, S. 63.

[438] Bericht über die Polizeitruppe in Kamerun, DKBl. 1892, S. 178.

[439] a. a. O., S. 80.

[440] a. a. O., S. 178.

[441] a. a. O., S. 449.

Dezember 1892 und im Januar, April, September und Dezember 1893 um weitere Dahomeys verstärkt. Im Dezember 1893 war so eine Polizeitruppe von 100 Mann entstanden – 55 davon aus Dahomey, der Rest aus Sierra Leone, Togo, Liberia und Gabun.[442]

Bereits am 01. August 1893 war die Station Lolodorf gegründet worden. Für die Stationen Lolodorf und Jaunde wurden insgesamt 40 Polizeisoldaten als Besatzung eingeteilt.[443]

Vom 15. Dezember 1893 an erhoben sich die Dahomey-Soldaten der Kameruner Polizeitruppe, da sie nicht wie die anderen Polizeisoldaten Lohn erhielten, sondern erst den für sie gezahlten Kaufpreis abdienen mussten. Ferner waren die Soldaten sowie deren Ehefrauen misshandelt worden. Nachdem sie der Waffenkammer des Gouvernements zahlreiche Waffen entnommen hatten, besetzten sie die Jossplatte, von der sie erst am 23. Dezember 1893 von einem deutschen Landungskommando unter dem Schutz der Kriegsschiffe „Hyäne", „Soden" und „Nachtigal" wieder vertrieben werden konnten.[444] Leist forderte telegraphisch unverzüglich *„bis zur Neurekrutierung und Ausbildung der Schutztruppe sofortige Entsendung eines weiteren Kriegsschiffes mit einem starken Landungskorps und Landungsgeschützen"* sowie Munition und Ausrüstung an und bat zudem darum, von Stetten[445] mit der Anwerbung von 100 afrikanischen Soldaten für die Neubildung der Schutztruppe zu beauftragen.[446] Der Aufstand hatte gezeigt, dass die in Kamerun vorhandenen militärischen Machtmittel nicht zur Sicherung der deutschen Herrschaft ausreichten. Hauptmann Morgen erhielt daher die Anweisung, in Ägypten *„etwa 50 Sudanesen behufs Bildung einer Schutztruppe in Kamerun anzuwerben."*[447]

Gegen die Entsendung eines größeren Kriegsschiffes, welches Kamerun zudem nicht rechtzeitig erreicht hätte, entschied sich Wilhelm II. vorrangig aus Kostengründen und ordnete stattdessen die Entsendung von Marine-Infanteristen auf einem Hamburger oder Bremer Dampfer an, der Kamerun innerhalb von drei bis vier Wochen erreichen konnte.

---

[442] Vgl.: Verzeichnis der am 15. Dezember 1893 in der Kameruner Schutztruppe dienenden (nur in Kamerun anwesenden) Soldaten, BArch, R 1001/4022, S. 5ff.

[443] Leist an Caprivi, 29. September 1893, BArch, R 1001/4285, S. 85f.

[444] Ausführlich - aus marxistischer Sicht dargestellt - zu den Ereignissen: Adolf Rüger, Der Aufstand der Polizeisoldaten (Dezember 1893), in: Stoecker, Kamerun I, S. 99–130.

[445] Maximilian von Stetten (*1860); 1879 Leutnant in der bayrischen Armee, 1890 Oberleutnant, 1891 verabschiedet; 1892 wieder eingestellt und für zwei Jahre zum AA kommandiert; 1893 charakterisierter Rittmeister; 1894 aus dem Heer ausgeschieden und unter Ernennung zum Kommandeur in die Schutztruppe für Kamerun übergetreten; 1896 aus der Schutztruppe ausgeschieden; 1909 charakterisierter Major, nach: DKL (1920), Band III, S. 408.

[446] Leist an AA, 01. Januar 1894, BArch, R 1001/4017, S. 9–20; ebenfalls abgedruckt in: DKBl. 1894, S. 89–98. Leist bat am 06. Januar 1894 nochmals um Anwerbung von 100 Soldaten, Leist an AA, 06. Januar 1894, BArch, R 1001/4016, S. 120.

[447] Erlass Caprivis an Morgen, 04. Januar 1894, BArch, R 1001/4016, S. 98f.

Am Schluss seines Telegramms verfügte er: *„Die Beamten in Kamerun sind ihrer Sorglosigkeit halber vor ein Kriegsgericht zu stellen."*[448]
Unter dem Befehl von Hauptmann von Kamptz[449] gingen am 08. Januar 1894 in Wilhelmshaven 120 Marinesoldaten in See, welche Kamerun mit dem Dampfer „Admiral" der Ostafrikalinie am 28. Januar 1894 erreichten.[450] Nachdem sich die letzten 20 aufständischen Dahomey gestellt hatten und Gouverneur Zimmerer mitgeteilt hatte, nun sei das *„Seebataillon entbehrlich"*,[451] traten die Marineinfanteristen am 20. März 1894 die Heimreise an.[452] Hauptmann Morgen, der 88 Sudanesen angeworben und mit diesen am 03. März 1894 an Bord des Dampfers „Reichstag" gegangen war,[453] traf am 12. April 1894 mit diesen sowie

---

[448] Wilhelm II. an AA, 30. Dezember 1893, BArch, R 1001/4016, S. 56f. Vgl. auch: Caprivi an Wilhelm II., 30. Dezember 1893, BArch, R 1001/4016, S. 45f.; AA an von der Goltz, 30. Dezember 1893, BArch, R 1001/4016, S. 49. Mit der Untersuchung der Ursachen des Aufstandes wurde Regierungsrat Rose beauftragt; Caprivi an Rose, 04. Januar 1894, BArch, R 1001/4016, S. 96 f. Rose legte seinen Untersuchungsbericht am 21. Februar 1894 vor; Rose an Caprivi, 21. Februar 1894, BArch, R 1001/4018, S. 47–82. Die leitenden Beamten Kameruns wurden bestraft, jedoch nicht im Rahmen eines Kriegesgerichtsverfahrens. Die Strafen fielen gering aus: Leist wurde vom Reichsdisziplinarhof am 06. April 1895 zur Dienstentlassung und zur Zahlung der Verfahrenskosten verurteilt. Gouverneur Zimmerer wurde am 13. August 1895 durch von Puttkamer abgelöst. Der Assessor Wehlan wurde strafversetzt und zur Zahlung einer Geldstrafe von 500 Mark verurteilt; vgl.: Adolf Rüger, Der Aufstand der Polizeisoldaten (Dezember 1893), in: Stoecker, Kamerun I, S. 137–147.

[449] Oltwig von Kamptz, (*1857); 1878 Leutnant; 1887 Oberleutnant; 1892 Hauptmann; 1895 zur Vertretung des Kommandeurs der Schutztruppe nach Kamerun versetzt; 1896–1898 mehrere Expeditionen gegen einheimische Stämme; 1897 Kommandeur der Schutztruppe für Kamerun; 1898–1899 Leitung des Wute-Adamaua-Feldzugs; 1900 Major; Ende 1900 Rückkehr nach Deutschland; 1904 Versetzung zur Schutztruppe für Südwestafrika; 1904–1905 Teilnahme am Nama-Feldzug; 1906 Oberstleutnant; 1909 Verleihung des Charakters als Oberst und Verabschiedung aus der Schutztruppe, nach: DKL (1920)/*Zimmermann*, Band II, S. 222.

[450] Oscar Zimmermann, Durch Busch und Steppe vom Campo bis zum Schari 1892–1902. Ein Beitrag zur Geschichte der Schutztruppe von Kamerun, Berlin 1909, S. 24f.; (Hans) Ramsay Die Festsetzung der deutschen Herrschaft in Kamerun, Teil II, in: Karl Schneider (Hrsg.), Jahrbuch über die deutschen Kolonien, Jg. V, Essen 1912, S. 185–205 (186). Das Reichsmarineamt hatte zuvor mitgeteilt, auf einem schnellen Dampfer unverzüglich 120 Seesoldaten, vier Offiziere, einen Arzt, einen Zahlmeisteraspiranten und einen Lazarettgehilfen nach Kamerun entsenden zu können; Reichsmarineamt an Caprivi, 04. Januar 1894, BArch, R 1001/4016, S. 102f. Vgl. auch: AA an Posadowsky, 15. Januar 1894, BArch, R 1001/4016, S. 139–144.

[451] Zimmerer an AA, 06. März 1894, BArch, R 1001/4017, S. 155.

[452] Reichsmarineamt an Bieberstein, 25. März 1894, BArch, R 1001/4018, S. 17. Von Kamptz verblieb in Kamerun.

[453] Leyden* an Caprivi, 29. Januar 1894, BArch, R 1001/4017, S. 52–55; Heyking** an Caprivi, 26. Februar 1894, BArch, R 1001/4017, S. 139; Heyking an AA, 03. März 1894, BArch, R 1001/4017, S. 135; Heyking an Caprivi, 05. März 1894, BArch, R 1001/4017, S. 168–171.

* Kasimir Graf von Leyden (1852–1938), 1890-1893 Generalkonsul in Kairo, 1893–1897 Generalkonsul/Gesandter in Bukarest, 1898–1901 Gesandter in Tokio, 1901–1905 in Stockholm, nach: Bringmann, S. 90.

Leutnant von Mallinckrodt und Leutnant Dominik[454] in Kamerun ein.[455] Zuvor war von Kamptz die alleinige Leitung der gegen feindliche Stämme durchzuführenden Expeditionen und gleichfalls das Kommando über Unterstützungseinheiten von Kriegsschiffen und der Marineinfanterie übertragen worden.[456] Zudem hatte man weitere Soldaten in Sierra Leone und Wey-Leute in Liberia angeworben,[457] denn, so *von Arenberg* über die dafür maßgeblichen Gründe, *„die zuerst angestellten Versuche mit den Sudanesen misslangen, erstens, weil die Leute das Klima nicht vertragen konnten, und zweitens den militärischen Anforderungen nicht gewachsen waren: sie konnten den Buschkrieg nicht führen und waren mehr an die Kriegführung im offenen Gelände gewöhnt (...).“*[458]
Am 14. Mai 1894 wurde die Polizeitruppe in eine Kaiserliche Schutztruppe umgewandelt und von Stetten zu deren Kommandeur ernannt.[459]
Mit Aufstellung der Schutztruppe standen in Kamerun Soldaten unter deutschen Befehl als Machtmittel zur Verfügung, die den deutschen Firmen die Anlage einer Vielzahl von Stationen und damit den Zugang zum Hinterland Kameruns ermöglichten.

** Edmund von Heyking (1850–1915), 1889–1893 Generalkonsul in Kalkutta, 1893–1895 in Kairo, 1895–1896 Gesandter in Tanger, 1896–1899 in Peking, 1899–1904 in Mexiko-Stadt, 1904–1906 in Belgrad, 1906–1908 in Hamburg, nach: Bringmann, S. 80.

[454] Hans Dominik (1870–1910), 1890 Leutnant in der preußischen Armee; 1894 zum AA kommandiert und Hauptmann Morgen zur Anwerbung von Verstärkungsmannschaften für die Schutztruppe in Kamerun beigegeben; 1894–1895 Teilnahme an mehreren Expeditionen in Kamerun; 1897 Premierleutnant und in die Schutztruppe für Kamerun unter Enthebung von dem Kommando beim AA übergetreten; bis Ende 1898 Leiter der Station Jaunde; 1898–1899 Teilnahme am Wute-Adamaua-Feldzug; 1900–1901 wieder in Deutschland; 1901 Rückkehr in die Schutztruppe für Kamerun und zum AA kommandiert; 1904 Hauptmann; 1908 in die Schutztruppe für Kamerun unter Enthebung von dem Kommando beim AA übergetreten; 1910 Major; starb auf der Rückreise nach Deutschland auf See, nach: DKL (1920), Band I, S. 471. Vgl. auch: (Hans) Ramsay, Major Dominik, in: KolZtg. (27) 1910, S. 896–898.

[455] O. Zimmermann, S. 24f.; Ramsay II, S. 186. Caprivi hatte der Entsendung Dominiks und dessen Verbleib in Kamerun zur Hilfeleistung bei der Ausbildung der Schutztruppe zugestimmt; Aktenvermerk des AA, 07. Januar 1894, BArch, R 1001/4016, S. 118. Dominik erhielt am 11. Januar 1894 einen entsprechenden Erlass, Aktenvermerk des AA, BArch, R 1001/4016, S. 132. Die Woermann-Linie stellte den benötigten schnellen Dampfer bereit, Woermann-Linie an AA, 19. Februar 1894, BArch, R 1001/4017, S. 93f.

[456] AA an Kaiserliches Gouvernement Kamerun, 07. Januar 1894, BArch, R 1001/4016, S. 126f.

[457] O. Zimmermann, S. 25; Walther Beckmann (Hrsg.), Unsere Kolonien und Schutztruppen. Das Ehrenbuch der Überseekämpfer, Berlin 1935, S. 138.

[458] StenBer RT, 09. LP., 03. Sess. 1894/95, 65. Sitzung 20. März 1895, S. 1607.

[459] Kaiserliche Kabinetts-Ordre vom 14. Mai 1894. Morgen erhielt hiervon Ende September/Anfang Oktober 1894 Kenntnis, als er von einer Expedition in das Wute-Gebiet nach Jaunde zurückkehrte; vgl.: O. Zimmermann, S. 43. Dazu auch: Zimmermann, Die Schutztruppe und Neukamerun, in: Karl Schneider (Hrsg.), Jahrbuch über die deutschen Kolonien, Jg. V, Essen 1912, S. 42–49 (42).

Die Abo und Bakwiri wurden 1894 unterworfen und im gleichen Jahr unternahm Leutnant Hans Dominik einen Feldzug von Jaunde bis zum Oberlauf des Sanaga, in dessen Verlauf es zu schweren Auseinandersetzungen mit den Bakoko kam.[460]

Nach der Ablösung des Gouverneurs von Zimmerer[461] durch Jesko von Puttkamer wurden 1894/95 die Bemühungen um die militärische und wirtschaftliche Durchdringung Kameruns intensiviert. Auf der Handelsroute nach Jaunde war schließlich 1895 „*der Zwischenhandel (...) völlig gebrochen.*"[462]

Auch in den folgenden Jahren kam es zu weiteren Militäraktionen gegen die einheimischen Stämme und zur Anlage von Militärstationen. Der Aufstand der Stämme des Hochlandes von Jaunde, der im Dezember 1895 begonnen hatte, wurde 1895/1896 niedergeschlagen und eine Strafexpedition gegen die Bakoko unternommen, 1897 durch Hans Dominik eine solche gegen den Stamm der Wute, 1897/98 wurden Kämpfe gegen die Bule, Bane und Batschenga sowie 1898/99 der Wute-Adamaua-Feldzug geführt, 1899 begann die Unterwerfung der Stämme des Graslandes und es kam zu Auseinandersetzungen mit den Bangwa zwischen der Küste und dem Balihochland,[463] so „*dass zu Beginn 1900 der Küstenbesitz gesichert, der Buschgürtel durch je einen Hauptweg nördlich und südlich Duala (...) durchquert, auf das hinter dem Busch sich ausdehnende Grasland aber durch Erkundung und Postierung insoweit Hand angelegt war, dass man zur planmäßigen Besetzung des Landes bis etwa an den Bogen Banyo-Joko schreiten konnte. (...)*" und im Südosten „*unter dem Schutz von Polizeimannschaften eine immer weiter ausgreifende Erschließungs- und Handelstätigkeit*" begann.[464]

---

[460] Dazu: O. Zimmermann, S. 25–55.

[461] Eugen von Zimmerer (1843–1918), Landgerichtsrat; 1887 kommissarisch Kanzler und stellvertretender Gouverneur in Kamerun; 1888 Kommissar in Togo und zugleich Konsul für das afrikanische Küstengebiet; 1890 Vertretung des Gouverneurs von Kamerun; 1891–1895 Gouverneur in Kamerun und zugleich Generalkonsul für die fremden Küstengebiete am Golf von Guinea; 1895 aus gesundheitlichen Gründen in den einstweiligen Ruhestand versetzt; 1898 Konsul in Florianopolis; 1902 Generalkonsul in Valparaiso; 1903 Ministerresident in Port-au-Prince/Haiti; 1907 Gesandter; 1910 Versetzung in den Ruhestand, nach: DKL (1920), Band III, S. 749; Wer ist's (3) 1908, S. 1555; DBJ Überleitungsband 2: 1917/20, 1928, S. 709.

[462] von Stetten an Hohenlohe-Schillingsfürst, 29. August 1895, BArch, R 1001/3815, S. 163. Er konnte bis 1899 vollständig beseitigt werden. Hierzu diente eine Handelssperre. Vgl. „*Vereinbarung der Hauptagenten von 12 europäischen Handelsniederlassungen in Kamerun (Duala)*", 01. Juli 1899, BArch, R 1001/3816, S. 160ff.

[463] Überblick über die genannten Feldzüge bei: O. Zimmermann, S. 60–75, 78–85, 93–122. Zum bedeutendsten, dem zur Unterwerfung der Wute führenden Wute-Adamaua-Feldzug: von Kamptz an Kaiserliches Gouvernement in Kamerun, 18. Februar 1899, BArch, R 1001/3346, S. 133–135 und 20. April 1899, BArch, R 1001/3347, S. 47–75.

[464] Zimmermann, Die Schutztruppe und Neukamerun, in: Schneider, Jahrbuch über die deutschen Kolonien, Jg. V, Essen 1912, S. 42–49 (42). Stieber, Hauptmann der Schutztruppe, schrieb später offen über die Rolle der Schutztruppe in Kamerun: „*Die so häufig aufgeworfene Frage, ob in den Kolonien der Kaufmann dem Soldaten oder dem Soldaten der Kaufmann*

Von 1891–1909 führte die Schutztruppe für Kamerun 101 militärische Unternehmungen durch.[465]

folgen solle, findet in den Verhältnissen der Kolonie Kamerun eine recht sprechende Beantwortung. (...)." Den Kaufleuten zu ermöglichen, „*über den äußersten Küstenrand hinaus ins Innere vorzudringen (...) bedurfte (...) erst der militärischen Machtentfaltung Deutschlands.*"; Stieber, Die militärische Lage in Kamerun, in: Karl Schneider (Hrsg.), Jahrbuch über die deutschen Kolonien, Jg. I, Essen 1908, S. 36–39 (36).

[465] Joachim Zeller/Jürgen Zimmerer, Das Oberkommando der Schutztruppen – Die Zentrale der deutschen Kolonialmilitärs, in: Ulrich van der Heyden/Joachim Zeller (Hrsg.), Kolonialmetropole Berlin. Eine Spurensuche, Berlin 2002, S. 35–41 (39).

Teil 3 - Die Politik und die Militärgesetzgebung für die Schutzgebiete

A. Kolonialpolitik im Reichstag – die Auseinandersetzung zwischen Parlament und Regierung

I. Bismarcks Kolonialpolitik

Zunächst stand die Schaffung eines Kolonial-Militärrechts in weiter Ferne, denn Bismarck war strikter Gegner einer aktiven deutschen Kolonialpolitik, was an einer Vielzahl seiner Äußerungen deutlich wird. Eine an den Reichstag des Norddeutschen Bundes gerichtete Petition, die auf die Errichtung einer Flottenstation in Saigon/Cochinchina abzielte und von bedeutenden hanseatischen Reedern, Kaufleuten und einigen Berliner Gelehrten unterzeichnet worden war, wurde am 30. Dezember 1870 verhandelt, stieß aber auf wenig Interesse.[466] Ein weiteres Ersuchen deutscher Kaufleute – diesmal wurde die Besetzung Kameruns vorgeschlagen – lehnte Bismarck 1874 ab.[467]

Bereits früh erkannte Bismarck, dass eine Stationierung von Truppen in den zukünftigen Kolonien zwar nötig, aber nicht unproblematisch sein würde. So schrieb Bismarck am 09. Januar 1868 – mit ausdrücklichem Hinweis auf das Problem, eventuelle Kolonien militärisch schützen zu müssen – dem preußischen Kriegsminister Graf Albrecht von Roon:

> *"Einerseits beruhen die Vorteile, welche man sich von Kolonien für den Handel und die Industrie des Mutterlandes verspricht, zum größten Teil auf Illusionen. Denn die Kosten, welche die Gründung, Unterstützung und namentlich die Behauptung von Kolonien veranlasst, übersteigen (...) sehr oft den Nutzen, den das Mutterland daraus zieht, ganz abgesehen davon, dass es schwer zu rechtfertigen ist, die ganze Nation zum Vorteil einzelner Handels- und Gewerbezweige zu erheblichen Steuerlasten heranzuziehen. England hat auf Grund der daran gemachten Erfahrungen seine Kolonialpolitik aufgegeben, und Frankreich scheint ebenfalls wenig Wert auf die Gründung neuer Kolonien zu legen. (...) Andererseits ist unsere Marine noch nicht weit genug entwickelt, um die Aufgabe nachdrücklichen Schutzes in fernen Staaten übernehmen zu können. Endlich würde der Versuch, Kolonien zu gründen, deren Oberhoheit andere Staaten, gleichviel ob mit Recht oder Unrecht, in Anspruch nehmen, zu mannigfachen und unerwünschten Konflikten führen."* [468]

---

[466] StenBer NorddRT, 01. LP., 02. Außerordentliche Sess. 1870, 04. Sitzung 30. November 1870, S. 35ff. (40–45) und StenBer NorddRT, 02. Außerordentliche Sess. 1870, Anlagen, Aktenstück Nr. 13, Lfd. Nr. 15, S. 44.

[467] Noske, S. 12.

[468] Zit. nach: Spellmeyer, S. 3.

Im Jahre 1881 – abermals unter Hinweis auf die militärischen Probleme im Zusammenhang mit dem Erwerb der Kolonien – erklärte Bismarck dann:

> *„Solange ich Reichskanzler bin, treiben wir keine Kolonialpolitik. Wir haben eine Flotte, die nicht fahren kann (...) und wir dürfen keine verwundbaren Punkte in fernen Weltteilen haben, die den Franzosen als Beute zufallen, sobald es losgeht."*[469]

Die Gründe Bismarcks, der immer erklärt hatte, dass das Deutsche Reich territorial „saturiert" sei, sich einer aktiven Kolonialpolitik des Deutschen Reiches zuzuwenden, waren vielfältiger Natur. Grundsätzlich können innenpolitische, außenpolitische und wirtschaftliche Gründe unterschieden werden.[470] Er selbst resümierte kurz vor seiner Entlassung:

> *„Ich bin kein Kolonialmensch von Hause aus gewesen; ich habe gerechte Bedenken gehabt; und nur der Druck der öffentlichen Meinung, der Druck der Mehrheit hat mich dazu bestimmt, zu kapitulieren und mich unterzuordnen."*[471]

Bismarck plante, die deutschen Niederlassungen in Afrika in der Form konzessionierter Handelsgesellschaften nach dem Vorbild der britischen Schutzbriefgesellschaften als „Chartered Companies" zu organisieren, um die politischen Belastungen zu minimieren[472] – die in Übersee aktiven Handelsgesellschaften hatten wiederholt um den Schutz des Reiches gebeten, da sie wegen der von den anderen Kolonialmächten verfolgten Politik, die eigenen Kolonien durch Verhängung von Zöllen abzuschotten, zunehmend in Schwierigkeiten gerieten.[473] Die „Flagge" sollte dem Handel folgen und die Schutzbriefgesellschaften sollten die mit der hoheitlichen Verantwortung unter dem bloßen „Schutz" der Reiches verbundenen Kosten selbst übernehmen,[474] eine Politik, die *Wehler* als *„pragmatische Expansionspolitik"* bezeichnete.[475] Neben der Kostenersparnis sollte diese Politik auch verhindern, dass der Reichstag über das Budgetrecht Einfluss

---

469 Zit. nach: Heinrich Ritter von Poschinger, Bismarck und die Parlamentarier, Band 3, Breslau 1896, S. 54.

470 Vgl. z.B.: Wehler, Imperialismus, S. 412ff., der ausführlich die Sozialimperialismus-Theorie darlegt; Klaus J. Bade, Bismarcks „Verfehlte Hoffnungen" in Afrika: Schutzbriefkonzept, Kongokonferenz und koloniale Krise, in: Helmut Christmann (Hrsg.), Kolonisation und Dekolonisation. Referate des Internationalen Kolonialgeschichtlichen Symposiums '89 an der Pädagogischen Hochschule Schwäbisch Gmünd, Schwäbisch Gmünd 1989, S. 53–67; Klaus Hildebrand, Das vergangene Reich. Deutsche Außenpolitik von Bismarck bis Hitler 1871–1945, Stuttgart 1995, S. 86–94; Fröhlich, Imperialismus, S. 33f.; Otto Pflanze, Bismarck, Band 2: Der Reichskanzler, München 1998, S. 370–396; Gründer, Kolonien, S. 51–62. Ältere Darstellungen: DKL (1920)/*Karl Rathgen*, Band II, S. 332 f.; Maximilian von Hagen, Bismarcks Kolonialpolitik, Stuttgart, Gotha 1923.

471 StenBer RT, 07. LP., 04. Sess. 1888/89, 27. Sitzung 26. Januar 1889, S. 620.

472 Graudenz/Schindler, S. 7.

473 Hans Georg Steltzer, Die Deutschen und ihr Kolonialreich, Frankfurt am Main 1984, S. 18f.

474 Bade, Imperialismus, S. 4.

475 Wehler, Imperialismus, S. 423.

auf die Kolonien nehmen konnte, was nach dem Scheitern von Bismarcks Charterkonzept und dem Übergang der Schutzgebiete in die direkte Reichsverwaltung auch geschah.[476] Bismarck legte vor dem Reichstag dar, dass seine Absicht sei, *„den Interessenten der Kolonie zugleich das Regieren derselben im wesentlichen zu überlassen und ihnen nur die Möglichkeit europäischer Jurisdiktion für Europäer und desjenigen Schutzes zu gewähren, den wir ohne stehende Garnison dort leisten können"* und *„kaufmännische Unternehmungen, aber in der höchsten Entwicklung, auch solche, die sich eine Souveränität, eine schließlich dem Deutschen Reich lehnbar bleibende, unter seiner Protektion stehende kaufmännische Souveränität erwerben, zu schützen in ihrer freien Entwickelung sowohl gegen die Angriffe aus der unmittelbaren Nachbarschaft als auch gegen Bedrückung und Schädigung von Seiten anderer europäischer Mächte."*[477] Er fügte, vom linksliberalen Abgeordneten Eugen Richter auf die enormen Kosten von Kolonialunternehmungen hingewiesen, hinzu, dass die direkte Reichsverwaltung in den Schutzgebieten nicht in seinem Sinne war. Die Kosten entstünden nur, *„wenn wir, wie das früher bei ähnlichen Versuchen geschehen ist, damit anfangen wollten, eine Anzahl von oberen und unteren Beamten dort hinzuschicken und zunächst eine Garnison dort hinzulegen, Kasernen, Häfen und Forts zu bauen. Das ist aber nicht entfernt unsere Absicht, wenigstens die meinige nicht."*[478]

Später fügte er hinsichtlich einer möglichen dauerhaften Stationierung von Streitkräften in den Schutzgebieten hinzu:

> *„Ich kann nach wie vor nur sagen, (...) dass wir keine staatliche Organisation, (...) keine Garnisonen und dergleichen erstreben, sondern dass wir nur beabsichtigen, dem deutschen Handel mit unserem Schutze zu folgen da, wo er sich einrichtet. (...) Mein Ziel ist der regierende Kaufmann und nicht der regierende Bürokrat in jenen Gegenden, nicht der regierende Militär und der preußische Beamte;- unsere Geheimen Räte und versorgungsberechtigten Unteroffiziere sind ganz vortrefflich bei uns; aber dort in den kolonialen Gebieten erwarte ich von den Hanseaten, die draußen gewesen sind, mehr, und ich bemühe mich, diesen Unternehmern die Regierung zuzuschieben. (...) Mein Ziel ist die Regierung kaufmännischer Gesellschaften, über denen nur die Aufsicht und der Schutz des Reiches und des Kaisers zu schweben hat."*[479]

Die Kolonialfrage sei nur eine des *„Schutzes der deutschen überseeischen Ansiedlungen, wie sie der Handel mit sich gebracht hat"*,[480] *„die Kolonialpolitik wird nicht durch Generäle und nicht durch Geheime Räte gemacht, sondern durch Kommis von Handelshäusern."*[481]

---

[476] Reinhard, Kolonialismus, S. 251.
[477] StenBer RT, 05. LP., 04. Sess. 1884, 42. Sitzung 26. Juni 1884, S. 1062.
[478] a. a. O.
[479] StenBer RT, 06. LP., 02. Sess. 1885/86, 07. Sitzung 28. November 1885, S. 117.
[480] StenBer RT, 06. LP., 01. Sess. 1884/85, 21. Sitzung 10. Januar 1885, S. 524.
[481] Bismarck am 12. Mai 1885, zit. nach: Heinrich Ritter von Poschinger, Bismarck und die Parlamentarier, Band 1, Breslau 1894, S. 231.

Bismarck versuchte zudem aus einem anderen Grund, kein Militär in den Schutzgebieten zu stationieren. Bereits in den 1870er Jahren hatten Kriegsschiffkommandanten der Kaiserlichen Marine ohne Anweisung Bismarcks mehrere Marinestützpunkte in der Südsee als Basis für eine künftige deutsche Kolonialherrschaft erworben[482] und ließen Bismarck befürchten, *„dass wir durch faktisches Vorgehen der Marine schließlich doch in eine Gründung hineingeraten, die einer Kaiserlich Deutschen Kolonie gleichsteht."*[483] Ebenso trugen sich Heeresoffiziere um Eduard von Liebert,[484] der Vorstandsmitglied der Deutschen Kolonialgesellschaft war, mit kolonialen Plänen.[485]
Nachdem Bismarck dann im Frühjahr 1884 die Entscheidung getroffen hatte, den Schritt vom *„informell-indirekten Freihandelsexpansionismus zum direktformellen Kolonialbesitz"*[486] zu wagen, gab es kein Zurück mehr, da *„die Verhältnisse in Übersee eine beachtliche Eigendynamik entfalteten."*[487] Leo von Caprivi, Bismarcks Nachfolger im Amt des Reichskanzlers, kam zu der Überzeugung, *„dass so, wie die Sache heute liegt, wir nicht allein ohne Verlust an Ehre, sondern auch ohne Verlust an Geld nicht zurück können."*[488] Dessen Meinung wurde allerdings nicht von allen Abgeordneten des Reichstages geteilt.[489]

---

[482] 1876 Kapitän zu See Knorr auf Tonga, 1877 Korvettenkapitän Hassenpflug auf Samoa und 1878 Korvettenkapitän von Werner in Mikronesien und Melanesien. Vgl.: Wolfgang Petter, Die überseeische Stützpunktpolitik der preußisch-deutschen Kriegsmarine 1859–1883, Freiburg 1975, S. 231–238.

[483] Promemoria, betreffend den Schutz der deutschen Interessen in der Südsee, BArch, R 1001/2809, S. 140–147. Marginalie Bismarcks, a. a . O., S. 147.

[484] Eduard von Liebert (1850–1934), Generalleutnant, Teilnahme an den Kriegen 1866 und 1870/71; im Generalstab 1881–1894; 1896–1901 Gouverneur von Deutsch-Ostafrika; MdR (DRP) 1907–1914, Vorstandsmitglied der Deutschen Kolonialgesellschaft, Mitglied der Hauptleitung des Alldeutschen Verbandes, 1. Vorsitzender des Reichsverbandes zur Bekämpfung der Sozialdemokratie, nach: DKL (1920), Band II, S. 454; Schwarz, S. 388.

[485] Zur sog. Gruppe Liebert: Petter, Actes, S. 241–243.

[486] Horst Gründer, Das Deutsche Reich als Kolonialmacht, Schwerte 1984, S. 23.

[487] Fröhlich, Imperialismus, S. 39.

[488] StenBer RT, 08. LP., 01. Sess. 1890/91, 04. Sitzung 12. Mai 1890, S. 39. Später folgte dem auch Reichskanzler zu Hohenlohe-Schillingsfürst: *„Die Aufrechterhaltung unseres Kolonialbesitzes ist ein Gebot unserer nationalen Ehre und ein Zeichen unseres nationalen Ansehens. (...) Wir werden ihn aber so gestalten müssen, dass er wirtschaftliche Selbständigkeit erlangt, von den Nachbargebieten nicht überflügelt wird, und dass die Zukunft der deutschen Kolonialpolitik nicht beeinträchtigt wird."*, StenBer RT, 09. LP., 03. Sess. 1894/95, 03. Sitzung 11. Dezember 1894, S. 21.

[489] Vgl. z. B. die Reden Bambergers vom 26. Juni 1884, StenBer RT, 05. LP., 04. Sess. 1884, 42. Sitzung 26. Juni 1884, S. 1065f. und 12. Mai 1890, StenBer RT, 08. LP., 01. Sess. 1890/91, 04. Sitzung 12. Mai 1890, S. 33f.

II. Die Parteien und die Kolonialpolitik

In der Auseinandersetzung von Parlament und Regierung über die Kolonialpolitik hat keine der im Reichstag vertretenen Parteien[490] im Verlaufe der Debatten einen einheitlichen Standpunkt vertreten.[491] Vielmehr fanden sich sogar innerhalb einzelner Parteien unterschiedliche Ansichten und oft war die Zustimmung zu Kolonialvorlagen von taktischen Erwägungen bestimmt oder wurde von Gegenleistungen abhängig gemacht.

In der *Deutschkonservativen Partei* hatten sich Großgrundbesitzer, preußische Adelige sowie protestantische Geistliche und Beamte organisiert. Zunächst eine zweifelnde bis ablehnende Haltung einnehmend, entwickelte sie sich während der 1880er/1890er Jahre zu einer Partei, die auch mittelständische und (klein-) bürgerliche Schichten ansprach, deren Siedlerinteressen und, nachdem es zum Zusammenbruch des europäischen Weizen- und Kartoffelmarktes gekommen war, auch die Interessen der Agrarier vertrat, die sich in den Kolonien neue Absatzmärkte erhofften, so dass sich letztlich die Einstellung zur Kolonialpolitik wandelte. Der liberale Flügel unter *Helldorf* wandte sich allmählich der Kolonialpolitik zu, während der extremere Flügel unter *Holstein*[492] abwartend blieb.

Die *Deutsche Reichspartei* war die Interessenvertretung von Großindustrie, Hochfinanz, Großgrundbesitz und Diplomatie – daher auch „Botschafterpartei" genannt – und die politische Heimat führender Persönlichkeiten und der meisten Großfinanziers der deutschen Kolonialgesellschaften. Sie musste, obwohl sie sonst für einen ökonomischen Expansionismus und privates koloniales Engagement eintrat, ab 1884 als „Bismarcks persönliche Partei" nahezu zwangsläufig Bismarcks Kolonialpläne mittragen, tat dies *„ohne Übermaß von Mut"*, aber *„königstreu und bismarckisch."*[493] Sie folgte aus primär nationalen Gründen außenpolitisch einer expansionistischen Linie, deren Schwerpunkt neben Flottenrüstung und Ostsiedlung eben bei der Förderung der Kolonien lag.

Die Mitglieder der *Nationalliberalen Partei* entstammten vorwiegend dem protestantisch geprägten Besitz- und Bildungsbürgertum.[494] Sie war die Kolonialpartei schlechthin, denn sie hatte die Kolonialpolitik gefordert, unterstützt und für sämtliche Kolonialvorlagen gestimmt. Ihre Mitglieder, *„die Intelligenz des Beamten- und Bürgertums, mit der besten Einsicht in die Interessen des Staates"*,[495] waren in den nationalen Verbänden überdurchschnittlich hoch organi-

---

[490] Zur Entstehung und Wandlung der deutschen Parteien bis 1866: Thomas Nipperdey, Deutsche Geschichte 1866–1918, Erster Band: Bürgerwelt und starker Staat, München 1994, S. 377–396, 715–749; zur weiteren Entwicklung von 1867–1914: Nipperdey II, S. 311–358, 514–576.

[491] Nach: von Hagen, Kolonialpolitik, S. 274ff.; Huber IV, S. 24–90; Gründer, Kolonien, S. 63–77.

[492] Conrad Graf von Holstein (1825–1897), Rittergutsbesitzer, MdR (K) 1877–1897.

[493] Gustav Freytag, Briefe an seine Gattin, 3. u. 4. Auflage, Berlin 1912, S. 194.

[494] Dazu: Ralph Raico, Die Partei der Freiheit. Studien zur Geschichte des deutschen Liberalismus, Stuttgart 1999.

[495] a. a. O.

siert, so in der Deutschen Kolonialgesellschaft und den anderen Kolonialvereinen und -interessengruppen. Zwischen den Vertretern einer großkapitalistischen Konzessionspolitik und mittelständisch-nationalistischer Siedlerinteressen kam es innerhalb der Partei zu Konflikten, die aber nicht zu Zweifeln an der generellen Notwendigkeit einer aus nationalen, ökonomischen kultur- und sozialimperialistischen Motiven betriebenen Kolonialpolitik führten. Bekannte Mitglieder waren Ludwig Bamberger,[496] Ernst Bassermann,[497] Rudolf von Bennigsen,[498] Friedrich Hammacher,[499] Arthur Hobrecht[500] und Adolf Woermann.[501]

Das *Zentrum*[502] als Partei des politischen Katholizismus war zunächst gegen eine Kolonialpolitik – die Samoa-Vorlage von 1880[503] war nicht zuletzt an den Gegenstimmen des Zentrums gescheitert. Zu Beginn der Kolonialpolitik Bismarcks noch reserviert gegenüberstehend, aber ohne prinzipielle Abneigung, wandelte sich die Haltung zur Kolonialpolitik zusehends – insbesondere dann, wenn humanitäre Fragen, wie die Sklaven- oder die Missionsfrage, eine Rolle spielten, die den katholischen Idealen dienlich schienen, näherte sich das Zentrum dem Regierungsstandpunkt an.[504] Ab 1884 begann ein langsamer Prozess der Zustimmung – die von Kolonialpropaganda vorgebrachten Argumente der Überproduktion und Überbevölkerung hatten auch auf das Zentrum gewirkt. Doch machte das Zentrum die Bewilligung von Kolonialvorlagen stets von kirchen- und kulturpolitischen Konzessionen abhängig. Das Zentrum trug die Kolonialpolitik in der Regel mit, ohne sie übermäßig zu forcieren. Im rechten Flügel des Zentrums existierte eine kolonialbegeisterte Gruppe, der u. a. Kle-

---

496 s. Fn. 1.

497 Ernst Bassermann (1854–1917), Rechtsanwalt, MdR (NL) 1893–1903, 1904–1917.

498 Rudolf von Bennigsen (1824–1902), Rittergutsbesitzer; MdPrAH 1867–1883; MdR (NL) 1867–1883 und 1887–1898.

499 Friedrich Hammacher (1824–1904), Bergwerks- und Hüttenbesitzer; MdPrAH 1864, MdR (NL) 1869–1873, 1877–1879, 1881–1898; Parteivorsitzender 1898–1904.

500 Arthur Hobrecht (1824–1912), Jurist; anfangs im preußischen Verwaltungsdienst; 1863 Oberbürgermeister von Breslau, 1872 von Berlin; 1878–1879 preußischer Finanzminister; MdPrAH 1879–1912; MdR (NL) 1881–1884, 1886–1890.

501 s. Fn. 113.

502 Hierzu: Karl Bachem, Vorgeschichte, Geschichte und Politik der deutschen Zentrumspartei. Zugleich ein Beitrag zur Geschichte der katholischen Bewegung, sowie zur allgemeinen Geschichte des neueren und neuesten Deutschland 1815–1914, Köln 1927–1932.

503 Diese bezweckte, Samoa unter deutschen Schutz zu stellen, um der Deutschen Seehandelsgesellschaft, die die Besitzungen des in finanzielle Schwierigkeiten geratenen Handelshauses Godeffroy übernehmen sollte, den nötigen Rückhalt zu geben. Sie wurde am 27. April 1880 vom Reichstag mit 128 gegen 112 Stimmen abgelehnt. Vgl.: Entwurf eines Gesetzes, betreffend die Unterstützung der „Deutschen See-Handels-Gesellschaft", 18. April 1880, StenBer RT, 04. LP., 03. Sess. 1880, Vierter Band Anlageband, Aktenstück Nr. 101, S. 720–749; StenBer RT, 04. LP., 03. Sess. 1880, 39. Sitzung 27. April 1880, S. 960–962.

504 Vgl. hierzu: Hans Pehl, Die deutsche Kolonialpolitik und das Zentrum (1884–1914). Unter Benutzung von Akten des Reichsarchivs und des Auswärtigen Amtes aus dem Besitze des früheren Reichskolonialamts, Limburg a. d. Lahn, 1934, S. 49f., Anm. 1.

mens Heereman von Zuydtwyck,[505] Franz von Arenberg[506] und Alois zu Löwenstein[507] angehörten, die eng an die organisierte Kolonialbewegung gebunden war. Führende Vertreter des Zentrums waren Ludwig Windthorst,[508] Ernst Lieber[509] und Peter Spahn.[510]

Die *Linksliberalen* waren strikt gegen den deutschen Kolonialismus. Sie stimmten – bis 1884 als *Fortschrittspartei,* danach als *Deutsche Freisinnige Partei* – unter Führung von Eugen Richter[511] – nach den Worten *Hubers „der erste perfekte Berufspolitiker innerhalb der deutschen bürgerlichen Parteien“*,[512] nach denen *Lackners* ebenso wie Bamberger ein *„Berufsoppositionspolitiker“*[513] – gegen ein überseeisches Imperium. Bestimmend waren dabei ökonomische Motive, vor allem Freihandelsargumente. Zunächst zeigten sie Übereinstimmung mit Bismarcks Kolonialplänen, zogen diese dann aber zurück, als die Regierung begann, in den Schutzgebieten einen Beamten- und Militärapparat zu errichten. Später – wie hinsichtlich der Vorlagen bezüglich der Kolonie Togo, die kostendeckend arbeitete – unterstützten sie die Kolonialpolitik, auch Eugen Richter hat für Kolonialetats für Togo und Kiautschou gestimmt. 1893 spaltete sich die Deutsche Freisinnige Partei in *Deutsche Freisinnige Volkspartei* und die *Freisinnige Vereinigung* auf. Die Anhänger Eugen Richters, die sich in ersterer zusammengeschlossen hatten, bewahrten zunächst ihre ablehnende Haltung gegenüber der Kolonialpolitik, gaben diese aber dann zu Beginn des 20. Jahrhunderts auf. Letztere trat, von Albert Haenel[514] geführt, entschiedener als andere linksliberale Parteien für Imperialismus und Kolonialismus ein.

---

[505] Dr. iur. Clemens Freiherr von Heereman von Zuydtwyck (1832–1903), Jurist; im preußischen Justiz-, dann Verwaltungsdienst; 1874–1875 Regierungsrat in Merseburg; danach Rittergutsbesitzer in Westfalen, MdprAH 1870–1903, Fraktionsvorsitzender 1889–1900; MdR (Z) 1871–1903.

[506] s. Fn. 429.

[507] Dr. iur. Alois Fürst zu Löwenstein-Wertheim (1871–1952), Jurist, MdR (Z) 1907–1918; langjähriger Präsident des Deutschen Katholikentages.

[508] s. Fn. 159.

[509] Dr. iur. Ernst Lieber (1838–1902), Jurist, MPprAH 1870–1901, MdR (Z) 1871–1902.

[510] Dr. iur. Peter Spahn (1846–1925), Jurist, 1874 Amtsrichter in Marienberg, 1888 Landrichter in Bonn, 1892 Oberlandesgerichtsrat in Posen, dann Köln; danach Kammergerichtsrat in Berlin; 1898 Reichsgerichtsrat in Leipzig; 1905 Oberlandesgerichtspräsident in Kiel, dann Frankfurt; MdPrAH 1882–1918; MdR (Z) 1884–1917, 1920–1925, Fraktionsvorsitzender 1912–1917; Vorsitzender der Z 1911–1917; preußischer Justizminister 1917–1918; MdWeimNatVers 1919–1920.

[511] s. Fn. 148.

[512] Huber IV, S. 78.

[513] Horst Lackner, Koloniale Finanzpolitik im Deutschen Reichstag (von 1880–1919), Berlin 1939, S. 33.

[514] Dr. iur. Albert Haenel (1833–1918), Jurist; seit 1860 Professor in Königsberg, 1863 in Kiel; MdPrAH 1867-1888; MdR (F/DFrP/DrFVp) 1867–1893 und 1898–1903; erst im linken Flügel des Zentrums, ab 1870 Fortschrittspartei, 1884 Deutsch-Freisinnige Partei, 1893 Freisinnige Vereinigung.

Die *Sozialdemokratische Partei* hielt weitgehend an ihrer ablehnenden Haltung gegenüber dem deutschen Kolonialismus fest, wenn auch nicht immer konsequent.[515] Ein Teil der Partei stimmte schon früh der Kolonialpolitik zu, die Mehrheit jedoch lehnte sie grundsätzlich ab. Kurz vor der Jahrhundertwende zeigten sich revisionistische Tendenzen, die zu einer zunehmenden Annahme der Kolonialpolitik führten und sich auf die Ziele der Verringerung der Arbeitslosigkeit und der Absatzsteigerung durch Erschließung auswärtiger Märkte sowie zivilisatorische und innenpolitische Motive stützte. Diese wurden vorrangig von Gustav Noske[516] vertreten. Wortführer der Sozialdemokratie waren August Bebel[517] und Wilhelm Liebknecht.[518]

Im Reichstag waren somit die unterschiedlichsten Ansichten zur Kolonialpolitik vertreten. Für die Reichsleitung brachte dies erhebliche Schwierigkeiten, da bei der Durchsetzung der kolonialpolitischen Ziele auf diese verschiedenen Positionen Rücksicht genommen werden musste.

III. Der Reichstag und das Kolonialbudget

Wann immer es möglich war, hat die Reichsleitung versucht, den Reichstag in kolonialpolitischen Fragen zu umgehen. Die ersten Expeditionen zur Erforschung von Kamerun und Togo wurden mittels der dem „Afrikafonds zur wissenschaftlichen Erforschung Zentralafrikas" jährlich zur Verfügung stehenden 150.000 Mark – und somit aus Reichsmitteln – finanziert,[519] so dass die Regie-

---

[515] Dazu: Hans-Christoph Schröder, Sozialismus und Imperialismus. Die Auseinandersetzung der deutschen Sozialdemokratie mit dem Imperialismusproblem und der "Weltpolitik" vor 1914, Teil 1, Hannover 1968; ders., Gustav Noske und die Kolonialpolitik des Deutschen Kaiserreichs, Berlin, Bonn 1979.

[516] Gustav Noske (1868–1946), Holzarbeiter; MdR (SPD) 1906–1918, MdWeimNatVers 1919–1920, Reichswehrminister 1919–1920.

[517] August Bebel (1840–1913), Drechsler; 1869 Mitbegründer der Sozialdemokratischen Arbeiterpartei, MdR (SPD) 1867–1913, 1890–1913 Mitglied des Parteivorstandes, 1892–1913 Vorsitzender der Sozialdemokratischen Partei.

[518] Wilhelm Liebknecht (1826–1900), seit 1869 führend in der Sozialdemokratischen Arbeiterpartei, seit 1857 in der Sozialistischen Arbeiterpartei; MdR (SPD) 1867, 1874–1887, 1888–1900.

[519] Am 29. April 1878 ging aus der „Deutschen Gesellschaft zur Erforschung Äquatorialafrikas", kurz „Afrikanische Gesellschaft", deren Zweck die wissenschaftliche Erschließung der noch unbekannten Gebiete Zentralafrikas sein sollte, und der „Deutschen Afrikanischen Gesellschaft", deren Ziel die Erschließung Afrikas für Kultur, Handel und Verkehr sowie die friedliche Beseitigung des Sklavenhandels war, die „Afrikanische Gesellschaft in Deutschland" hervor, die bis zum Jahr 1889 zahlreiche Unternehmungen in den verschiedensten Teilen Afrikas durchführte. Finanziert wurden diese hauptsächlich mit Hilfe der vom Bundesrat und dem Reichstag „für die auf die Erschließung Inner-Afrikas gerichteten wissenschaftlichen Unternehmungen" bewilligten Mittel, des sog. „Afrikafonds", der allmählich eine Höhe von 200.000 M pro Jahr erreichte, zeitweilig auf 150.000 M herabgesetzt, aber ab 1913 wieder auf 200.000 M erhöht wurde. Dessen Verwaltung war anfänglich dem Reichsamt des Innern unterstellt, wurde aber 1880 auf direktes Eingreifen Bismarcks, der die eigenmächtige

rung die Freigabe entsprechender Mittel nicht mehr beim Reichstag beantragen musste. Nach dem Scheitern der Samoa-Vorlage[520] erfolgte die Sanierung der Deutschen Handels- und Plantagengesellschaft der Südsee nach Rücksprache mit Bismarck durch ein privates Bankenkonsortium[521] und im Herbst 1890 wurden die für die „Entschädigung" der Deutsch-Ostafrikanischen Gesellschaft benötigten Mittel unter Umgehung des Reichstages durch eine Reichsanleihe aufgebracht.[522] Im Reichstag selbst stieß dieses Vorgehen natürlich schon bald auf Kritik. Es war Windthorst, der auf die *„Anomalie (...), die im öffentlichen Rechte Deutschlands besteht"*,[523] hinwies. Diese bestand darin, dass die Regierung bestimmte Anträge, die die Kolonien betrafen, dem Reichstag nicht zur Genehmigung vorlegen musste. Die entscheidende Auseinandersetzung zwischen Regierung und Reichstag fand am 13. März 1891 im Reichstag statt.[524] Richter stellte, unter Hinweis auf entsprechende Veröffentlichungen in der *„kolonialfreundlichen Presse"*, während der Beratungen über den Reichshaushalt für das Etatsjahr 1891/92 der Regierung die Frage, ob tatsächlich eine für Kamerun bestimmte Anleihe über 1,5 Millionen Mark an die Börse gebracht werden und hierfür eine Verpfändung der in Kamerun erhobenen Reichszölle erfolgen solle. Er führte aus: *„(...) eine Anleihe dieser Art kann nur aufgenommen werden mit Zustimmung des Reichstages, während man in jenen Blättern davon auszugehen scheint, dass ohne Zustimmung des Reichstages eine solche Operation vorgenommen werden könnte."*[525] Der Vertreter der Regierung, Kayser, bestätigte Vorbereitungen zur Aufnahme besagter Anleihe, und verwies darauf, dass dem Kaiser nach § 1 des Schutzgebietsgesetzes die Schutzgewalt in den Schutzgebieten zustehe und so könne *„der Kaiser oder mit seiner Ermächtigung die kaiserliche Regierung in den Schutzgebieten eine Anleihe aufnehmen, und zwar ohne dass es hierzu (...) der Mitwirkung des Reichstags bedarf."* Zur Aufnahme der Anleihe sei *„formell eine Genehmigung des Reichstags nicht erforderlich (...), ebenso wenig (...) wie bei Aufnahme der Anleihe für das ostafrikanische Schutzgebiet eine Genehmigung des Reichstags verfassungsmäßig geboten war."*[526] Richter beantragte daraufhin zu beschließen, *„dass die verbündeten Regierungen nicht berechtigt sind, Anleihen ohne Zustimmung des Reichstags aufzunehmen im Interesse der Schutzgebiete und unter Verpfändung dortiger Einnahmen"* – er sah durch die Aufnahme der Anleihe ohne Mitwir-

---

Entsendung einer Expedition nach Bornu durch die Afrikanische Gesellschaft missbilligt hatte, dem AA übertragen. Die Gesellschaft wurde am 11. Dezember 1887 aufgelöst, da das Reich die Erschließung der Schutzgebiete mit dem Übergang zu einer aktiven Kolonialpolitik selbst übernommen hatte; vgl. Artikel: „Afrikanische Gesellschaft und Afrikafonds" in: DKL (1920)/*Danckelman*, Band I, S. 21f.

520 s. Fn. 503.

521 Dazu: Längin/Schindler, S. 231.

522 s. Fn. 292.

523 StenBer RT, 08. LP., 01. Sess. 1890/91, 59. Sitzung 06. Februar 1891, S. 1348.

524 StenBer RT, 08. LP., 01. Sess. 1890/91, 88. Sitzung 13. März 1891, S. 2028–2031.

525 a. a. O., S. 2028.

526 a. a. O., S. 2028f.

kung des Reichstages *„das Geldbewilligungsrecht des Reichstages geradezu in Frage gestellt."*[527] Der Nationalliberale *von Bennigsen* konstatierte, *„dass es sich hier um eine Frage von sehr großer und weittragender Bedeutung für das Reich und seine Vertretung handelt (...) und durch die Äußerungen des Vertreters der verbündeten Regierungen die Angelegenheit weder tatsächlich noch rechtlich genügend dargestellt ist."*[528] Der Antrag wurde vom Reichstag der Budgetkommission überwiesen,[529] blieb dort jedoch unerledigt. Erst 1892 konnte der Reichstag den Streit zu seinen Gunsten entscheiden. Das Gesetz über die Einnahmen und Ausgaben der Schutzgebiete vom 30. März 1892[530] übertrug Bundesrat und Reichstag das Etatrecht für die Schutzgebiete[531] und damit auch die Zuständigkeit hinsichtlich der Bewilligung der Militärausgaben für die Schutzgebiete.

---

527 a. a. O., S. 2029f.; StenBer RT, 08.LP. 01.Sess. 1890/91, Aktenstück Nr. 363, S. 2286.
528 StenBer RT, 08. LP., 01. Sess. 1890/91, 88. Sitzung 13. März 1891, S. 2030.
529 a. a. O., S. 2031.
530 RGBl. 1892, S. 369f.
531 Es klärte in § 4 auch die von Richter aufgeworfene Frage: *„Erfordern außerordentliche Bedürfnisse eines Schutzgebietes die Aufnahme einer Anleihe (...), so erfolgt dies auf dem Wege der Gesetzgebung."*

B. Die Schutztruppengesetze

Nachdem seit Ende der 1880er Jahre in den großen afrikanischen Schutzgebieten Truppen von erheblicher Stärke stationiert worden waren, erwies sich die Lösung, die aufgetretenen Unruhen durch eine nur ihrem Kommandeur verpflichtete private Söldnertruppe niederschlagen zu lassen – auch wenn deren Bildung und Einsatz von staatlicher Seite autorisiert worden waren – recht schnell als unbefriedigend. Caprivi hierzu über die Truppe in Deutsch-Ostafrika vor dem Reichstag:

> *„Wir haben schon jetzt in Ostafrika einen Zustand, in dem eine Truppe durch die lex Wissmann geschaffen worden ist, von der eigentlich niemand so recht weiß, wessen Truppe sie ist, und ich halte es nicht für unmöglich, dass, da die Diktatur und der Kriegszustand in Ostafrika voraussichtlich noch Jahre lang fortdauern wird, wir in die Lage kommen können, aus dieser jetzt lediglich von Major Wissmann nach alter Landsknechtsitte geworbenen Truppe eine Reichstruppe zu machen, um mit geringen Kräften wirksam mehr leisten zu können, als jetzt geschieht, wo die Sache eben auf kontraktliche Werbungen basiert ist.“*[532]

Zur nachhaltigen Sicherung der deutschen Kolonialherrschaft mussten die bislang auf privatvertraglicher Basis organisierten Truppen erheblich verstärkt werden. Auch vor Ort entstand der Eindruck, dass die bisherige Organisationsform der Schutztruppe nicht mehr den tatsächlichen Verhältnissen entsprach. So erschien Leutwein *„das Beibehalten einer verhältnismäßig so bedeutenden Truppe im Rahmen einer Privattruppe doch bedenklich"*, denn *„sowohl die Dienstverpflichtung wie die disziplinaren Verhältnisse waren lediglich auf die Person des Kommandeurs zugeschnitten.“*[533]
Mit dem Übergang zur direkten Territorialherrschaft und angesichts der angestrebten Umwandlung der in Afrika stationierten Truppen in eine reguläre Teilstreitkraft der kaiserlichen Armee wurden gesetzliche Grundlagen für die Schutztruppen erforderlich.

---

532 StenBer RT, 08. LP., 01. Sess. 1890/91, 04. Sitzung 12. Mai 1890, S. 42. Ähnlich äußerte sich der konservative Abgeordnete *Graf zu Stolberg-Wernigerode** über die Wissmanntruppe: *„Diese Schutztruppe ist auf das persönliche Prestige des Majors Wissmann hier formiert worden. Es war ja auch ganz natürlich, dass bei ihrem ersten Entstehen dieselbe als ein Privatunternehmen hingestellt werden musste; allein ich glaube, dass es allerdings jetzt sehr wünschenswert sein würde, wenn ihr dieser Privatcharakter genommen, und wenn sie als Reichstruppe hingestellt werden würde.“*, a. a. O., S. 43.
* Dr. iur. Udo Graf zu Stolberg-Wernigerode (1840–1910), Landrat a. D., Majoratsherr Wernigerode, M. d. Herrenhauses, MdR (K) 1877–1881, 1884–1893, 1895–1910; 1907–1910 Reichstagspräsident, nach: Schwarz, S. 474f.
533 Leutwein, Elf Jahre, S. 210. Leutwein erwähnte bei dieser Gelegenheit, dass die Truppen sich nach der Abreise von François' im Juli 1894 nicht mehr an den mit diesem geschlossenen Kontrakt gebunden glaubten und mit Leutwein einen neuen Kontrakt zu für sie vorteilhafteren Bedingungen schließen wollten, a. a. O.

I. Überblick über die rechtlichen Grundlagen

1. Die völkerrechtlichen Grundlagen: Die Westafrikakonferenz

Schon zu Beginn seiner Kolonialpolitik konnte Bismarck die völkerrechtliche Basis für seine Kolonialerwerbungen schaffen. Es gelang ihm, auf der Berliner Westafrikakonferenz[534] einen Vertragsabschluss zu erreichen – die sog. Kongo-Akte vom 26. Februar 1885[535] – durch den sich die vertragsschließenden Mächte[536] die Handelsfreiheit im Kongobecken und die Schifffahrtsfreiheit auf dem Kongo zusicherten. Ferner wurde die Neutralität des gesamten Kongogebietes vereinbart[537] und jeder Unterzeichnermacht die Okkupation[538] herrenloser Küstengebiete gestattet, deren Wirksamkeit nur von der „Effektivität" der Inbesitznahme und ihrer Notifikation abhängen sollte.[539] Notfalls war der Besitz der okkupierten Gebiete mit militärischer Gewalt zu schützen. Somit war, da Art. 35 der Kongoakte als Ausprägung des Grundsatzes der Effektivität für die Signatarmächte die *„Verpflichtung, in den von ihnen an den Küsten des afrikanischen Kontinents besetzten Gebieten das Vorhandensein einer Obrigkeit zu sichern, welche hinreicht, um erworbene Rechte und, gegebenenfalls, die Handels- und Durchgangsfreiheit unter den Bedingungen, welche für letztere vereinbart wurden, zu schützen"* beinhaltete – auch wenn Bismarck zunächst davon absah – die Stationierung von Truppen in Afrika völkerrechtlich abgesichert. Deutschland betrieb nach der Unterzeichnung der Kongo-Akte eine betont englandfreundli-

[534] Auch „Kongo-Konferenz" genannt. Die Westafrikakonferenz fand unter Vorsitz von Otto von Bismarck vom 15. November 1884 bis 26. Februar 1885 in Berlin statt. Dazu: Georg Koenigk, Die Berliner Kongo-Konferenz 1884–1885. Ein Beitrag zur Kolonialpolitik Bismarcks, Essen 1938; Gordon A. Craig, Geschichte Europas 1815–1980. Vom Wiener Kongress bis zur Gegenwart, München 1983, S. 333–335; Frank Thomas Gatter (Hrsg.), Protokolle und Generalakte der Berliner Afrika-Konferenz 1884–1885, Bremen 1984; Schildknecht, S. 105–127.

[535] Text im Anhang.

[536] Belgien, Dänemark, Frankreich, Großbritannien, Italien, die Niederlande, Osmanisches Reich (Türkei), Österreich-Ungarn, Portugal, Russland, Schweden-Norwegen, Spanien, USA. Afrikanische Vertreter waren nicht eingeladen worden.

[537] Zur Gebietsabgrenzung und Neutralitätserklärung: Hangula, S. 40–45.

[538] *Bornhak* bezog sich bei der Definition des Begriffes Okkupation auf Hugo Grotius: *„Okkupation oder Besitzergreifung dessen, was bisher niemand gehörte, ist die einzige natürliche und ursprüngliche Erwerbsart, d. h. die einzige Erwerbsart nach Naturrecht ohne Ableitung eines Titels von einer andern Person."* Er warf sogleich die Frage auf, welches Gebiet herrenlos ist, und kam zu dem Schluss: *„Als herrenlos im völkerrechtlichen Sinn gilt daher jedes Gebiet, in dem die Staatsgewalt einer völkerrechtlich anerkannten Rechtssubjekts nicht besteht."*, Conrad Bornhak, Die Anfänge des deutschen Kolonialstaatrechtes, in: AöR 2 (1887), S. 3–53 (6f.).

[539] Art. 34, 35 der Kongo-Akte, RGBl. 1885, S. 215–246. Text im Anhang. Die „Notifikation" ist im Völkerrecht eine hinreichend bestimmte, formelle Erklärung eines Staates an einen anderen Staat, Schildknecht, S. 121. Wagner, S. 64 hält die Notifikation nicht für eine *„völkergewohnheitsrechtliche Voraussetzung der Okkupation"*, stellt jedoch fest, dass die *„zumeist stattfand"*.

che Politik, um den aus den weiteren deutschen Erwerbungen besonders in Ostafrika drohenden Konflikten auszuweichen.[540]

2. Staats- und verfassungsrechtliche Grundlagen

a) Die Einführung der Rechtsbegriffe „Schutzgebiet" und „Schutzgewalt"

Am 12. Januar 1886 übersandte Bismarck dem Reichstag den „Entwurf eines Gesetzes, betreffend die Rechtspflege in den deutschen Schutzgebieten."[541] Nach mehreren Änderungen des Entwurfs lautete § 1 des Schutzgebietsgesetzes:[542]

> *„Die Schutzgewalt in den deutschen Schutzgebieten übt der Kaiser im Namen des Reiches aus."*

Diese neu eingeführten Rechtsbegriffe „Schutzgebiet" und „Schutzgewalt" sorgten zunächst für Unklarheiten hinsichtlich ihrer Bedeutung,[543] so dass eine rechtswissenschaftliche Auseinandersetzung um den staats- und völkerrechtlichen Status der Schutzgebiete und den Inhalt der Schutzgewalt begann. Gerade für die Beurteilung, wem welche Kompetenzen für die Rechtssetzung in den Schutzgebieten zustanden, war die Frage nach dem Status dieser Gebiete, ihrem Verhältnis zum Deutschen Reich und Art und Umfang der Einflussnahme auf diese Gebiete von grundlegender Bedeutung.

---

[540] Huber IV, S. 609.

[541] Denn, so die Entwurfsbegründung, *„nachdem ausgedehnte Gebiete in Ost- und Westafrika und der Südsee unter den Schutz Seiner Majestät des Kaisers gestellt und Kaiserliche Beamte dorthin entsendet worden sind, um die Befugnisse wahrzunehmen, welche aus der Natur der übernommenen Schutzherrschaft sich ergeben, ist es erforderlich, für die Einrichtung und Ausübung einer geordneten Rechtspflege in jenen Gebieten Sorge zu tragen."*, StenBer RT, 06. LP, 02. Sess. 1885/86, Vierter Band Erster Anlageband, Aktenstück Nr. 81, S. 441f.

[542] RGBl. 1886, S. 75. Zur Entstehungsgeschichte des SchGG: Johannes Gerstmeyer, Das Schutzgebietsgesetz nebst Verordnung betr. die Rechtsverhältnisse in den Schutzgebieten und dem Gesetz über die Konsulargerichtsbarkeit in Anwendung auf die Schutzgebiete sowie den Ausführungsbestimmungen und ergänzenden Vorschriften, Berlin 1910, S. XXI–XXVIII; Grohmann, S. 16–70; Richter, S. 81–96.

[543] Bamberger vor dem Reichstag über Deutsch-Ostafrika: *„Wir haben hier eine Kronkolonie (...) geschaffen; wir haben (...) ein ostafrikanisches Deutsches Reich gegründet. (...) Ganz klar sind ja die staatsrechtlichen und völkerrechtlichen Verhältnisse, die aus dieser neuen Schöpfung hervorgegangen sind, heute nicht zu definieren."*, StenBer RT, 08. LP., 01. Sess. 1890/91, 57. Sitzung 04. Februar 1891, S. 1315.

aa) Der Begriff „Schutzgebiet"

Bis 1918 wurden die deutschen Kolonien im amtlichen Sprachgebrauch als „Schutzgebiete" bezeichnet – im Gegensatz zu den bei den anderen europäischen Kolonialmächten üblichen Begriffen „Kolonie" bzw. „Protektorat". Der Begriff wurde von Bismarck eingeführt und verdeutlichte dessen ursprüngliche Absicht, auf ein direktes Eingreifen in Übersee zu verzichten, und lediglich Schutz zu gewähren,[544] wobei umstritten war, ob dieser Schutz aus der Reichsverfassung abzuleiten war und sich auf die dortigen Reichsangehörigen[545] und Handelsunternehmen[546] erstreckte bzw. auf den abgeschlossenen Schutzverträgen basierte und sich auf die einheimischen Häuptlinge[547] bezog. Auch andere Deutungsmöglichkeiten wurden diskutiert, so etwa ein Ursprung aus der Übersetzung der englischen Bezeichnung „protectorate", die für die „charter colonies"[548] üblich war.[549]

---

[544] Vgl. DKL (1920)/*Straehler,* Band III, S. 312f.; Ebenso: Hansjörg Michael Huber, Koloniale Selbstverwaltung in Deutsch-Südwestafrika. Entstehung, Kodifizierung und Umsetzung, Frankfurt a. M. [u. a.] 1999, S. 31, unter Hinweis auf von H(ermann) Edler von Hoffmann, Einführung in das deutsche Kolonialrecht, Leipzig 1911, S. 3f., s. dort auch: S. 18ff. Einheitlich war die Terminologie in der rechtswissenschaftlichen Literatur keineswegs. Zu den weiteren Bezeichnungen: Friedrich Schack, Das deutsche Kolonialrecht in seiner Entwicklung bis zum Weltkriege. Die allgemeinen Lehren. Eine berichtende Darstellung der Theorie und Praxis nebst kritischen Bemerkungen, Hamburg 1923, S. 41f.

[545] So: Hermann Rehm, Allgemeine Staatslehre. Einleitungsband 2. Abteilung des Handbuchs des öffentlichen Rechts, Freiburg 1899, S. 77f.

[546] So: Otto Köbner, Einführung in die Kolonialpolitik, Jena 1908, S. 84; Erich Dietzel, Der Erwerb der Schutzgewalt über die deutschen Schutzgebiete, Riesa 1909, S. 76; Karl Münstermann, Die Rechtsstellung des Kaisers in den deutschen Schutzgebieten, Halle 1911, S. 16.

[547] So: Max Joël, Das Gesetz betreffend die Rechtsverhältnisse der Deutschen Schutzgebiete vom 17. April 1886 nebst den bisherigen ergänzenden Verordnungen, in: AnnDR 1887, S. 191–229 (206ff.).

[548] Kolonie, in der Verwaltung und Rechtsprechung durch Organe einer Gesellschaft ausgeübt werden, der durch den Souverän ein Schutzbrief erteilt worden ist. Die Gesellschaft erhielt seitens des Mutterlandes das Handelsmonopol in geographisch bestimmtem Umfang, an das sich weitere Rechte, wie die Befugnis, ihre Handelsdiener im Ausland selbst zu richten und das Recht, weitere Territorien zu erwerben, anschlossen, vgl.: Bornhak, AöR 2 (1887), S. 3–53 (21f., 27f.); Joël, AnnDR 1887, S. 191–229 (202ff.).

[549] Stellvertretend: Heribert Schwörbel, Die staats- und völkerrechtliche Stellung der deutschen Schutzgebiete. Nebst Anhang: Über das Kolonialstaatsrecht Englands und Frankreichs, Berlin 1906, S. 18f.; Köbner, S. 13.

(1) Völkerrechtliche Einordnung

Umstritten war hinsichtlich der völkerrechtlichen Einordnung der Schutzgebiete, ob es sich hierbei um „Protektorate“[550] oder tatsächlich um „Kolonien“[551] handelte. Wäre den Schutzgebieten der Status eines Protektorats eigen, hätte das Militärrecht für die Schutzgebiete allenfalls mittels bilateraler Verträge geregelt werden können. Fraglich war in erster Linie, ob die afrikanischen Stämme als Völkerrechtssubjekte anzusehen waren. Bei der Beurteilung der völkerrechtlichen Stellung der Schutzgebiete billigte die überwiegende Meinung nur Staaten – nicht dagegen den Eingeborenen oder den Kolonialgesellschaften – den Status von Völkerrechtssubjekten zu,[552] so dass ein völkerrechtliches Verhältnis zu den Schutzgebieten ausschied und nur ein Verhältnis staatsrechtlicher Art in Frage kam.[553] Dem anfänglich in den Aufsätzen von *Joël*[554] und *Pann*[555] vertretenen

---

[550] Als „Protektorat“ galt im staats- und verfassungsrechtlichen Sinn ein Verhältnis zwischen unterschiedlich starken Staatsgewalten, bei dem ein stärkerer Staat einen schwächeren beschützte, und ggf. in dessen innere Angelegenheiten eingriff, indem er ihn beriet oder leitete, vgl. Schwörbel, S. 18. Schack definierte ein *„völkerrechtliches Protektorat (...) als ein Vertragsverhältnis zwischen zwei Staaten, auf Grund dessen ein Staat gegen Gewährung von Schutz in seinen völkerrechtlichen Beziehungen zu dritten Staaten der Leitung durch einen anderen Staat unterworfen ist.“*, Schack, S. 36.

[551] *Von Stengel* schlug vor, Kolonien zu definieren als *„überseeische, außerhalb Europas gelegene Gebiete, welche der Souveränität eines europäischen Staates unterworfen sind. Gleichgültig ist es dabei, ob der Mutterstaat alle im Begriffe der Souveränität gelegenen Rechte in dem betreffenden Gebiete und gegenüber der Bevölkerung desselben ausübt oder nicht, und ob eine Kolonie eine mehr oder minder autonome Stellung besitzt. Zu den Kolonien werden in der Regel aber auch solche Gebiete gerechnet, welche zwar nicht der Souveränität eines europäischen Staates unterstehen, über welche derselbe aber Protektoratsrechte in der Weise ausübt, dass die in dem betreffenden Gebiete vorhandenen staatlichen Gemeinwesen in größerem oder geringerem Grade von ihm abhängig sind.“*, Karl von Stengel, Deutsches Kolonialstaatsrecht, mit Berücksichtigung des internationalen Kolonialrechts und des Kolonialstaatsrechts anderer europäischer Staaten, in: AnnDR 1887, S. 309–397 (329).

[552] So erstmals: Bornhak, AöR 2 (1887), S. 3–53 (7). Ebenso: Karl von Stengel, Die deutschen Schutzgebiete, ihre rechtliche Stellung, Verfassung und Verwaltung, in: AnnDR 1889, S. 1–211 (27); Victor v. Poser und Gross-Naedlitz, Die rechtliche Stellung der deutschen Schutzgebiete, Breslau 1903, S. 4. Dort weitere Nachweise in Fn. 4. Vgl. hierzu: Philipp Zorn, Besprechung zu: Poser und Gross-Naedlitz, Victor v., Die rechtliche Stellung der deutschen Schutzgebiete. (=Abhandlungen aus dem Staats- und Verwaltungsrecht, 8), Breslau 1903, in: ZKolR 7 (1905), S. 316–318; a. A.: Botho Jordan, Die Staatsgewalt des deutschen Reiches in den Schutzgebieten, Halle 1895, S. 12, 16; Ludwig Bendix, Kolonialjuristische und -politische Studien, Berlin 1903, S. 5ff. Z. T. auch: Karl Gareis, Deutsches Kolonialrecht, 2. Auflage, Giessen 1902, S. 1 ff. (Hierzu: Felix Stoerk, Besprechung zu: Karl Gareis, Deutsches Kolonialrecht, Zweite, völlig umgearb. Auflage, Giessen 1902, in: AöR 17 [1902], S. 472). Gleiches galt für die deutschen Kolonialgesellschaften, vgl.: Wagner, S. 181f. Zum Streitstand: Schack, S. 91–93; dort auch weitere Nachweise: S. 91, Fn. 11.

[553] Stellvertretend: Georg Meyer, Die staatsrechtliche Stellung der deutschen Schutzgebiete, Leipzig 1888, S. 67ff.; Philipp Zorn, Das Staatsrecht des Deutschen Reiches, Erster Band: Das Verfassungsrecht, 2. Auflage, Berlin 1895, S. 579; Karl von Stengel, Die Rechtsverhältnisse der deutschen Schutzgebiete, Tübingen 1901, S. 32; Fritz Seelbach, Grundzüge der

Gedanken, den Schutzgebieten den Charakter eines „völkerrechtlichen Protektorates“ zuzuschreiben, hatte *Adam* deswegen schon 1891 eine *„eingehende Widerlegung“* bescheinigt.[556] So wurden dann mehrheitlich die Schutzgebiete als „Kolonien“ gesehen.

(2) Staatsrechtliche Einordnung

In der Diskussion um die staatsrechtliche Stellung der Schutzgebiete stellte sich die Frage, ob es sich um Inland oder Ausland handelte, was wiederum Auswirkungen auf die Geltung des Reichsrechts, insbesondere der Reichsverfassung, in den Schutzgebieten hatte. Die Reichsverfassung zählte Art. 1 die zum Bundesgebiet gehörenden Staaten abschließend auf, was zur These führte, dass die Reichsverfassung in den Schutzgebieten keine Geltung haben könne.[557] Demnach könnten bei konsequenter Betrachtung die Schutzgebiete staatsrechtlich kein Inland sein.[558] Einer der ersten Lösungsvorschläge lautete: *„Während die*

Rechtspflege in den deutschen Kolonien, Bonn 1904, S. 3ff.; Franz Josef Sassen, Die staatsrechtliche Natur der deutschen Schutzgebiete, in: ZKolR 8 (1906), S. 594–621 (595); Fritz Sabersky, Der koloniale Inlands- und Auslandsbegriff. Der Inlands- und Auslandsbegriff der Reichsgesetze in seiner Anwendung auf das Verhältnis von Mutterland und Schutzgebieten, Berlin 1907, S. 7. Kritisch: Kurt von Böckmann, Die Geltung der Reichsverfassung in den deutschen Kolonien, Karlsruhe 1912, S. 110–124. Vgl. zu den Konsequenzen: H. M. Huber, S. 29f. Weitere Nachweise bei: Schack, S. 232f.

554 Joël, AnnDR 1887, S. 191–229 (196).

555 Arnold Pann, Das Recht der deutschen Schutzherrlichkeit. Eine staats- und völkerrechtliche Studie, Wien 1887, S. 25ff.

556 R. Adam, AöR 6 (1891), S. 193–310 (285f.) unter Hinweis auf Meyer, Staatsrechtliche Stellung, S. 77 und Karl von Stengel, Die deutschen Schutzgebiete, ihre rechtliche Stellung, Verfassung und Verwaltung, in: AnnDR 1889, S. 1–211 (63).

557 von Böckmann, S. 145. Hierzu auch: Paul Mohr, Die Kolonien und die Reichsverfassung, Borna-Leipzig 1912.

558 Für den Auslandscharakter z.B.: von Stengel, AnnDR 1887, S. 805–956 (869); Albert Haenel, Deutsches Staatsrecht. Erster Band: Die Grundlagen des deutschen Staates u. der Reichsgewalt, Leipzig 1892, S. 842; Georg Jellinek, Ueber Staatsfragmente, in: Festgabe zur Feier des 70. Geburtstages Seiner Königlichen Hoheit des Großherzogs Friedrich v. Baden. Dargebracht von den Mitgliedern der juristischen Fakultät der Universität Heidelberg, Heidelberg 1896, S. 261–317 (271); Paul Laband, Das Staatsrecht des Deutschen Reiches, Band 2, 5. Auflage, Tübingen [u. a.] 1911, S. 286; Georg Meyer, Lehrbuch des Deutschen Staatsrechtes, 6. Auflage, Leipzig 1905, S. 213f. Er wollte aber Ausnahmen in bestimmten Fällen zulassen, in denen dann *„die Schutzgebiete, wenn das Gesetz in demselben eingeführt ist, vom Standpunkte dieses Gesetzes als Inland betrachtet werden“* sollten, a. a. O. Bei der Beurteilung der Frage, ob die Reichsgesetze in den Schutzgebieten gelten, sprach sich Meyer für eine *„Prüfung der einzelnen gesetzlichen Bestimmungen nach Inhalt und Zweck“* aus, Meyer, Staatsrechtliche Stellung, S. 89f. Ebenso: Sabersky, S. 18–21. Ähnlich: Adolf Arndt, Das Staatsrecht des Deutschen Reiches, Berlin 1901, S. 762, der ausführte, dass es *„stets eines besonderen Gesetzes oder (...) einer besonderen Verordnung (bedarf), um reichsrechtliche Vorschriften in den Schutzgebieten zur Anwendung zu bringen.“*

Kolonien völkerrechtlich als Inland gelten, sind die deutschen Schutzgebiete vom staatsrechtlichen Gesichtspunkte, d. h. nach dem Staatsrechte des Deutschen Reichs Ausland."[559] Diese wenig praktikable Auffassung setzte sich nicht durch und blieb Mindermeinung. Die herrschende Gegenauffassung sah die Schutzgebiete staatsrechtlich als Inland.[560] Sehr umstritten war zudem, ob Recht in den Schutzgebieten durch eine kaiserliche Verordnung gesetzt werden konnte oder ein Parlamentsgesetz erforderlich war und damit Bundesrat und des Reichstag beteiligt werden mussten.[561] Zum Regelfall wurde jedenfalls die kaiserliche Verordnung.[562]

bb) Der Begriff „Schutzgewalt"

Bei der Auslegung des Begriffes „Schutzgewalt" ergab sich die Frage, ob diese der gesamten Staatsgewalt in den Schutzgebieten entsprach oder nur Teile dieser umfasste. Zwar wurde zunächst teilweise vertreten, dass die Schutzgewalt nicht die volle Staatsgewalt umfasse,[563] doch hatte sich bald weitgehend die Ansicht durchgesetzt, dass die Schutzgewalt mit der vollen Staatsgewalt gleichgesetzt werden könne.[564] Auch bei den Beratungen zum Schutzgebietsgesetz war man davon ausgegangen, dass *„der Begriff der Schutzgewalt (...) sämtliche in den Schutzgebieten bestehenden Hoheitsrechte, einschließlich des Gesetzgebungs-*

---

559 Bornhak, AöR 2 (1887), S. 3–53 (9).

560 Zorn, Staatsrecht I, S. 579; von Poser und Gross-Naedlitz, S. 22, 47; Sassen, ZKolR 8 (1906), S. 594–621 (613); Schwörbel, S. 22; Franz Josef Sassen, Das Gesetzgebungs- und Verordnungsrecht in den deutschen Kolonien, Tübingen 1909, S. 14, 17; Münstermann, S. 17; Philipp Zorn, Das deutsche Reichsstaatsrecht, Band 1: Die deutsche Reichsverfassung, 3. Auflage, Leipzig 1919, S. 104.

561 Dazu jüngst: Grohmann, S. 95–131.

562 So z.B.: Emanuel Backhaus, Das Verordnungsrecht in den deutschen Kolonien, Berlin 1909, S. 6. Ebenso: Sassen, Verordnungsrecht, S. 45: *„Die Rechtsverordnung ist die erste Rechtsquelle für die Kolonien."*

563 Soweit Verträge mit dort ansässigen Häuptlingen geschlossen worden waren, wurde insbesondere für die Kronschutzgebiete – also Schutzgebiete, in denen Verwaltung und Rechtsprechung unmittelbar durch das Reich ausgeübt wurden – zunächst die Einschränkung der Schutzgewalt durch die Gewalt der Häuptlinge diskutiert, vgl.: Schack, S. 254–300. Dies betrifft im Rahmen dieser Arbeit nur Deutsch-Südwestafrika und Kamerun. Für die Gesellschaftsschutzgebiete, also solche, in denen Verwaltung und Rechtsprechung durch Organe einer Gesellschaft ausgeübt wurden, stellte sich die Frage, ob die Staatsgewalt durch die Rechte der Gesellschaft eine Einschränkung erfahren könne, vgl.: Schack, S. 300-326. Dies betrifft hier Deutsch-Ostafrika.

564 So z.B.: von Stengel, AnnDR 1887, S. 805–956 (861); Arndt, S. 763; Schreiber, Die Besiedelung unserer Kolonien und die Wehrverfassung, in: ZKolR 4 (1902/1903), S. 374–378 (377); von Hoffmann, S. 19 ff.; Sassen, ZKolR 8 (1906), S. 594–621 (602–610); Backhaus, S. 8f.; Sassen, Verordnungsrechtrecht, S. 13; Laband, S. 280; Hellmuth Kuhn, Die deutschen Schutzgebiete. Erwerb, Verwaltung und Gerichtsbarkeit, Berlin 1913, S. 63ff.

rechtes, umfasse.“[565] Die Schutzgewalt war ein „*Recht des Reiches*“, jedoch übte der Kaiser dieses dem Reich zustehende Recht kraft Gesetzes, eben nach § 1 SchGG, aus – „*der Kaiser war in den genannten Gebieten nicht Landesherr, sondern die Souveränität stand dem Deutschen Reich zu.*“[566]

b) Ergebnis

Die Diskussion über die Begriffe „Schutzgebiet“ und „Schutzgewalt“ war eines der zentralen Probleme der deutschen Kolonialrechtswissenschaft. Sie konnte bis zum Verlust der Schutzgebiete nicht abgeschlossen werden.[567] Mehrheitlich hatte sich die Meinung herausgebildet, dass es sich bei den Schutzgebieten um Kolonien – und nicht um Protektorate – handelte, die in einem ausschließlich staatsrechtlichen Verhältnis zum Deutschen Reich standen, und in denen das Deutsche Reich die „Schutzgewalt“ ausübte, die durch „*Konsolidation zur Staatsgewalt*“[568] gekennzeichnet war. Am Ende der Kolonialära wurden die Begriffe „Schutzgebiet“ und „Schutzgewalt“ als Anachronismen abgelehnt.[569]

---

[565] Bericht der XIV. Kommission über den derselben zu Vorberatung überwiesenen Entwurf eines Gesetzes, betreffend die Rechtspflege in den deutschen Schutzgebieten vom 16. März 1886, StenBer RT, 06. LP., 02. Sess. 1885/86, Fünfter Anlageband, Aktenstück Nr. 201, S. 985–1001 (991). Vgl. dazu: StenBer RT, 06. LP., 02. Sess. 1885/86, Vierter Anlageband, Aktenstück Nr. 81, S. 441f.

[566] So: H. M. Huber, S. 48f. Ebenso bereits: Meyer, Staatsrechtliche Stellung, S. 124; Backhaus, S. 7.

[567] Während *Grohmann*, S. 92, der Ansicht ist, es habe insgesamt bald Konsens geherrscht, dass es sich um „richtige“, „eigentliche“ Kolonien und keine bloße völkerrechtliche Oberherrschaft handelte, widerspricht *Wagner*, S. 177, dem. Ebenso, wie auch Grohmann ausgeführt hat, bereits: Robert von Friedeburg, Konservativismus und Reichskolonialrecht. Konservatives Weltbild und kolonialer Gedanke in England und Deutschland vom späten 19. Jahrhundert bis zum Ersten Weltkrieg, in: HZ 263 (1996), S. 345–393 (365). Auch für *H. M. Huber*, S. 28, blieben die Begriffe Schutzgebiet und Schutzgewalt „*in der Diskussion der Kolonialrechtswissenschaft (...) letztlich ungeklärt.*“ Letzterer Auffassung wird der Vorzug zu geben sein – vgl. allein die zu diesem Thema erschienenen Dissertationen. Neben den bei Grohmann, S. 92, Fn. 15 genannten Arbeiten wurden nach der Jahrhundertwende veröffentlicht: Kurt Schmidt, Die rechtliche Natur der Schutzgewalt des Deutschen Reichs in den deutschen Schutzgebieten, Rostock 1901; Erich Dietzel, Der Erwerb der Schutzgewalt über die deutschen Schutzgebiete, Riesa 1909; Hans Heinz Schmidt, Erwerb und rechtliche Natur der Schutzgewalt in den deutschen Schutzgebieten, Borna-Leipzig 1911; Erich Jescheck, Die Schutzgewalt in den deutschen Schutzgebieten, Breslau 1911; Hans Radwanski, Die Schutzgewalt in den deutschen Schutzgebieten, Borna-Leipzig 1913; Alfred Olscher, Die rechtliche Natur der Schutzgewalt des Deutschen Reiches in den deutschen Schutzgebieten, Plauen i. V. 1914.

[568] Schack, S. 386.

[569] Schack hierzu: „*Mochte auch (...) der Name ‚Schutzgebiet‘ und ‚Schutzgewalt‘ der Art und Weise der Kolonialpolitik des Reiches im Anfang entsprochen haben, also kolonialpolitisch früher ganz richtig gewesen sein, juristisch (...) war er jedenfalls von Anfang an verkehrt. (...)*

Erst die – wenn auch nicht unumstrittene – Feststellung, dass es sich bei den Schutzgebieten um echte, staatsrechtlich als Inland zu betrachtende Kolonien handelte, in denen dem Deutschen Reich die Schutzgewalt als volle Staatsgewalt zustand, ermöglichte es in letzter Konsequenz, den Geltungsbereich von im Deutschen Reich geltenden Rechtsvorschriften auf die Schutzgebiete auszudehnen bzw. eigens für die Schutzgebiete Rechtsvorschriften zu erlassen und somit ein Militärrecht für die Schutzgebiete zu normieren.

3. Verfassung und Militär

Der Rolle des Militärs als einer der *„tragenden Säulen des Reiches“*[570] entsprechend – *Golo Mann* hat auf *Mirabeau* verwiesen, wonach andere Staaten ihre Armeen besäßen, in Preußen dagegen eine Armee ihren Staat[571] – sind die Grundlagen des Militärrechtes bereits in der Reichsverfassung geregelt: Der IX. Abschnitt betrifft die Marine, der XI. Abschnitt das Reichskriegswesen. Obwohl das Deutsche Reich schon seit geraumer Zeit eine konstitutionelle Monarchie war, waren die Streitkräfte alles andere als ein Parlamentsheer. In diesem Bereich herrschte der Kaiser absolut,[572] *„im Zentrum der Armee stand der Kaiser, er war die Bezugsperson, er steckte den Rahmen ab, legte die Wert- und Orientierungsmuster fest.“*[573] Mit der Entstehung militärischer Machtmittel in den Schutzgebieten drängte sich die Frage auf, wie dieser Grundsatz auf die zu Schutzgebiete zu übertragen war.[574] Abweichend vom Regelfall der kaiserlichen

dass die Bezeichnungen ‚Schutzgewalt' und ‚Schutzgebiet' juristisch nicht zutreffend waren, war (...) in der Literatur fast einmütig anerkannt.“, Schack, S. 215.

570 Nipperdey II, S. 201.

571 Golo Mann, Staat und Heer, in: Golo Mann, Zeiten und Figuren, Schriften aus vier Jahrzehnten, Frankfurt a. M. 1989, S. 81–97 (82).

572 Grundlegend waren für die Marine Artikel 53 Abs. 1, für das Heer Art. 63 Abs. 1. Text im Anhang.

573 Ostertag, S. 221.

574 Die Frage, wie die Schutztruppen zu organisieren seien, blieb lange aktuell. *Helfferich* hat später unter dem Eindruck der großen Aufstände gefragt, ob es, da *„die südwestafrikanische Schutztruppe zur Bekämpfung des Aufstandes einer Verstärkung um ein Vielfaches ihres Bestandes bedurfte, die aus Offizieren und Mannschaften des Reichsheeres entnommen werden musste, (...) sich nicht empfehlen würde, die Schutztruppe dauernd einer der beiden Organisationen der bewaffneten Macht des Reiches, dem Reichsheere oder der Kaiserlichen Marine anzugliedern, oder (...) eine für koloniale Zwecke ausgebildete und jederzeit verwendbare Truppe in der Heimat zu bilden und bereitzuhalten.“*, (Karl) Helfferich, Zur Reform der kolonialen Verwaltungsorganisation, Berlin 1905, S. 40. Auch *von Alvensleben* erschien 1905 *„die jetzige Institution unserer Schutztruppen reformbedürftig“*, insbesondere bedürfe es der *„Verstärkung ihres bisherigen Standes, (...) Verbesserung ihrer Organisation, bei der auch auf eine möglichst sachgemäße Vorbildung des Personals für die besonderen Aufgaben der kolonialen Kriegsführung Bedacht zu nehmen ist.“*, von Alvensleben, Zur Frage der Organisation der Kolonialtruppen, in: ZKolR 7 (1905), S. 928–934 (929). Empfehlenswert sei zudem, einem Vorschlag Wissmanns folgend, die Bildung *„einer Stammtruppe*

Verordnung sollten die Rechtsverhältnisse der Schutztruppen durch ein Gesetz geregelt werden. Ein Kompetenztitel für die Regelung des Militärrechtes in den Schutzgebieten existierte zwar nicht direkt, war aber kraft Sachzusammenhangs gegeben, denn nach Art. 4 Nr. 1 der Reichsverfassung unterlagen Bestimmungen über *„die Kolonisation und die Auswanderung nach außerdeutschen Gebieten"* der Gesetzgebung des Reiches.[575] Die Reichsleitung hatte sich immer dann zur Benutzung des Weges der Reichsgesetzgebung entschlossen, wenn *„in erster Linie die Rechte und Pflichten von Reichsangehörigen"* betroffen waren und *„deren Rechtsstellung (...) mit Wirkung nicht nur für die Schutzgebiete, sondern auch für das heimische Rechtsgebiet geregelt werden sollte."* Da das Militärrecht für die Schutzgebiete Reichsangehörige und deren Rechtsverhältnisse betraf, musste dessen Regelung durch ein formelles Reichsgesetz erfolgen, welches wiederum auch nur durch ein formelles Reichsgesetz abgeändert werden konnte.[576] Ab 1891 entstanden daher insgesamt drei Schutztruppengesetze, die den Status der in den Schutzgebieten stationierten Truppen bestimmten.

II. Das Gesetz, betreffend die Kaiserliche Schutztruppe für Deutsch-Ostafrika vom 22. März 1891

1. Die Beratungen im Bundesrat

Dem Bundesrat wurde am 27. November 1890 der „Entwurf eines Gesetzes, betreffend die Kaiserliche Schutztruppe für Deutsch-Ostafrika, nebst Begründung" übermittelt.[577] Am 04. Dezember 1890 überwies der Bundesrat den Entwurf zunächst an den I., II. und VII. Ausschuss.[578] Nach diversen redaktionellen Änderungen, einer Überarbeitung der §§ 9 und 20 und entsprechender Änderung

---

in der Heimat", um die gründliche Ausbildung des Personals vor Entsendung in die Schutzgebiete zu gewährleisten, a. a. O., S. 931. Vgl. auch die beiden Dissertationen: Wolfgang Krause, Die staatsrechtliche Stellung und die Organisation der Schutztruppen, Greifswald 1914; Ernst Steinadler, Grundzüge der Militärverfassung in den deutschen, französischen und englischen Kolonien, Borna-Leipzig 1914.

[575] Ernst Rudolf Huber, Deutsche Verfassungsgeschichte seit 1789, Band 3: Bismarck und das Reich, 3. Auflage, Stuttgart [u. a.], 1988, S. 910.

[576] Huber IV, S. 629f. So verfuhr man beispielsweise bei dem Gesetz, betreffend die Rechtsverhältnisse der deutschen Schutzgebiete vom 17. April 1886 (RGBl. 1886, S. 75), dem Gesetz über die Einnahmen und Ausgaben der Schutzgebiete vom 30. Mai 1892 (RGBl. 1892, S. 369) und dem Kolonialbeamtengesetz vom 8. Juni 1910 (RGBl. 1910, S. 881). Hierzu *Laband*, S. 293: *„Der Weg der Reichsgesetzgebung ist in allen Angelegenheiten der Kolonien rechtlich zulässig, aber der Kaiser braucht diesen Weg niemals zu beschreiten, soweit seine Anordnungen sich innerhalb des Bereichs der Schutzgewalt halten, d. h. nicht z u g l e i c h in den Bereich der Reichsgesetzgebung eingreifen."*

[577] BR-Drucks., Jahrgang 1890, Band II, Nr. 137.

[578] StenProt BR, Jg. 1890, § 590, 41. Sitzung 04. Dezember 1890, S. 301.

der Begründung des Entwurfes stimmte der Bundesrat am 08. Januar 1891 dem geänderten Entwurf zu.[579]

2. Die Begründung des Regierungsentwurfes

Der geänderte „Entwurf eines Gesetzes, betreffend die Kaiserliche Schutztruppe in Deutsch-Ostafrika"[580] wurde grundlegend damit begründet, dass die durch Reichskommissar Wissmann erfolgte *„Anwerbung einer Truppe ein durch die damalige Lage gebotener Notbehelf"* gewesen sei und *„dass das Vertragsverhältnis, auf dem die Beziehungen zwischen dem Führer und den von ihm Angeworbenen beruhen, nur eine unvollkommene Grundlage für eine militärische Organisation"* biete. Ferner hatte sich aus Sicht der Regierung *„das dringende Bedürfnis fühlbar gemacht, die Verwaltung der Truppe durch vorgebildete Beamte mit selbstständiger Verantwortlichkeit führen zu lassen."* So sei *„die Umwandlung der Truppe des Reichskommissars in eine Kaiserliche zur Notwendigkeit geworden."* Erforderlich sei eine Organisation, die *„sich dem möglichen Wechsel in den Verhältnissen leicht anpasst."*[581] Auch sei es unumgänglich, *„im Interesse der Stärkung des moralischen Elements in der Schutztruppe (...) die deutschen Angehörigen derselben auf die gleiche Stufe mit den Angehörigen der militärischen Macht des Reichs zu stellen"* und hierzu *„die Schutztruppe mit ihren deutschen Angehörigen mit der militärischen Macht des Reichs in organische Verbindung zu bringen."*[582] Die ostafrikanische Schutztruppe sollte, wie in der Begründung zu § 2 des Entwurfes ausdrücklich betont wurde, aus deutschen Militärpersonen gebildet werden, die während des Dienstes in der Schutztruppe weiterhin den die Rechtsverhältnisse der Militärpersonen betreffenden gesetzlichen Vorschriften unterlagen. Daher hieß es in der Entwurfsbegründung weiter: *„Wo mit Rücksicht auf die Unfertigkeit der Verhältnisse in Ostafrika eine ins Einzelne gehende Vorsorge im Wege des Gesetzes untunlich ist, überlässt der Entwurf die näheren Festsetzungen Kaiserlicher Verordnung."* Durch eine derartige Verordnungsermächtigung wäre eine schnelle und einfache Regelung der Rechtsverhältnisse der Schutztruppenangehörigen ermöglicht worden, gleichzeitig hätte diese aber eine erhebliche Einschränkung der Mitwirkungsmöglichkeiten des Reichstags bedeutet. Den Verzicht auf die Regelung der Rechtsverhältnisse der farbigen Schutztruppenangehörigen, deren Anwerbung der Gesetzentwurf ebenfalls in § 2 vorsah, begründete die Regierung damit, dass diese *„schon nach der gegenwärtigen Lage der Gesetzgebung in den Bereich des Verordnungsrechtes des Kaisers, als des Trägers der Schutzgewalt in den*

---

579 StenProt BR, Jg. 1891, § 14, 01. Sitzung 08. Januar 1891, S. 4f.

580 BArch, R 1001/7231, S. 99–105; auch in: StenBer RT, 08. LP., 01. Sess. 1890/91, Dritter Anlageband, Aktenstück Nr. 220, S. 1760-1765.

581 StenBer RT, 08. LP., 01. Sess. 1890/91, Dritter Anlageband, Aktenstück Nr. 220, S. 1762.

582 a. a. O.

Schutzgebieten" fallen würde. Zur Herstellung der gewünschten „organischen Verbindung" zwischen Schutztruppe und Reichskriegsmacht wies die Regierung in ihrer Begründung zu § 3 des Entwurfes darauf hin, dass *„die Schutztruppe (...) in Bezug auf militärische Organisation und Disziplin einer heimischen militärischen Verwaltung unterstellt werden*" müsse und, da der Entwurf hierfür die Verwaltung der Kaiserlichen Marine vorsah, *„die der Schutztruppe zuzuteilenden Militärpersonen und Beamten des Heeres aus ihrem Kontingent ausscheiden und in der Kaiserlichen Marine angestellt werden*" müssten.[583] Bis in die Einzelheiten erfolgte die Begründung der §§ 5 bis 17 des Entwurfes, die die Versorgung der Schutztruppenangehörigen betrafen. Insbesondere die Bildung der Bemessungsgrundlagen für die Pensionen und die Auswirkungen der besonderen klimatischen Einflüsse wurden ausführlich erläutert.[584] Von besonderer Wichtigkeit – und entsprechend umfangreich – war auch die Regelung der Übernahme der Angehörigen der bisherigen Wissmann-Truppe in die Schutztruppe, deren weitere Dienste ausdrücklich erwünscht waren, und denen § 19 des Gesetzentwurfes die Anrechenbarkeit ihrer Dienstzeit gewährte. Begründet wurde dies damit, dass *„dieser Dienst dem Reichskommissar in der Erfüllung der ihm durch das Gesetz vom 2. Februar 1889 übertragenen Aufgaben, also für Reichszwecke geleistet worden ist.*"[585]

3. Die Beratungen im Reichstag

Der Reichstag erhielt den Entwurf am 09. Januar 1891. Der Regierungsentwurf war Gegenstand von drei Beratungen,[586] die selbstverständlich genutzt wurden, um eingehend das Für und Wider der Kolonialpolitik zu diskutieren. Erstaunlich ist hierbei, dass die Ausführungen der Redner über weite Strecken den eigentlichen Gegenstand der Debatte – den Regierungsentwurf des ersten Schutztruppengesetzes – gar nicht zum Inhalt hatten.

a) Erste Beratung am 04., 05. und 06. Februar 1891

Die erste Beratung über den Entwurf wurde mit der Diskussion über den Etat des Auswärtigen Amtes für das Etatsjahr 1891/92 verknüpft, der den Antrag der Kommission für den Reichshaushalts-Etat enthielt, *„für Maßregeln zur Unter-*

---

[583] a. a. O., S. 1763.
[584] a. a. O., S. 1763–1765.
[585] a. a. O., S. 1765.
[586] Erste Beratung: StenBer RT, 08. LP., 01. Sess. 1890/91, 57. Sitzung 04. Februar 1891, S. 1313–1320; 58. Sitzung 05. Februar 1891, S. 1322–1345, 59. Sitzung 06. Februar 1891, S. 1347–1364. Zweite Beratung: StenBer RT, 08. LP., 01. Sess. 1890/91, 85. Sitzung 10. März 1891, S. 1970–1972. Dritte Beratung: StenBer RT, 08. LP., 01. Sess. 1890/91, 91. Sitzung 17. März 1891, S. 2123–2124.

drückung des Sklavenhandels" in Deutsch-Ostafrika 2,5 Millionen Mark zu bewilligen,[587] so für die in eine Kaiserliche Truppe umzuwandelnde Schutztruppe, die aus 1.500 farbigen Soldaten in zehn Kompanien und dem zugehörigen Stab[588] bestehen sollte, und für die Kolonialflottille.[589]
Eröffnungsredner der Debatte war der Linksliberale *Ludwig Bamberger*, der sich sofort grundsätzlich gegen die Fortführung der Kolonialpolitik wandte und den Gesetzentwurf somit ablehnte.[590] Er stellte fest, dass sich der Status des ostafrikanischen Schutzgebietes verändert hatte und nicht mehr der ursprünglich beabsichtigten rechtlichen Konstruktion entsprach[591] und die neue Entwicklung aus seiner Sicht nicht wünschenswert sei.[592]
Ferner war er – zutreffend – hinsichtlich der zukünftigen wirtschaftlichen Entwicklungsmöglichkeiten der Schutzgebiete äußerst pessimistisch.[593] Bamberger zweifelte daran, die Kosten für den Unterhalt der mittlerweile 1.700 Mann umfassenden ostafrikanischen Truppe durch „*Zölle und vielleicht sonstige Abgaben, die man erheben wird*",[594] decken zu können.
Der Nationalliberale *Oechelhäuser*[595] betrachtete die Angelegenheit aus dem Blickwinkel des Industriellen und widersprach Bamberger. Nach umfangreichreichen Ausführungen über Art und Ausmaß des hanseatischen Handels mit Afrika stellte er fest, dass nach Kamerun nun auch Deutsch-Ostafrika ein neuer rechtlicher Status zugesprochen werden und jetzt dem Kaufmann der Schutz des Reiches folgen müsse.[596] Er widersprach der Ansicht, der Militäreinsatz in

587 StenBer RT, 08. LP., 01. Sess. 1890/91, Dritter Anlageband, Aktenstück Nr. 198, S. 1623. Ursprünglich waren 3,5 Millionen Mark gefordert worden.
588 Kommandeur, stellvertretender Kommandeur und Adjutanten.
589 Rede des Berichterstatters von Arenberg, StenBer RT, 08. LP., 01. Sess. 1890/91, 57. Sitzung 04. Februar 1891, S. 1313.
590 Seine Partei habe sich bislang nur bereit erklärt, für Ostafrika „*gewisse Summen zu bewilligen, (...), wenn (...) uns ein Weg gewiesen werde, aus diesen Kolonien wieder herauszukommen.*", a. a. O., S. 1314.
591 In Ostafrika sei eine „*Kronkolonie (...) geschaffen*" worden und dadurch sei „*der Boden, auf dem ursprünglich das ganze koloniale Wesen nach einer ausdrücklichen Vereinbarung zwischen der früheren Reichsregierung und dem Parlament zustande gekommen ist, (...) verlassen.*", a. a. O., S. 1315.
592 Er war der Ansicht, „*es wäre auch leicht möglich gewesen, diese neue Organisation zu vermeiden*"; die Schaffung eines ostafrikanischen Deutschen Reichs sei „*nicht im Interesse der Existenz des Deutschen Reichs und seiner Steuerzahler*" und könne zu „*fatalen Konsequenzen*" führen., a. a. O., S. 1317.
593 „*Ein glänzender Erfolg (stehe) nicht zu erwarten.*", a. a. O., S. 1318.
594 a. a. O., S. 1317.
595 Dr. phil. Wilhelm von Oechelhäuser (1820–1902); Generaldirektor der Deutschen Continental-Gas-Gesellschaft (Conti), MdPrAH 1852–1853; MdR (NL) 1878–1893. Hierzu: Wolfgang von Geldern, Wilhelm Oechelhäuser als Unternehmer, Wirtschaftspolitiker und Sozialpolitiker, München 1971.
596 Ostafrika habe sich „*aus einem Schutzgebiet in eine Kronkolonie verwandelt.*", StenBer RT, 08. LP., 01. Sess. 1890/91, 58. Sitzung 05. Februar 1891, S. 1324.

Deutsch-Ostafrika diene privaten Wirtschaftsinteressen.[597] Die Meinung Bambergers, das Schutzgebiet werde niemals die Ausgaben für die Schutztruppe aus eigenen Mitteln bestreiten können, teilte Oechelhäuser nicht.[598] Mit dem Gesetzentwurf zeigte er sich *„vollkommen einverstanden"*, auch wenn er einräumte, dass die Schutztruppe zum derzeitigen Zeitpunkt möglicherweise überdimensioniert sei.[599]

Der Konservative *von Mirbach*,[600] dessen Rede folgte, befürwortete den Gesetzentwurf, da die Errichtung einer *„Reichsschutztruppe"* zwingend notwendig sei.[601]

Reichskanzler *von Caprivi* warb im Namen der Regierung nochmals um Unterstützung der Vorlage. Zunächst wies er darauf hin, dass der Kaiser im Immediatvortrag vom 02. Mai 1890 entschieden hatte, die Organisationsform der Schutztruppe zu verändern[602] und ferner das Reichsjustizamt in einem Gutachten zu dem Ergebnis gekommen war, dass das Reich die Kosten des militärischen Eingreifens in Ostafrika zu tragen hatte.[603] Er legte die Notwendigkeit einer Ausweitung des Militäreinsatzes in Ostafrika dar.[604] Für Caprivi ergab sich daneben die Schlussfolgerung, dass es nunmehr an der Zeit sei, die privatrechtliche Organisationsform aufzugeben und der Schutztruppe durch das zur Beratung stehenden Gesetz die vom Kaiser gewünschte staatliche Form zu geben.[605]

---

[597] Dieser sei *„nicht aus wirtschaftlichen Motiven unternommen worden (...), sondern (...) als besonders humanitäre und zivilisatorische Maßregel zur Unterdrückung des Sklavenhandels"* und habe *„zu einer dauernden Okkupation des Küstenstriches geführt, welchen wir schon aus diesen Gründen nicht wieder aufgegeben würden."*, a. a. O.

[598] Er äußerte, dass, *„wenn es zu einem regelmäßig geordneten Steuersystem kommt, (...), dass es mit der Verringerung der Ausgaben für die Schutztruppe, die nach meiner Überzeugung möglich ist, (...) künftig möglich sein wird, mit der Zeit die ganzen Verwaltungskosten von Ostafrika, einschließlich des militärischen Schutzes (...) vollständig aufzubringen."*, a. a. O.

[599] Es sei möglich, dass *„die Vorsicht es erheischt hat, vielleicht über den Bedarf an Mannschaften hinauszugehen, der meines Erachtens später nur noch erforderlich sein wird."*, a. a. O., S. 1325.

[600] Julius Freiherr von Mirbach (1839–1921), Rittergutsbesitzer; MdR (K) 1878–1881 und 1886–1898.

[601] Diese sei *„das wirksamste Mittel einer Pazifizierung jener Landstriche"* – der Reichstag werde *„konsequenterweise nicht umhin können, die entsprechenden Mittel zu bewilligen."*, a. a. O., S. 1329.

[602] Wilhelm II. hatte angeordnet, *„dass die Umwandlung der Truppe des Reichskommissars Wissmann in eine Kaiserlich deutsche Truppe zu bewirken sei."*, a. a. O.

[603] Das Reichsjustizamt hatte nach Aussage von Caprivis *„eine Regresspflicht des Sultans und der Ostafrikanischen Gesellschaft (...) verneint."*, a. a. O., S. 1333.

[604] Die Ausgangslage für das zukünftige militärische Engagement in Deutsch-Ostafrika sah von Caprivi so: *„Wir können (...) von einer stärkeren Mitwirkung der Regierung zur Zeit gar nicht absehen, weil das Land faktisch noch nicht pazifiziert ist. (...) Eine Gesellschaft, wie die deutsch-ostafrikanische, ist überhaupt nicht in der Lage, Krieg zu führen; das kann nur das Reich. (...) Also auf Jahre wäre die Reichsregierung ohnehin engagiert."*, a. a. O.

[605] Caprivi zufolge bestand das Problem, *„dass die Truppe in ihrem Bestande nicht verringert werden kann, dass sie aber auch in der bisherigen Weise nicht weiter bestehen kann"*, denn

Im Gegensatz dazu lehnte der linksliberale Abgeordnete *Eugen Richter* den Gesetzentwurf sowie die Bewilligung des Zuschusses ab und wandte sich gegen die Finanzierung einer staatlichen Schutztruppe durch das Deutsche Reich, da die Truppe ausschließlich für den Schutz privater Wirtschaftsinteressen benötigt werde, der nicht Aufgabe des Reichs sein könne.[606] Zur Begründung verwies Richter ferner auf die politische Lage in Europa, insbesondere die Bedrohung durch die Nachbarn Russland und Frankreich.[607]
Auch der sozialdemokratische Abgeordnete *von Vollmar* lehnte die Vorlage ab und äußerte gravierende Bedenken.[608] Angesichts der Tatsache, dass Deutsch-Ostafrika nun einmal unter Reichsverwaltung stand, beugte sich von Vollmar der Realität und sprach sich dafür aus, zumindest eine Neuausrichtung der Kolonialpolitik im Sinne einer Abwendung von dem in den Schutzgebieten aufkommenden Militarismus vorzunehmen.[609]
Im Detail rügte er am Regierungsentwurf selbst, dass dieser zwar eine Verringerung der Schutztruppe vorsah, hierfür jedoch keinen Zeitpunkt vorgab.[610] Er erkannte, dass ihr neben den militärischen Aufgaben auch *„politische"* zukamen – wie *„Verwaltungsfunktionen und auch gewisse richterliche Befugnisse"* – und regte daher an, in der Schutztruppe nicht nur Offiziere, sondern auch *„Nichtmilitärs"* zu verwenden, so wie es bereits in der Wissmann-Truppe geschehen war. Gegen die ausschließliche Verwendung von Offizieren sprach aus Sicht von Vollmars auch die Tatsache, dass diese zwar neben militärischen auch bürgerliche Befugnisse ausüben würden, aber ausschließlich der Militärgerichtsbarkeit

---

„das kontraktliche Verhältnis, durch das die Offiziere an den Major von Wissmann gebunden sind, ist doch nur ein lockeres und kann den Geist nicht erzeugen, den eine Truppe, die zu so schweren Aufgaben wie die Truppe in Ostafrika berufen ist, unbedingt braucht." Die hierfür erforderliche *„höhere Spitze"* mache es *„unbedingt notwendig, aus der Wissmannschen Truppe eine Reichstruppe zu machen."*, a. a. O., S. 1334.

606 Richter fragte: *„Warum all diese Aufwendungen des Reichs? Warum eine Schutztruppe? (...) Nur, um die Vorbedingungen zu schaffen, dass diese Gesellschaft wirtschaftliche Erfolge erzielt!"*, a. a. O., S. 1337.

607 Diese lasse keinen Raum für *„irgendwelche kolonialpolitischen Experimente."* Er äußerte die *„Überzeugung, dass wir alle nationalen Kräfte in Deutschland selbst einzusetzen haben, um in Europa selbst Herr der Schwierigkeiten zu bleiben, die schon die europäischen Verhältnisse für uns herbeiführen."*, a. a. O., S. 1340.

608 Er stellte *„grundsätzliche Gegnerschaft der Sozialdemokratie gegen die Kolonialpolitik"* dar, wandte sich gegen eine *„amtliche, aus Mitteln und unter Verantwortung des Reichs betriebene Kolonialpolitik"* und vertrat die Auffassung, dass *„es im Interesse der Entwicklung unseres Volkes und Reichs dringend notwendig (ist), nichts von unseren materiellen und geistigen Kräften zu verschleudern, sondern sie zu konzentrieren und für unsere Bedürfnisse verfügbar zu halten."*, StenBer RT, 08. LP., 01. Sess. 1890/91, 58. Sitzung 05. Februar 1891, S. 1340.

609 Er forderte *„von der neuen Zivilverwaltung in Ostafrika (...) eine zunehmende Betonung der friedlichen, zivilisatorischen Tätigkeit und ein allmähliches Zurücktreten der militärischen Aktion."*, a. a. O., S. 1341.

610 Es sei die *„Pflicht des Reichstags, darauf zu dringen, dass, sobald irgend tunlich, eine Veränderung der Truppe und damit der auf sie verwandten Kosten eintritt."*, a. a. O., S. 1342.

unterlagen. Hier erkannte er den *„Keim eines künftigen Zwiespaltes zwischen Militär- und Zivilverwaltung."* Das Verhältnis von Militär- und Zivilverwaltung entwickelte sich in den Schutzgebieten tatsächlich in den Folgejahren zu einem Problem größten Ausmaßes. Von Vollmar sah die Lösung in einer strikten Trennung militärischer und ziviler Aufgaben.[611]
Windthorst folgte der im Dezember 1888 erstmals vertretenen Linie und stimmte im Namen des Zentrums der Forderung der Regierung zu, wenn auch ungern. Er war jedoch bestrebt, *„die ganze Kolonialpolitik nach Kräften einzuschränken"*, da er daran zweifelte, dass Deutschland gleichzeitig ein europäisches Heer und eine Flotte zur Verteidigung der Kolonien unterhalten könne.[612]
Für die Bewilligung der Vorlage sprach sich der Konservative *von Helldorf* aus. Er deutete jedoch an, dass der Umfang der Kolonialpolitik zu überdenken sei.[613]
Der Nationalliberale *von Cuny*[614] widersprach zunächst der Ansicht, der Schutz des Reiches in Ostafrika diene nur der DOAG.[615] Er hielt die Schutztruppe auch als Mittel zur Unterdrückung des Sklavenhandels für notwendig.[616] Abschließend äußerte er seine Zustimmung zum Gesetzentwurf und auch zur Kolonialpolitik.[617]
Der Freisinnige *Barth*[618] wandte sich generell gegen eine Fortsetzung der Kolonialpolitik[619] und kündigte an, dass seine Fraktion die geforderte Summe nicht bewilligen werde.[620]

---

611 Er war der Ansicht, *„dass für die Schutztruppe Militärs nicht zu entbehren sind; aber ihr Einfluss in der Verwaltung der Kolonie muss auf das geringstmögliche Maß beschränkt und ihre Stellung fortschreitend zu einer rein militärischen gemacht werden."*, a. a. O.
612 StenBer RT, 08. LP., 01. Sess. 1890/91, 59. Sitzung 06. Februar 1891, S. 1347.
613 Die *„Zeit ruhiger, stiller Arbeit auf dem gewonnenen, richtig beschränkten Boden"* habe begonnen, a. a. O., S. 1351.
614 Dr. iur. Ludwig von Cuny (1833–1898), Geheimer Justizrat, MdPrAH 1873; MdR (NL) 1874–1881, 1884–1898, nach: Schwarz, S. 291.
615 Dieser werde stattdessen *„nicht bloß dieser einen Gesellschaft, sondern jedem Deutschen und Nichtdeutschen, der dort seine wirtschaftlichen und geistigen Kräfte zu verwerten gesonnen ist"*, gewährt, StenBer RT, 08. LP., 01. Sess. 1890/91, 59. Sitzung 06. Februar 1891, S. 1354.
616 Nur die *„Organisierung der Schutztruppe, die Errichtung von Stationen"* ermögliche *„die Unterdrückung des Sklavenhandels"*, a. a. O.
617 Er merkte an, dass *„keine andere große Nation ihre Kolonien freiwillig aufgegeben"* habe, a. a. O.
618 Dr. iur. Theodor Barth (1849–1909), Schriftsteller; MdPrAH 1898–1903; MdR (LV/DFrP/FrVg) 1881–1884, 1885–1898, 1901–1903; seit 1884 Mitglied der Deutschen Freisinnigen Partei und nach Spaltung der Partei ab 1893 Mitglied der Freisinnigen Vereinigung; gründete 1908 die Demokratische Vereinigung; vgl.: Konstanze Wegner, Theodor Barth und die Freisinnige Vereinigung. Studien zur Geschichte des Linksliberalismus im wilhelminischen Deutschland, Tübingen 1968.
619 Er hielt die *„befolgte Kolonialpolitik für das Deutsche Reich für unzweckmäßig, unwirtschaftlich und ungerechtfertigt"*, StenBer RT, 08. LP., 01. Sess. 1890/91, 59. Sitzung 06. Februar 1891, S. 1356.
620 Die Begründung ähnelte der Richters: *„...weil wir die dauernde Einmischung des Deutschen Reiches in Ostafrika grundsätzlich nicht wünschen."*, a. a. O.

Für die Deutsche Reichspartei empfahl *von Keudell*[621] die Annahme des Gesetzes.[622] Ausdrücklich widersprach er der vorherigen Überweisung in eine Kommission, *„da zu besonderen Bedenken in irgendwelchen einzelnen Paragraphen sich kein Anlass finden wird.“*[623]
Der Konservative *von Arnim*[624] riet zur unverzüglichen Ausweitung der Militärpräsenz in Ostafrika.[625] Er schlug zusätzlich die Ausführung eines Planes von Emin Pascha zur Errichtung einer Zivilverwaltung vor.[626]
Der mit der Gesetzesvorlage verbundene Antrag der Kommission, statt der ursprünglich vorgeschlagenen 3,5 nur 2,5 Millionen Mark für Maßregeln zur Unterdrückung des Sklavenhandels und zum Schutze der deutschen Interessen in Ostafrika zu bewilligen, fand schon am Ende der ersten Beratung die Zustimmung des Reichstages.[627]

b) Zweite Beratung am 10. März 1891

Die zweite Lesung des Gesetzentwurfes diente der Klärung von Detailfragen. *Bamberger*, wiederum erster Redner im Plenum, der bereits in der vorherigen Sitzung gegen die Bewilligung von Mitteln für Ostafrika gestimmt hatte, wandte sich nochmals energisch gegen weitere Militärausgaben für Ostafrika und kündigte erneut an, gegen die Gesetzesvorlage stimmen zu wollen.[628] *Von Arnim* gab zu § 19 zu bedenken, ob nicht den Mitgliedern der Wissmann-Truppe, die bereits vor dem Eintritt in die Truppe in Ostafrika tätig gewesen sind *„unter*

[621] Robert von Keudell (1824–1903), Botschafter in Rom, MdR (DRP) 1871–1872, 1890–1893, nach: Schwarz, S. 367.
[622] Dieses gewähre den Schutztruppenangehörigen diejenigen Vorteile, *„welche den Personen derselben Kategorien im Reichsdienst in überseeischen Ländern grundsätzlich zugesichert werden.“*, StenBer RT, 08. LP., 01. Sess. 1890/91, 59. Sitzung 06. Februar 1891, S. 1361.
[623] a. a. O.
[624] Hermann Traugott Graf von Arnim-Muskau (1839–1919), Legationsrat a. D., MdR (K) 1887–1907; nach: Schwarz, S. 256.
[625] Sich auf die einige Monate zuvor erfolgte Niederschlagung des ostafrikanischen Aufstandes beziehend, rief er in Erinnerung, *„dass wir augenblicklich noch das Prestige unserer großen Siege für uns haben, während später wieder Zweifel an unserer Macht entstehen könnten“* und riet zur *„Errichtung von Stationen bis in das Seegebiet“*, um *„das Land zu erschließen und den Karawanenhandel uns zu sichern“*, StenBer RT, 08. LP., 01. Sess. 1890/91, 59. Sitzung 06. Februar 1891, S. 1362.
[626] Er forderte, *„das Hinterland in verschiedene Verwaltungssphären zu teilen“*, der *„Leitung eines Generalgouverneurs“* zu unterstellen und so die *„sehr bedeutenden Kräfte, die wir in Ostafrika besitzen – ich nenne nur Wissmann, Gravenreuth, Peters, Emin, Schmidt–, in der entsprechenden Weise zu verwenden.“*, a. a. O.
[627] a. a. O., S. 1363.
[628] Ein *„System von Garnisonen und Festungen (...) welches mit diesen Schutztruppen eingeführt wird“* lehnte er ab, StenBer RT, 08. LP., 01. Sess. 1890/91, 85. Sitzung 10. März 1891, S. 1971.

Anrechnung jener Zeit, die Vorteile der Vorlage durch den Reichskanzler zugestanden werden könnten",[629] erreichte aber keine Veränderung des Gesetzestextes.

c) Dritte Beratung am 17. März 1891

Die dritte Beratung des Gesetzes am 17. März 1891 blieb reine Formalität. *Von Mirbach*, der einzige Redner, äußerte die Ansicht, dass *„der Inhalt dieses Gesetzes für die Pazifizierung von Ostafrika und für die Möglichkeit der Durchführung der wirtschaftlichen Aufgaben daselbst"* entscheidend sei.[630] Bemerkenswert hierbei ist, dass von Mirbach in ungewohnter Deutlichkeit nicht die Christianisierung des Gebietes oder die Bekämpfung der Sklaverei als Ziele des Gesetzes hervorhob – obwohl letzteres im § 1 des Regierungsentwurfes ausdrücklich als besonderes Ziel genannt wurde. Vielmehr stellte er heraus, dass die Beendigung der bestehenden und die Verhinderung neuer Aufstände oberstes Ziel sein müsse – eben um die wirtschaftliche Tätigkeit deutscher Unternehmen zu ermöglichen.
Anschließend wurde das Gesetz ohne weitere Diskussion in der Spezialdebatte von der Mehrheit der Reichstagsabgeordneten in der Gesamtabstimmung gebilligt.[631] Der Bundesrat wurde über die Annahme unterrichtet.[632] Kaiser Wilhelm II. und Reichskanzler von Caprivi unterzeichneten das Gesetz am 22. März 1891.

4. Ergebnis

Seit der Entsendung von Truppen nach Deutsch-Ostafrika waren zum Zeitpunkt der geschilderten Reichstagsdebatten knapp zwei Jahre vergangen. In dieser frühen Phase der Entstehung des Militärrechts für die Schutzgebiete zeigte sich in der Diskussion, dass die Tatsache des Kolonialbesitzes noch nicht von allen Parteien akzeptiert wurde, und immer noch über das „Ob" und nicht das „Wie" der Kolonialpolitik debattiert wurde.
Insbesondere die Linksliberalen lehnten erneut eine staatliche Kolonialpolitik und die Bewilligung der für eine solche erforderlichen weiteren Mittel ab. Die Ablehnung erfolgte einerseits gestützt auf das Argument der durch die dauerhafte Stationierung einer umfangreichen Schutztruppe entstehenden hohen Ausgaben, die letztlich nicht dem Interesse des Deutschen Reichs, sondern den Inte-

---

629 a. a. O.
630 StenBer RT, 08. LP., 01. Sess. 1890/91, 91. Sitzung 17. März 1891, S. 2123.
631 a. a. O., S. 2123f.
632 StenProt BR, Jg. 1891, 11. Sitzung 19. März 1891, § 148, S. 71.

ressen der in Afrika tätigen Unternehmen dienen würden, andererseits auch mit dem Hinweis auf die außenpolitische Lage, die eine Konzentration auf die Probleme in Europa nötig mache.
Ebenso stieß die Vorlage bei den Sozialdemokraten auf Ablehnung, die sich zu dieser Zeit grundsätzlich gegen Kolonien wandten, insbesondere aber eine möglichst schnelle Verkleinerung der Schutztruppe und Festlegung eines entsprechende Zeitplanes sowie die Beschränkung der Schutztruppe auf rein militärische Aufgaben und den Aufbau einer Zivilverwaltung forderten.
Innerhalb des Lagers der Befürworter des Gesetzentwurfes wurden deutliche Abstufungen in der Begründung sichtbar. Während sich bei der Deutschen Reichspartei nahezu bedingungslose Zustimmung findet, stimmten die Nationalliberalen für die Vorlage, da sie zu der Überzeugung gelangt waren, dass nur so der Schutz der wirtschaftlichen Unternehmungen in den Schutzgebieten möglich war. Insbesondere das Zentrum berief sich darauf, im Interesse des Christentums und der Zivilisation zu handeln bzw. aus humanitären Gründen den Sklavenhandel unterdrücken zu wollen, während andere offen wirtschaftliche Motive in den Vordergrund stellten. Alle „übersahen" geflissentlich, dass das Eindringen der deutschen Unternehmen und deren Verhalten Hauptursache für das Ausbrechen der Aufstände war, und erst dieses Eindringen dazu führte, dass Ostafrika nun „pazifiziert" werden musste.

5. Inhalt des Gesetzes

Mit dem Gesetz wurde, mit dem Kaiser als oberstem Kriegsherrn,[633] offiziell eine Reichstruppe für Ostafrika aufgestellt, die *„zur Aufrechterhaltung der öffentlichen Ordnung und Sicherheit in Deutsch-Ostafrika, insbesondere zur Bekämpfung des Sklavenhandels"* Verwendung finden sollte, § 1. Die Mannschaften bestanden aus angeworbenen Farbigen, die Offiziere und Unteroffiziere hingegen wurden dem Reichsheer und der Kaiserlichen Marine entnommen und der Schutztruppe aufgrund freiwilliger Meldung zugeteilt, § 2. Die in der Schutztruppe dienenden deutschen Militärpersonen und Beamten schieden aus dem Heer bzw. dem Etat der Kaiserlichen Marine aus – letztere galten als außer diesem Etat stehende, zeitweise abgeordnete Angehörige der Kaiserlichen Marine, während die Beamten der Schutztruppe den Status von Militärbeamten erhielten, § 3. Hintergrund dieser Regelung war, dass die Schutzgebietsetats gesondert bewilligt wurden.
Der umfangreichste Teil des Gesetzes, §§ 5 bis 17, regelte die Versorgung der Schutztruppensoldaten und ihrer Angehörigen. Diese orientierte sich an den Bestimmungen, die für die aus dem Marine-Etat besoldeten Militärpersonen

---

[633] Die Regelung war dem Artikel 3 Abs. 1 der Reichsverfassung angeglichen, der bestimmte, dass *„das Heer in Krieg und Frieden unter dem Befehle des Kaisers steht."*

galten, § 5. Jedoch erforderten die klimatischen Bedingungen Ostafrikas[634] eine verbesserte Versorgung. So sollte auch eine als Folge der Klimaeinflüsse während des Dienstes in der Schutztruppe auftretende bleibende Störung der Gesundheit als Dienstbeschädigung gelten, § 6.[635] Es erfolgte bei der Bemessung der Höhe der Pension eine deutliche Besserstellung, §§ 7 bis 11. Insbesondere sollte schon nach einer ununterbrochenen Dienstzeit von zwölf vollen Jahren in der Schutztruppe unabhängig von einer eingetretenen Dienstunfähigkeit ein Pensionsanspruch bestehen, § 10, und die Zeit der Verwendung in Afrika bei der Pensionierung doppelt in Anrechnung gebracht werden, wenn sie mindestens sechs Monate ohne Unterbrechung angedauert hatte, § 11.
Besondere Bedeutung kam den abschließenden Übergangsbestimmungen zu, die die Übernahme der Angehörigen der Wissmann-Truppe in die neue Schutztruppe ermöglichten, § 18, und den dort abgeleisteten Dienst dem Dienst in der Schutztruppe gleichstellten, § 19.

6. Die praktische Umsetzung

Zur praktischen Umsetzung des Schutztruppengesetzes wurden unverzüglich durch Allerhöchste Order Organisatorische Bestimmungen erlassen, durch die der Reichskanzler die Ermächtigung erhielt, wegen ihrer Ausführung das Weitere zu veranlassen sowie Erläuterungen, Ergänzung und Abänderungen dazu vorzunehmen, sofern diese nicht prinzipieller Natur waren.[636] In die ostafrikanische Schutztruppe waren aus der Wissmanntruppe neben allen afrikanischen Soldaten und fast allen Unteroffizieren auch 26 Offiziere und fünf Ärzte übergetreten.[637] Sie unterstand danach *„in Bezug auf militärische Organisation und Disziplin dem Reichskanzler (Reichs-Marine-Amt)"* und im Gegensatz dazu *„betreffs der Verwaltung (...) und Verwendung – sowohl zu militärischen Unternehmungen als auch zu Zwecken der Zivilverwaltung dem Gouverneur von Deutsch-Ost-Afrika und weiterhin dem Reichskanzler (Auswärtiges Amt, Kolonialabteilung)."* Weisungen für die Schutztruppe hatte der Gouverneur an deren Kommandeur zu erlassen. Der Gouverneur hatte ferner die Möglichkeit, die mit der Wahrnehmung der Geschäfte in den örtlichen Behörden beauftragten Offiziere der Schutztruppe für ihren Bezirk zu Bezirkshauptleuten zu ernennen.

---

634 Vgl. Teil 1, Kap. A. I.

635 Für die Prüfung der Invaliden-Ansprüche galt bislang das im Kommandantur-Befehl vom 10. September 1890 festgelegte Verfahren, BArch, R 1001/747, S. 115f.; auch in: DKBl. 1891, S. 30–32.

636 Organisatorische Bestimmungen für die Kaiserliche Schutztruppe für Deutsch-Ostafrika vom 09. April 1891, DKBl. 1891, S. 167–178. Vgl. die Änderungen vom 31. Oktober 1891 (DKBl. 1891, 477), 10. Januar 1892 (DKBl. 1892, S. 39f.), 15. Juni 1892 (DKBl. 1892, S. 344), 05. Mai 1893 (DKBl. 1893, S. 241), 18. Dezember 1893 (DKBl. 1894, S. 1), 03. Mai 1894 (DKBl. 1894, S. 266 und (ohne Datum) 1894 (DKBl. 1894, S. 400).

637 Nigmann, S. 22.

Diese unterstanden dann als solche dem Gouverneur, in militärischer Hinsicht dagegen weiterhin dem Kommandeur der Schutztruppe, auch wenn Berichte in militärischen Angelegenheiten über den Gouverneur an den Schutztruppenkommandeur zu senden waren.

Für die Verwaltung, *„zur Erledigung der die ökonomischen Angelegenheiten der Schutztruppe betreffenden örtlichen Geschäfte"* wurde eine Intendantur eingerichtet. Ausdrücklich geregelt wurde in Abschnitt VIII der Verordnung das Verfahren zur Anwerbung afrikanischer Schutztruppensoldaten. Diese hatte durch Werbungen in Ostafrika zu erfolgen, Werbungen in anderen Ländern bedurften der Genehmigung durch den Reichskanzler (Auswärtiges Amt, Kolonialabteilung). Durch die entsprechenden Werbekontrakte mit dem Stab der Schutztruppe, deren Grundsätze vom Gouverneur zu genehmigen waren, wurden die Dienstverhältnisse der afrikanischen Schutztruppenangehörigen geregelt. Höchste Instanz für diese war der Kommandeur der Schutztruppe, der nur für *„Maßnahmen von weitgehender politischer Bedeutung oder von besonderem öffentlichen Interesse"* die Genehmigung des Gouverneurs einholen musste.

Es folgte am 03. Juni 1891 die Regelung des strafgerichtlichen Verfahrens,[638] welche festlegte, dass in Deutsch-Ostafrika die preußische Militärstrafgerichtsordnung vom 03. April 1845 anzuwenden war, sofern nicht ausdrücklich Abweichungen bestimmt waren.[639]

Vom 16. Juni 1891 stammt die Allerhöchste Order, betreffend die Ehrengerichte der deutschen Offiziere.[640]

Die ostafrikanische Schutztruppe wurde weiter verstärkt. Es wurden jetzt auch einheimische Soldaten, sog. Askari, rekrutiert, da mehrere einheimische Häuptlinge Soldaten zur Verfügung stellen und für Uniformen und Unterhalt zahlen wollten, so dass von Soden einen *„Versuch in der Schutztruppe"* genehmigt hatte.[641] Am 01. Juli 1891 hatte die ostafrikanische Schutztruppe eine Stärke von 93 Deutschen und 1553 afrikanischen Soldaten,[642] am 01. Oktober 1891 von 117 Deutschen und 1580 Afrikanern.[643]

---

[638] Kaiserliche Verordnung, betreffend das strafgerichtliche Verfahren gegen die Militärpersonen der Kaiserlichen Schutztruppe für Deutsch-Ostafrika, 03. Juni 1891, RGBl. 1891, S. 341. Die Regelung des Militärstrafverfahrens war erforderlich geworden, nachdem § 5 des SchGG vom 17. April 1886, i. d. F. vom 07. Juli 1887, RGBl. 1886, S. 75; RGBl. 1887, S. 307, die Militärgerichtsbarkeit zunächst unberührt gelassen hatte, nunmehr aber § 4 des SchTrG eine Regelung im Verordnungswege vorschrieb. Für das materielle Militärstrafrecht bezüglich der der Schutztruppe zugeteilten Militärpersonen diente nunmehr auch in Deutsch-Ostafrika das Reichsmilitärstrafgesetzbuch vom 20. Juni 1872, RGBl. 1872, S. 174.

[639] Diese betrafen vorwiegend die Zusammensetzung der Militärgerichte.

[640] KolGG I, S. 362 f.

[641] von Soden an Caprivi, 05. September 1891, BArch, R 1001/274, S. 27–29. Vgl. auch die Berichte über Anwerbungen für die ostafrikanische Schutztruppe, DKBl. 1892, S. 82, 146, 319.

[642] Bericht über die Verteilung der Kaiserlichen Schutztruppe für Deutsch-Ostafrika, DKBl. 1891, S. 274.

[643] Bericht über den Bestand der deutschen Schutztruppe für Ostafrika, DKBl. 1891, S. 414.

Kurz darauf musste sie ihre erste Niederlage hinnehmen. Am 07. August 1891 wurde Emil von Zelewskis aus vier Kompanien bestehende Einheit in einem Wahehe-Hinterhalt vollständig aufgerieben. Neben von Zelewski starben dabei neun weitere Europäer und 150 Askari.[644]

Die Funktionsfähigkeit der Schutztruppe war durch die Aufspaltung in eine militärische und eine zivile Kommandogewalt erheblich beeinträchtigt. Nachdem es durch *„diese Zwiespältigkeit der Organisation (...) zu Kompetenzkonflikten und Reibungen zwischen den beiden an der Leitung der Schutztruppe beteiligten Gewalten"* gekommen war und die *„in den organisatorischen Bestimmungen vorgesehene Verwendung der Truppe zu Zwecken der Zivilverwaltung unter den damaligen Verhältnissen eine unbedingte Notwendigkeit war"*,[645] veränderte Gouverneur von Soden daher Anfang 1892 den Aufbau der Truppe radikal. Er verfügte durch Gouvernementsbefehle vom 21. November 1891 und 01. Februar 1892, welche am 01. März 1892 in Kraft traten, die Abkommandierung der Bezirkshauptleute in Tanga, Bagamoyo, Daressalam, Kilwa und Lindi sowie des Leiters der Bezirks-Unteramtes Pangani *„behufs a u s s c h l i e ß l i c h e r Wahrnehmung der bezirksamtlichen Geschäfte zum Gouvernement."* Diese hatten die *„Kompagnie-Geschäfte vollständig abzugeben"* und galten *„als zum Gouvernement behufs Übernahme einer Zivilstelle abkommandierte Militärpersonen."* [646] Jedem Bezirksamt wurde eine Abteilung Polizeisoldaten zugeteilt. Die Disziplinargewalt ging vom Kommando der Schutztruppe auf den Gouverneur und dessen Organe über. Nach Klarstellung, dass damit eine *„Teilung der Schutztruppe in eine eigentliche Schutztruppe und eine Polizeitruppe"* angeordnet war,[647] erließ von Soden mit letzterem Befehl die zur Durchführung erforderlichen Bestimmungen. Legitimiert wurde von Sodens Handlungsweise knapp drei Jahre später, als *„die gesamte Verwaltung der Schutzgebiete, einschließlich der Behörden und Beamten, (...) der Kolonial-Abteilung des Auswärtigen Amtes unterstellt"* wurde, die *„die hierauf bezüglichen Angelegenheiten unter dieser Bezeichnung und unter unmittelbarer Verantwortung des Reichskanzlers wahrzunehmen"* hatte.[648]

---

644 Vgl.: von Soden an AA, 13. September 1891, BArch, R 1001/279, S. 47; Berichte in DKBl. 1891, S. 393f., 409–411, 435–438 sowie die Darstellung und die Verlustliste bei: Nigmann, S. 33–34, 135, 146.

645 (Karl) Helfferich, Zur Reform der kolonialen Verwaltungsorganisation, Berlin 1905, S. 36.

646 Die beiden Befehle sind abgedruckt in: DKBl. 1892, S. 185–189.

647 Dieses Vorgehen, das geltendem Recht widersprach, stieß bereits damals auf Kritik. *Helfferich*, S. 37, hielt es im Ergebnis für richtig: *„Auf diesem Wege, der streng genommen mit den organisatorischen Bestimmungen der Schutztruppe nicht ganz im Einklang stand, suchte der Gouverneur die unbedingt notwendige Einheitlichkeit der Leitung wenigstens des in der Zivilverwaltung verwendeten Teils der Truppe zu sichern."* Zustimmend: Sassen, Kolonial-Militärrecht, S. 14.

648 Allerhöchste Verordnung, betreffend die Verwaltung der Schutzgebiete vom 12. Dezember 1894, DKBl. 1894, S. 647. Erst am 01. September 1906 wurde die Polizeitruppe endgültig von der Schutztruppe getrennt, vgl.: Bekanntmachung des Schutztruppenkommandos für Deutsch-Ostafrika, 27. August 1906, KolGG X, S. 304.

Nach weiteren Verstärkungen – die Versuche mit den einheimischen Rekruten hatten inzwischen *„zum Teil ein günstiges Resultat"* ergeben – bestand die ostafrikanische Schutztruppe am 30. September 1893 aus 1800 Mann, davon 157 Weiße,[649] am 01. April 1894 aus 1762 Mann,[650] am 31. Juli 1894 aus 1625 Mann, davon 120 Weiße[651] und am 01. April 1895 aus 1793 Mann.[652]
Die als Kriegszeit anzurechnenden Zeiträume wurden durch Kaiserliche Verordnungen festgelegt.[653]

III. Das Gesetz, betreffend die Kaiserlichen Schutztruppen für Südwestafrika und Kamerun vom 09. Juni 1895

1. Die Beratungen im Bundesrat

Am 16. Februar 1895 übermittelte Reichskanzler Hohenlohe-Schillingsfürst dem Bundesrat den „Entwurf eines Gesetzes, betreffend die Kaiserlichen Schutztruppen für Südwestafrika und für Kamerun, nebst Begründung",[654] welcher am 21. Februar 1895 zunächst in die Ausschüsse überwiesen[655] und dem am 28. Februar 1895 die Zustimmung erteilt wurde.

2. Die Begründung des Regierungsentwurfes

Auch in Südwestafrika und Kamerun waren die Schutztruppen auf privatrechtvertraglicher Basis begründet worden, hatten mittlerweile aber eine Stärke erreicht, die es der Regierung *„bedenklich"* erscheinen ließ, *„die Organisation derselben auf die privatrechtliche Grundlage von Dienstverträgen zu stellen"*, weshalb sie folgerte:

---

[649] Denkschrift, betreffend Deutsch-Ostafrika, 17. November 1893, StenBer RT, 09. LP., 02. Sess. 1893/94, Erster Anlageband, Aktenstück Nr. 48, S. 329–344 (331). S. dort Anl. 1 zur Verteilung der Schutztruppe am 30. September 1893, a. a. O., S. 338–341.
[650] Denkschrift über die Entwickelung der Deutschen Schutzgebiete im Jahre 1894/1895, Jahresbericht über die Entwickelung Deutsch-Ostafrikas, 15. Januar 1896, StenBer RT, 09. LP., 04. Sess., Zweiter Anlageband, Aktenstück Nr. 88, S. 876–918 (897).
[651] Denkschrift, betreffend das ostafrikanische Schutzgebiet, 20. Dezember 1894, StenBer RT, 09. LP., 03. Sess. 1894/95, Erster Anlageband, Aktenstück Nr. 89, S. 381–416 (394).
[652] Denkschrift über die Entwickelung der Deutschen Schutzgebiete im Jahre 1894/1895, Jahresbericht über die Entwickelung Deutsch-Ostafrikas, 15. Januar 1896, StenBer RT, 09. LP., 04. Sess., Zweiter Anlageband, Aktenstück Nr. 88, S. 876–918 (897).
[653] Am 05. Dezember 1892 (DKBl. 1893, S. 2) und 17. April 1893 (DKBl. 1893, S. 214f.).
[654] BR-Drucks., Jg. 1895, Band I, Nr. 20.
[655] StenProt BR, Jg. 1895, 07. Sitzung 21. Februar 1895, § 101, S. 66.

„Dieselben Gründe, namentlich auf dem Gebiete der Disziplin und des Versorgungswesens, welche seinerzeit für die durch das Gesetz vom 22. März 1891 erfolgte Bildung einer Kaiserlichen Schutztruppe für Deutsch-Ostafrika maßgebend waren, sprechen auch für die gleiche Regelung bezüglich der in Südwestafrika und Kamerun bestehenden Truppen."[656]

Insbesondere die Versorgungsansprüche sollten schnellstmöglich gesetzlich nach dem Vorbild des Schutztruppengesetzes für Deutsch-Ostafrika geregelt werden. Eine Abweichung davon ergab sich, da in der südwestafrikanischen Truppe nicht nur die Offiziere, sondern auch die Mannschaften dem Reichsheer und der Kaiserlichen Marine entnommen waren. Somit wurde der § 2 des Gesetzes entsprechend erweitert und im § 7 des Entwurfes ein pensionsfähiges Diensteinkommen für die Gemeinen festgesetzt. Dabei wurde berücksichtigt, dass eine regelmäßige Beförderung zu Unteroffizieren nicht möglich war,[657] so dass das pensionsfähige Dienseinkommen der älteren Gemeinen (Dienstzeit länger als drei Jahre) von 1.200 auf 1.400 M angehoben werden sollte. Die in § 4 des Entwurfs an den Übergangsvorschriften der §§ 18 bis 20 des Schutztruppengesetzes von 1891 vorgenommenen Änderungen wurden damit begründet, dass in Deutsch-Südwestafrika und Kamerun, anders als in der Wissmann-Truppe, die Mannschaften durchweg dem Beurlaubtenstande und die Offiziere dem aktiven oder Beurlaubtenstande entstammten, so dass § 18 keine *„analoge Anwendung"* finden könne, aber die Versorgungsansprüche der aus den früheren Truppen übernommenen Soldaten *„den §§ 19 und 20 des vorgenannten Gesetzes entsprechend geregelt"* worden seien.[658]

3. Die Beratungen im Reichstag

Der Reichstag erhielt den „Entwurf eines Gesetzes, betreffend die Kaiserlichen Schutztruppen für Südwestafrika und für Kamerun" am 01. März 1895.[659] Er wurde am 20., 22. und 24. Mai 1895 beraten.[660]

a) Erste Beratung am 20. Mai 1895

Richter, dem der Entwurf des Gesetzes zunächst *„unbedenklich"* erschienen war, stellte zu Beginn der Debatte fest, dass die Zustimmung zu diesem inzwi-

---

656 StenBer RT, 09. LP., 03. Sess. 1894/95, Zweiter Anlageband, Aktenstück Nr. 190, S. 875.
657 Ursache hierfür war die geringe Größe der Schutztruppe.
658 StenBer RT, 09. LP., 03. Sess. 1894/95, Zweiter Anlageband, Aktenstück Nr. 190, S. 876.
659 a. a. O., S. 875.
660 Erste Beratung: StenBer RT, 09. LP., 03. Sess. 1894/95, 96. Sitzung 20. Mai 1895, S. 2358–2361; zweite Beratung: StenBer RT, 09. LP., 03. Sess. 1894/95, 98. Sitzung 22. Mai 1895, S. 2420–2423; dritte Beratung: StenBer RT, 09. LP., 03. Sess. 1894/95, 99. Sitzung 24. Mai 1895, S. 2445.

schen *„sehr bedenklich"* sei. Er war aufgrund der in Ostafrika mit der Praxis des dortigen Schutztruppengesetzes gewonnenen Erfahrungen zu der Erkenntnis gelangt, dass der Schwerpunkt des damaligen Gesetzentwurfes – dem der hier zur Beratung stehende nachgebildet war – nicht darin lag, *„dass an die Stelle des privatrechtlichen Kontraktverhältnisses für die Schutztruppe ein öffentlich-rechtliches Verhältnis trat"*, sondern vielmehr sich Konsequenzen bezüglich der zu den Schutztruppen abkommandierten Offiziere ergaben. Das von Richter bezeichnete Problem war in der Tat schwerwiegend. Durch das Gesetz wurde der Kaiser zum obersten Kriegsherrn für die Schutztruppen bestimmt und die zu den Schutztruppen abkommandierten Heeres- und Marineangehörigen der Reichsmarineverwaltung unterstellt. Wie Richter erläuterte, konnten nun *„Offiziere der Schutztruppen (...) ohne weiteres, ohne Gegenzeichnung eines verantwortlichen Ministers, des Reichskanzlers oder seines Vertreters, für die Zivilverwaltung angestellt werden."*[661] Dadurch, dass die Auswahl der Offiziere durch das Reichsmarineamt oder das Marinekabinett – ohne Rücksprache mit dem Kolonialamt – erfolge, werde ein *„Dualismus in die Kolonialverwaltung hineingetragen."*[662] In seiner Rede rügte Richter ferner die durch das „Anciennitätprinzip" verursachten Probleme. Danach konnte ein Offizier, der ein jüngeres Offizierspatent besaß, keine höhere militärische Stellung bekleiden als ein Offizier mit einem älteren Patent, so dass sich ein Offizier mit Afrikaerfahrung einem neu in Afrika eintreffenden Offizier mit älterem Patent unterordnen musste. Richters Einschätzung nach resultierten daraus *„naturgemäß sehr eigenartige Verhältnisse."*[663] Ebenso eigenartig war, dass die Schutztruppenoffiziere der Personalhoheit des Reichsmarineamtes unterstellt waren. Richter kritisierte, dass *„ein solcher Offizier mehr darauf sehen muss, sich mit dem Personaldezernenten im Reichsmarineamt ins Benehmen zu setzen, als dass er auf den Gouverneur zu sehen braucht und die Zivilverwaltung in Afrika"* und so auch klar werde, woher die *„Klagen über den Militarismus in Afrika stammen"*, nämlich

---

[661] StenBer RT, 09. LP., 03. Sess. 1894/95, 96. Sitzung 20. Mai 1895, S. 2358.

[662] Richter präzisierte, dass es *„als Folge dessen (...) möglich (ist), dass Offiziere der Schutztruppen, selbst bis zum Kommandeur hinauf ernannt werden, die das Kolonialamt selbst nicht für geeignet für solche Posten hält"* und *„dass, wenn in dieser Weise zwei Zentralbehörden in Berlin völlig selbständig koloniale Entscheidungen treffen, dadurch ein Dualismus hineingetragen wird in die Kolonialverwaltung, der die Schwierigkeiten, die ohnehin mit derselben verbunden sind, noch weiter erhöht."* So könne *„einer Militärperson (...) in Afrika wohl eine Zivilverwaltung übertragen werden von dem dortigen Gouverneur, aber nicht umgekehrt kann, nachdem nun die Schutztruppen der Marineverwaltung angeschlossen sind, einer Zivilperson irgend eine militärische Funktion übertragen werden"*, so *„dass dort, wo man nicht dem Militär die ganze Zivilverwaltung übertragen will (...) nun nebeneinander ein Zivilbeamter und eine Militärperson, ein Offizier der Schutztruppe, eingesetzt werden."* Im umgekehrten Falle, *„wenn es sich um die Verwendung von Schutztruppen handelt (...), selbst um einfache Patrouillen, so ist keine Zivilperson in der Lage, den Befehl über diese Patrouille zu übernehmen, wenn er nicht den entsprechenden militärischen Rang zugleich hat."*, StenBer RT, 09. LP., 03. Sess. 1894/95, 96. Sitzung 20. Mai 1895, S. 2358.

[663] a. a. O.

„von der Einführung dieses Dualismus.“[664] Richter hielt es für *„eine eigenartige Zumutung, nun dieses Gesetz, was so eigenartige Erscheinungen zu Tage gebracht hat, von Ostafrika durch diese Vorlage auszudehnen auf Westafrika, Kamerun, Togo und Südwestafrika“* und fürchtete wegen der geringen personellen Stärke der dortigen Verwaltungen insbesondere für Kamerun und Togo, dass *„der Dualismus dort noch viel schärfer und nachteiliger“*[665] hervortreten werde. Er beantragte am Ende seiner Ausführungen, den Entwurf zur Prüfung in die Budgetkommission zu überweisen.

In seiner Erwiderung machte sich *Kayser*, der Direktor der Kolonialabteilung des Auswärtigen Amtes, für eine staatliche Schutztruppe stark.[666] Er widersprach Richters Einschätzungen zum Dualismus, dessen Existenz er bestritt.[667] Durch den Gesetzentwurf werde zudem *„das Budgetrecht des Reichstags absolut (...) nicht berührt“*, sondern der Reichstag könne jedes Jahr entscheiden, *„ob eine solche Schutztruppe überhaupt bestehen soll, und in welchem Umfange.“*[668] Es solle lediglich *„eine gesetzliche Grundlage für die in unseren Schutzgebieten befindlichen deutschen Militärpersonen in Bezug auf die Gerichtsbarkeit und ihre Versorgung“*[669] geschaffen werden.[670]

---

664 a. a. O., S. 2358 f. Später berichtete Eduard von Liebert, dass er Deutsch-Ostafrika Ende 1896 tatsächlich in diesem Zustand vorfand: *„Die Kolonie befand sich im vollen Stadium des Assessorismus, im bürokratischen Fahrwasser. Alles wurde von Berlin aus geregelt, und die wichtigsten Maßnahmen wurden von Beamten getroffen, die Afrika nie gesehen hatten und die Verhältnisse der Tropen nicht kannten. Ich habe selten ein wahreres Wort gehört als das des arabischen Wali von Daressalam Soliman ben Nasr: ‚Ihr Deutsche regiert dieses Land mit nur einem Auge, mit dem anderen schaut ihr immer nach Berlin.‘“*, Eduard von Liebert, Aus einem bewegten Leben. Erinnerungen, München 1925, S. 158.

665 StenBer RT, 09. LP., 03. Sess. 1894/95, 96. Sitzung 20. Mai 1895, S. 2359.

666 Er vertrat die Auffassung, *„dass in unseren Schutzgebieten unbedingt eine schlagfertige, der Verwaltung zur Verfügung stehende Truppe notwendig ist“*, wobei *„ganz ohne Bedeutung“* sei, *„ob man einen Paragraphen in das Gesetz aufnimmt, wonach der oberste Kriegsherr der Kaiser ist oder nicht, (...) weil schon nach dem Gesetz über die Rechtsverhältnisse in den Schutzgebieten dem Kaiser die oberste Schutzgewalt, soweit sie nicht durch das Gesetz selbst beschränkt wird, zusteht, also auch die oberste militärische Gewalt über die dort befindliche militärische Macht.“*, a. a. O.

667 Der *„militärische Einfluss des Reichsmarineamtes“* beschränke sich *„ausschließlich auf die Disziplin und Organisation“* und *„was die Verwendung und Verwaltung der Schutztruppen betrifft, so liegt sie in den Händen des Gouverneurs und weiter in den Händen des Auswärtigen Amtes dergestalt, dass Konflikte zwischen den beiden Behörden nie vorgekommen sind und, wie wir auch nach den organisatorischen Bestimmungen annehmen können, gänzlich ausgeschlossen sind.“*, a. a. O.

668 a. a. O.

669 a. a. O.

670 Kayser betonte besonders die *„Notwendigkeit, auch eine Strafgerichtsbarkeit gegen die dort befindlichen deutschen Militärpersonen zu haben“* und hinsichtlich der Versorgung, dass diese sich bislang darauf beschränke, *„dass die Verwaltung sich ihnen gegenüber verpflichtet hat, im Gnadenwege ihnen eine Unterstützung zu erwirken, wenn sie an ihrem Leben oder ihrer Gesundheit Schaden erleiden“*, was zu einer *„Missstimmung“* führe, a. a. O., S. 2360.

Während anschließend der Zentrumsabgeordnete *von Arenberg* und ebenso der Konservative *von Arnim* ebenfalls die Überweisung des Gesetzentwurfes an die Budgetkommission forderten,[671] war der Nationalliberale *Hammacher* gegenteiliger Ansicht. Er drängte auf eine schnelle Entscheidung über den Gesetzentwurf. Es gehe nicht darum, *„den Gegensatz zwischen Militarismus und Bürokratismus zu einem besseren Ausgleich zu bringen"*, sondern darum, ob es notwendig sei, *„mit Rücksicht auf die Entwicklung unserer Kolonien und deren dermalige Lage (...) auf die militärische Organisation ein entscheidendes Gewicht zu legen"*, was *Hammacher* bejahte – es seien *„bezüglich der Schutztruppen in Südwestafrika und in Kamerun dieselben gesetzlichen Einrichtungen"* zu treffen wie in Deutsch-Ostafrika vier Jahre zuvor.[672]
In seiner anschließenden Erwiderung auf Kaysers Rede wiederholte *Richter*, dass *„der Dualismus besteht"* und bestätigte Kaysers Aussage, dass das Etatsrecht des Reichstages gewahrt bleibe. Die Frage sei jedoch nicht bloß, *„ob und wie viel Mann Schutztruppe wir haben wollten, sondern wie die Schutztruppe in Verhältnis zur ganzen übrigen Verwaltung gebracht wird"*, konkret, *„die praktische Frage, ob eine Polizeimannschaft nur einem Zivilbeamten unterstellt ist oder ob sie daneben einen militärischen Vorgesetzten hat."*[673]
Am Schluss der Debatte wurde dem Antrag Richters auf Überweisung der Gesetzesvorlage an die Budgetkommission dann mehrheitlich gefolgt.[674]

b) Zweite Beratung am 22. Mai 1895

Die Kommission für den Reichshaushalts-Etat sprach noch am 20. Mai 1895 die Empfehlung aus, den Gesetzentwurf unverändert anzunehmen.[675] Der Berichterstatter der Kommission, *von Arenberg*, gab dies im Reichstag zu Beginn der Zweiten Beratung am 22. Mai 1895 bekannt, denn *„der vorliegende Gesetzentwurf stellt sich im wesentlichen dar als eine (...) geographische Ausdehnung des Gesetzes vom 22. März 1891."*[676] Zur Begründung der Kommissionsempfehlung verwies von Arenberg zunächst auf, dass eine in der Budgetkommission vorgeschlagene Resolution mit dem Ziel, *„unter Aufhebung des Gesetzes vom 22. März 1891 (Reichsgesetzblatt Seite 53) eine anderweitige Organisation der Schutztruppe in der Richtung herbeizuführen, dass die europäischen Offiziere und Unteroffiziere zur Kolonialabteilung des Auswärtigen Amts kommandiert werden"* und eine Schutztruppe für Kamerun und Südwestafrika nur unter dieser Bedingung zu bewilligen, auf Betreiben des Direktors der Kolonialabteilung

---

[671] a. a. O.
[672] StenBer RT, 09. LP., 03. Sess. 1894/95, 96. Sitzung 20. Mai 1895, S. 2361.
[673] a. a. O.
[674] a. a. O.
[675] StenBer RT, 09. LP., 03. Sess. 1894/95, Zweiter Anlageband, Aktenstück Nr. 365, S. 1511.
[676] StenBer RT, 09. LP., 03. Sess. 1894/95, 98. Sitzung 22. Mai 1895, S. 2420.

dem Reichstag nicht vorgelegt wurde. Denn, so von Arenberg, *„dieser wies uns nach, dass die beregten Übelstände in gar keinem Zusammenhang mit dem Gesetz vom 22. März 1891 stünden"*, da nicht erst § 1 des ostafrikanischen Schutztruppengesetzes, sondern bereits § 1 des Schutzgebietsgesetzes dem Kaiser die Schutzherrschaft in den Kolonien übertragen habe. Somit sei bereits deshalb der Kaiser als oberster Kriegsherr sämtlicher Schutztruppen anzusehen.[677]

Schließlich gab er den Teil des von ihm am 18. März 1895 anlässlich der Beratungen über den Schutzgebietsetat 1895/96 vorgetragenen Berichtes[678] nochmals detailliert wieder, der die *„militärische Stellung und Entwicklung der ostafrikanischen Schutztruppe (...) und namentlich ihre Stellung zum Marineamt betrifft"*, wonach *„die jetzige Stellung der Schutztruppe sich ganz naturgemäß entwickelt habe"*, obwohl er unter Berufung auf den Direktor der Kolonialabteilung einräumen musste, dass der Versuch, *„Zivil- und Militäranwärter in einer Person zu vereinigen, indem (...) man die Hauptleute zu Bezirksamtmännern machte"* misslungen sei, *„weil die Zivilverwaltung zu viele Schwierigkeiten für die Offiziere bot."*[679] Zum Gesetzentwurf selbst äußerte von Arenberg, die Kommission hätte *„gar keinen Anlass, denselben zu beanstanden"* und sprach sich für eine schnelle Annahme aus, da mit dem Eintreffen der ersten Invaliden aus den Kämpfen in Südwestafrika alsbald zu rechnen war und – wie es von Arenberg pathetisch formulierte – die *„moralische Verpflichtung des Deutschen Reiches"* bestünde, *„für diese Männer, die ihr Blut für das Deutsche Reich vergossen haben, resp. für ihre Hinterbliebenen zu sorgen."*[680]

Der Nationalliberale *Hammacher* forderte anschließend, nachdem *Richter* zuvor erneut die *„falsche Konstruktion der Kolonialverwaltung"* gerügt hatte, man müsse *„insbesondere dafür Sorge tragen, dass auch für die 320 gemeinen Soldaten, die aus der Armee in die Schutztruppe von Südwestafrika übergetreten sind, die Rechte der deutschen Soldaten mit Bezug auf Pension und Invalidität hergestellt werden"*, schließlich sei *„unter den Strapazen und Gefechten des letzten Jahres eine namhafte Anzahl der Mannschaften der südwestafrikanischen Schutztruppe invalid geworden"* – Hauptsache des Gesetzes sei demnach, *„dass unsere invaliden Soldaten in Südwestafrika einen Rechtsanspruch auf Pension und Invalidengelder erlangen."*[681] In seiner Erwiderung stellte *Richter* klar, er habe nichts *„gegen die Versorgung der Invaliden im Kolonialgebiet (...)*

---

677 StenBer RT, 09. LP., 03. Sess. 1894/95, 98. Sitzung 22. Mai 1895, S. 2420f.
Hingegen behauptet Krause, S. 30, im Widerspruch zum Wortlaut des Gesetzes, dass der § 1 des späteren SchTrG von 1896, der dem jeweiligen § 1 der SchTrG von 1891 und 1895 inhaltlich entsprach, nicht die Grundlage für die Befehlsgewalt des Kaisers sei. Die Vorschrift habe vielmehr nur deklaratorischen Charakter; a. a. O., unter Hinweis auf Max Findeisen, Das Heerwesen in den afrikanischen Schutzgebieten, Borna-Leipzig 1911, S. 8 und Erwin Kennel, Die rechtliche Stellung der deutschen Kolonial-Gouverneure, Speyer 1908, S. 92.

678 StenBer RT, 09. LP., 03. Sess. 1894/95, 63. Sitzung 18. März 1895, S. 1553–1556.

679 StenBer RT, 09. LP., 03. Sess. 1894/95, 98. Sitzung 22. Mai 1895, S. 2421.

680 a. a. O., S. 2422.

681 a. a. O.

einzuwenden", man müsse deshalb aber nicht *„das System des Militarismus, wie es in einzelnen Teilen des Gesetzes begründet wird"*, annehmen.[682] Das Plenum stimmte dem Gesetzentwurf letztlich zu.[683] Der Bundesrat wurde entsprechend unterrichtet.[684]

c) Dritte Beratung am 24. Mai 1895

In der dritten Lesung ergriff kein Abgeordneter das Wort. Der Gesetzentwurf wurde in der Gesamtabstimmung angenommen.[685]
Kaiser Wilhelm II. und Reichskanzler Fürst zu Hohenlohe-Schillingsfürst unterzeichneten das Gesetz am 09. Juni 1895.

4. Ergebnis

Die Beratungen waren wesentlich kürzer als die Beratungen des ersten Schutztruppengesetzes. Es wurde nunmehr die Ausgestaltung der Rechtsverhältnisse der Schutztruppen erörtert. Kolonialpolitische Grundsatzdiskussionen wurden nicht mehr geführt. Erkennbar ist, dass die aus der praktischen Anwendung des ostafrikanischen Schutztruppengesetzes gewonnenen Erfahrungen in die Meinungsbildung einflossen – auch wenn man dabei zu unterschiedlichen Ergebnissen gelangte. Während Richter einmal mehr auf den Dualismus von Zivil- und Militärverwaltung und die mit diesem verbundenen Probleme hinwies, spielte die Regierungsseite die entsprechenden Schwierigkeiten herunter. Letztlich entschied man sich dafür, lediglich die *„geographische Erweiterung"* des ostafrikanischen Schutztruppengesetzes vorzunehmen. Tragender Grund hierfür war offenbar, dass angesichts der zunehmenden militärischen Auseinandersetzungen mit der einheimischen Bevölkerung die Versorgung der Schutztruppenangehörigen unverzüglich einer gesetzlichen Regelung zugeführt werden musste.

5. Inhalt des Gesetzes

Das Gesetz bestimmte in § 1: *„Zur Aufrechterhaltung der öffentlichen Ordnung und Sicherheit in Deutsch-Südwestafrika und in Kamerun wird je eine Schutztruppe verwendet, deren oberster Kriegsherr der Kaiser ist."* Nach § 2 fanden

---

682 a. a. O.
683 a. a. O., S. 2423.
684 StenProt BR, Jg. 1895, 24. Sitzung 30. Mai 1895, § 352, S. 250.
685 StenBer RT, 09. LP., 03. Sess. 1894/95, 99. Sitzung 24. Mai 1895, S. 2445.

die Vorschriften des für Deutsch-Ostafrika geltenden Schutztruppengesetzes auch auf die in Deutsch-Südwestafrika und Kamerun stationierten Schutztruppen Anwendung, jedoch mit einigen Abweichungen. So entstammten, da auf die Anwerbung von Farbigen verzichtet wurde, in Deutsch-Südwestafrika auch die Mannschaften dem Reichsheer und der Kaiserlichen Marine, so dass mit § 3 eine Festlegung des pensionseinfähigen Diensteinkommens im Sinne des § 7 des Gesetzes, betreffend die Kaiserliche Schutztruppe für Deutsch-Ostafrika für die Gemeinen erfolgte.[686] Schließlich enthielt § 4 veränderte Übergangsbestimmungen. Für Militärpersonen, die aus den bei der Landeshauptmannschaft für Südwestafrika oder dem Gouvernement von Kamerun auf Grund von Dienstverträgen gebildeten Truppen in die jeweiligen Kaiserliche Schutztruppe übernommen wurden, wurde der in diesen Truppe geleistete Dienst dem Dienst in der Kaiserlichen Schutztruppe gleichgestellt. Ferner wurde die Versorgung der bereits aus den genannten Truppen ausgeschiedenen oder nicht in die Schutztruppen übernommenen Militärpersonen und ihrer Hinterbliebenen dahingehend geregelt, dass Versorgungsansprüche durch den Reichskanzler nach Maßgabe der Versorgungsbestimmungen des Heeres und der Marine zugestanden werden können.

6. Die praktische Umsetzung

Angesichts der vergleichsweise kurzen Geltungsdauer des Gesetzes blieb dessen Wirkung auf die genannte „geographische Erweiterung" des Schutztruppengesetzes von 1891 beschränkt, welches nach einigen Anpassungen jetzt auch für die in Deutsch-Südwestafrika und Kamerun stationierten Truppen Geltung hatte.

IV. Die Reform der Schutztruppengesetze 1896

Im Jahre 1896 wurden die beiden Schutztruppengesetze zum „Gesetz, betreffend die Kaiserlichen Schutztruppen in den Afrikanischen Schutzgebieten und die Wehrpflicht daselbst" zusammengefasst.[687] Grund hierfür waren die bei der Umsetzung der Schutztruppengesetze im Laufe der Jahre gesammelten weiteren Erfahrungen, die eine Anpassung erforderlich werden ließen.

---

[686] Bei einer Dienstzeit von über drei Jahren, einschließlich der bei Heer und Marine geleisteten, betrug dieses 1400 Mark, sonst 1200 Mark.

[687] Gesetz wegen Abänderung des Gesetzes vom 22. März 1891 (RGBl. 1891, S. 53), betreffend die Kaiserliche Schutztruppe für Deutsch-Ostafrika und des Gesetzes vom 09. Juni 1895 (RGBl. 1895, S. 258), betreffend die Kaiserlichen Schutztruppen für Südwestafrika und Kamerun vom 07. Juli 1896 (RGBl. 1896, S. 187); Bekanntmachung wegen Redaktion des Gesetzes betreffend die Kaiserlichen Schutztruppen in den Afrikanischen Schutzgebieten und die Wehrpflicht daselbst vom 18. Juli 1896 (RGBl. 1896, S. 653).

1. Die Beratungen im Bundesrat

Am 30. April 1896 übersandte Reichskanzler Fürst zu Hohenlohe-Schillingsfürst dem Bundesrat den „Entwurf eines Gesetzes, betreffend die Wehrpflicht in den Schutzgebieten, nebst Begründung“[688] und den „Entwurf eines Gesetzes wegen Abänderung des Gesetzes vom 22. März 1891 (Reichs-Gesetzbl. S. 53), betreffend die Kaiserliche Schutztruppe für Deutsch-Ostafrika und des Gesetzes vom 09. Juni 1895 (Reichs-Gesetzbl. S. 258), betreffend die Kaiserlichen Schutztruppen für Südwestafrika und Kamerun, nebst Begründung“.[689] Noch vor dem Eintreffen der Gesetzentwürfe wurden diese wiederum zunächst an die Ausschüsse überwiesen.[690] Anschließend entschied der Bundesrat, die beiden Gesetzentwürfe zu einem Gesetzentwurf zu vereinigen und erteilte dem so entstandenen Entwurf,[691] an dessen Begründung die notwendigen Änderungen vorgenommen waren, am 11. Mai 1896 die Zustimmung.[692]

2. Die Begründung des Regierungsentwurfes

Dem Reichstag wurde der „Entwurf eines Gesetzes wegen Abänderung des Gesetzes vom 22. März 1891 (Reichs-Gesetzbl. S. 53), betreffend die Kaiserliche Schutztruppe für Deutsch-Ostafrika und des Gesetzes vom 09. Juni 1895 (Reichs-Gesetzbl. S. 258), betreffend die Kaiserlichen Schutztruppen für Südwestafrika und Kamerun“ am 11. Mai 1896 vorgelegt.[693] Auffälligste Änderung war die vorgeschlagene Neufassung des § 3, welche sehr ausführlich begründet wurde. Zunächst wurde der bisherige Zustand dargestellt, wonach die Organisation der Schutztruppen *„in Bezug auf die militärische Organisation und Disziplin dem Reichs-Marine-Amt, in Betreff der Verwaltung und der Verwendung dem Gouverneur (Landeshauptmann) und weiterhin dem Auswärtigen Amt, Kolonial-Abteilung, untersteht“*, was *„ein Nebeneinanderbestehen zweier Organe sowohl an der Zentralstelle wie in der einzelnen Kolonie“*[694] zur Folge hatte. Die bisherige Organisation der Schutztruppen, das Nebeneinander von ziviler und militärischer Führung, hatte sich nicht bewährt. Die Regierung kam zu dem Schluss, dass es angesichts der *„noch immer vorhandenen und für unabsehbare Zeit zu erwartenden außerordentlichen Verhältnisse (...), wie nunmehr eine mehrjährige Erfahrung gelehrt hat, einer anderweitigen Organi-*

---

688 BR-Drucks., Jg. 1896, Band I, Nr. 52.
689 BR-Drucks., Jg. 1896, Band I, Nr. 53.
690 StenProt BR, Jg. 1896, 19. Sitzung 30. April 1896, § 248, S. 12f.
691 StenProt BR, Jg. 1896, 21. Sitzung 11. Mai 1896, Anl. 1 zu § 283, S. 141–144.
692 StenProt BR, Jg. 1896, 21. Sitzung 11. Mai 1896, § 248, S. 138f.
693 StenBer RT, 09. LP., 04. Sess. 1895/97, Dritter Anlageband, Aktenstück Nr. 359, S. 1795–1803.
694 a. a. O., S. 1796.

sation" bedürfe.[695] Weiter heißt es: *„Die Leitung der militärischen und Zivilangelegenheiten der Kolonie muss eine einheitliche sein. (...) Der charakteristische Unterschied des Entwurfs besteht darin, dass, während bisher die deutschen Militärpersonen der Schutztruppen als abkommandierte Angehörige der Marine galten, sie nach dem Entwurfe völlig aus dem Heere, oder soweit sie der Kaiserlichen Marine angehörten, aus dieser ausscheiden. In Folge dessen fallen die bisherigen militärischen Rücksichten, welche einer völligen Unterordnung unter die Zivilbehörden widerstrebten, weg."*[696]
Somit sollte die vollständige Loslösung der Kaiserlichen Schutztruppen vom Reichsheer und der Kaiserlichen Marine festgelegt werden, um durch diese Neuregelung die durch das Nebeneinander von Militär- und Zivilverwaltung entstandenen „Friktionen" zu beseitigen.
Den Angehörigen der Schutztruppen blieb nach dem Entwurf *„der Rücktritt in die Armee oder Marine, unter Wahrung ihres Dienstalters und unter der Voraussetzung vorbehalten, dass gegen ihre Tauglichkeit, d.h. gegen ihre Würdigkeit und ihre Diensttauglichkeit keinerlei Bedenken obwalten"*, worüber *„ausschließlich der Allerhöchste Kontingentsherr"* entscheiden sollte.[697] Man nahm hiermit Rücksicht auf die beschränkten Aufstiegsmöglichkeiten innerhalb der Schutztruppe. Durch die Möglichkeit des Rücktritts in das Heer oder die Marine sollte eine Verwendung in der Schutztruppe, die ja nur aus Freiwilligen bestand, attraktiver werden.
§ 21 des Entwurfes sah für die Ausführung der Organisation die Zuständigkeit des Reichskanzlers vor. Die Bearbeitung der Angelegenheiten der Schutztruppe sollte *„von dem Reichs-Marine-Amt getrennt und dem Auswärtigen Amt, Kolonial-Abteilung, übertragen werden"*, wobei dorthin *„behufs Bearbeitung der rein militärischen Verhältnisse ein Offizier kommandiert werden"* sollte.[698]
Für einige Vorschriften sah der Entwurf als Folge der Neufassung des § 3 redaktionelle Änderungen vor, insbesondere wurde eine Änderung des § 7 Abs. 1 notwendig, da nach der organisatorischen Abtrennung der Schutztruppen von Heer und Marine für den Versorgungsanspruch nicht mehr auf den Betrag der heimischen Charge zurückgegriffen werden konnte und somit *„anderweitige Grundsätze, die aber in ihrer Wirkung den bisher in Geltung gewesenen gleich kommen sollen"*[699] aufgestellt werden sollten. Der Entwurf sah in § 7 Abs. 1 die Festlegung pensionsfähiger Diensteinkommen für die Schutztruppenangehörigen auf Grundlage der Diensteinkommen vor, die *„ihnen nach ihrem Dienstalter und ihrer Charge, bei Fortsetzung des Dienstverhältnisses in der Heimat, zugestanden hätten."*[700] Eine Rolle spielte dabei auch, dass die dem Beurlaubtenstande entnommenen Angehörigen der Schutztruppe keine Pensionsansprü-

[695] a. a. O., S. 1797.
[696] a. a. O.
[697] a. a. O.
[698] a. a. O.
[699] a. a. O.
[700] a. a. O., S. 1796.

che in Deutschland haben würden und auch dieser Gesichtspunkt eine Versorgungsregelung erforderte. In letzterem Falle sollte der Reichskanzler jeweils im Einzelfall den Betrag bestimmen, nach welchem die Pension zu bemessen ist. Breiten Raum nimmt auch die Begründung des Art. 3 des Gesetzentwurfes ein, der darauf abzielte, unter bestimmten Voraussetzungen eine Ableistung der Wehrpflicht in den Schutzgebieten zu ermöglichen. Der Entwurf kritisierte *„bezüglich der Schutzgebiete den Übelstand (...), dass die daselbst lebenden Deutschen weder in den Kolonien ihre aktive Dienstpflicht ableisten, noch auch zu den notwendigen Verstärkungen der Schutztruppe herangezogen werden können"* und diese somit entweder nach Deutschland zurückkehren müssten - was angesichts des erforderlichen *„erheblichen Geldaufwands"* nicht wünschenswert sei, *„den sie entweder überhaupt nicht leisten, oder jedenfalls besser zu ihrem wirtschaftlichen Nutzen im Schutzgebiet selbst verwenden könnten"*, und somit *„schon aus dem Gesichtspunkte der wirtschaftlichen Entwickelung der Schutzgebiete"* die Notwendigkeit folge *„für die Ableistung der Wehrpflicht in den Schutzgebieten zu sorgen."*[701] Hinzu kam das Bestreben, eine Senkung der Kosten für die Unterhaltung der Schutztruppe insbesondere in Südwestafrika herbeizuführen, um die entsprechenden Reichszuschüsse zu senken. Man folgte im Entwurf *„zu einem Ausgleich dieses Übelstandes und gleichzeitig zur Entlastung des Etats"* daher der Anregung des Landeshauptmanns von Südwestafrika, Leutwein,[702] *„die in dem Schutzgebiete wohnenden deutschen Reichsangehörigen, welche im Reich selbst wehrpflichtig sind, zur Ableistung der Wehrpflicht in dem Schutzgebiete an Stelle ihrer Wehrpflicht im Reich heranzuziehen"* und rechnete damit, dass allein in Südwestafrika etwa 200 Deutsche der Wehrpflicht unterliegen dürften.[703]

---

[701] a. a. O., S. 1798.

[702] Leutwein an Hohenlohe-Schillingsfürst, 26. Juli 1895, abgedruckt in: StenBer RT, 09. LP., 04. Sess. 1895/97, Dritter Anlageband, Aktenstück Nr. 359, Anlage 3, S. 1802f., auch abgedruckt in: DKBl. 1895, S. 548–550. Leutwein hielt *„die Lösung der Frage, unter welchen Bedingungen Deutsche ihrer Wehrpflicht in dem hiesigen Schutzgebiete genügen können, (...) geradezu für dringlich."* Die südwestafrikanische Schutztruppe, die nur aus Weißen bestehe, sei *„die teuerste von allen und kann ohne schwere finanzielle Belastung der Reichskasse dauernd auf der jetzigen Höhe nicht erhalten werden."* Einziges Mittel zur Beseitigung dieses Missstandes sei die *„Ausdehnung der Wehrpflicht auf die hiesigen Deutschen."* Selbst die Heranziehung der Eingeborenen zum Militärdienst sei *„nicht bloß vom finanziellen, sondern auch vom politischen und militärischen Standpunkte aus (...) durchaus wünschenswert (...). Denn mit einer solchen Einstellung wird der Gegensatz zwischen den Eingeborenen und uns insofern ausgeglichen, als wir allmählich aufhören werden, als fremde Eroberer zu erscheinen."*, Bericht Leutweins vom 03. Mai 1895; BArch, R 151 F/D.III.w.1, Bd. 1, S. 10–13 (Entwurf: S. 59–65), auch abgedruckt in: DKBl. 1895, S. 547f.

[703] StenBer RT, 09. LP., 04. Sess. 1895/97, Dritter Anlageband, Aktenstück Nr. 359, S. 1798. Die Kaiserliche Verordnung, betreffend die Erfüllung der Dienstpflicht bei der Kaiserlichen Schutztruppe für Südwestafrika vom 15. Februar 1897, RGBl. 1897, S. 167f., bestimmte später, dass wehrpflichtige Reichsangehörige (§ 2) und mit dem Berechtigungsschein zum einjährig-freiwilligen Dienst versehene Wehrpflichtige (§ 3), die jeweils im südwestafrikanischen Schutzgebiet ihren Wohnsitz hatten, ihren Dienst in der südwestafrikanischen Schutz-

Um die Schutztruppe im Kriegsfalle schneller verstärken zu können, sah § 17a des Entwurfes die Verwendung der sich in den Schutzgebieten dauernd aufhaltenden Personen des Beurlaubtenstandes in den Schutzgebieten selbst vor.
Von einiger Bedeutung war auch der vorgelegte § 17c. Stets bemüht, die Verbreitung des Christentums zu einem wichtigen Teil der Kolonialpolitik werden zu lassen, sollte nach dem Willen der Regierung gesetzlich festgeschrieben werden, dass Missionare und Geistliche nicht zur aktiven Dienstpflicht oder zu Verstärkungen herangezogen werden dürfen, denn *„das ganze Missionswerk würde auf das ernsteste gefährdet werden, wenn die Eingeborenen diejenigen Personen, welche sie als Friedensboten mit besonderer Ehrfurcht betrachten, im Kriegsdienst tätig erblicken würden.“*[704]

3. Die Beratungen im Reichstag

a) Erste Beratung am 15. Juni 1896

Der Entwurf durchlief im Reichstag drei Beratungen an zwei Sitzungstagen.[705] Bereits zu Beginn der Beratung stellte der Zentrumsabgeordnete *von Arenberg*

---

truppe ableisten durften. Vgl. zur Wehrpflicht in den Schutzgebieten: Hermann Hesse, Die Wehrpflicht in den Schutzgebieten, in: KolZtg. 1902, S. 191, 316f.; Simons, Die Wehrpflicht in den Schutzgebieten, in: KolZtg. 1902, S. 204 und KolZtg. 1903, S. 38; Schreiber, Die Besiedelung unserer Kolonien und die Wehrverfassung, in: ZKolR 4 (1902/1903), S. 374–378; E. von Keller, Wehrpflicht in den Kolonien, in: ZKolR 4 (1902/1903), S. 463–466. Die Bestimmungen über Entlohnung, Verpflegung und Ausrüstung der Wehrpflichtigen und Einjährig-Freiwilligen erließ der Kaiser durch Allerhöchste Ordre vom 25. Mai 1898, DKBl. 1898, S. 317. Mit den einheimischen Stämmen wurden Wehrverträge abgeschlossen, so z. B. mit Hendrik Witbooi (Schutz- und Freundschaftsvertrag zwischen dem Deutschen Reiche und dem Kapitän Hendrik Witbooi, 15. September 1894, BArch, R 151 F/A.I.a.2, Bd. 2, S. 43–45 und Ergänzung vom 16. November 1895, abgedruckt in: Denkschrift über Eingeborenen-Politik und Hereroaufstand in Deutsch-Südwestafrika, 29. November 1904, StenBer RT, 11. LP., 1. Sess. 1903/05, Fünfter Anlageband, Anlage 11, S. 2757–2804 [2776]), den Bastards von Rehoboth (Vertrag, betreffend die Wehrpflicht der Rehobother Bastards, 26. Juli 1895, BArch, R 151 F/D.III.w.3, Bd. 1, S. 1f., auch abgedruckt in: DKBl. 1895, S. 535–537 und KolGG II, S. 166) und Grootfontein (Vertrag, betreffend die Wehrpflicht der Bastards von Grootfontein, 28. September 1896, BArch, R 151 F/D.III.w.1, Bd. 1, S. 116–118, auch abgedruckt in: DKBl. 1897, S. 168f.). Vgl. dazu: Leutwein, Elf Jahre, S. 216–219. Die endgültige Regelung der Wehrpflicht in den Schutzgebieten erfolgte erst kurz vor dem Ersten Weltkrieg mit dem Wehrgesetz für die Schutzgebiete vom 22. Juli 1913, RGBl. 1913, S. 610, und der Verordnung des Reichskanzlers zur Ausführung des Wehrgesetzes für die Schutzgebiete vom 04. März 1914, RGBl. 1914, S. 42.

[704] StenBer RT, 09. LP., 04. Sess. 1895/97, Dritter Anlageband, Aktenstück Nr. 359, S. 1799.

[705] Erste Beratung: StenBer RT, 09. LP., 04. Sess. 1895/97, 105. Sitzung 15. Juni 1896, S. 2606–2613. Zweite Beratung: StenBer RT, 09. LP., 04. Sess. 1895/97, 107. Sitzung 17. Juni 1896, S. 2676–2681. Dritte Beratung: StenBer RT, 09. LP., 04. Sess. 1895/97, 107. Sitzung 17. Juni 1896, S. 2681.

den Antrag, den Gesetzentwurf der Budgetkommission zu überweisen. Einerseits, um diese den Entwurf allgemein dahingehend überprüfen zu lassen, ob die von der Budgetkommission seit Jahren gewünschten Verbesserungen im Entwurf realisiert worden sind, andererseits auch, da der Entwurf *„im einzelnen (...) eine eingehende Prüfung"* verlange, wobei sich von Arenbergs Kritik zunächst auf den § 7 Abs. 1 bezog, der ihm wenig praxistauglich erschien.[706] Ebenso stieß die vorgeschlagene Kommandierung eines aktiven Offiziers in die Kolonialabteilung des Auswärtigen Amtes auf von Arenbergs Ablehnung.[707]
Auch die Regelung über die Dienstfreiheit der Missionare, die *„Sicherheit in Bezug auf ihre militärischen Verhältnisse"* haben sollten, sollte aus von Arenbergs Sicht in der Kommission erörtert werden.[708]
Der nächste Redner, der Nationalliberale *von Bennigsen,* stimmte der Verweisung in die Budgetkommission zu,[709] ebenso von Bennigsens Fraktionskollege *Hasse,*[710] der aber erklärte, dass die Nationalliberalen *„mit den Grundsätzen dieser Vorlage einverstanden"* seien.[711] Er begrüßte, dass die Möglichkeit geschaffen werden sollte, in den Schutzgebieten selbst der aktiven Dienstpflicht genügen zu können, bedauerte auf der anderen Seite aber, *„dass es doch nicht möglich gewesen ist, die Schutztruppe an die Armee und Marine anzuschließen"* und schlug vor, der Schutztruppe weitere Aufgaben zu übertragen, so den Bau von Telegraphenleitungen und Eisenbahnlinien.[712]
Auch der Konservative *von Arnim* wünschte wegen *„mancherlei Bedenken"* die Überweisung des Entwurfes an die Budgetkommission.[713] Ihm missfiel die Tatsache, dass der oberste Kontingentsherr über den Rücktritt in das Heer bzw. die Marine zu entscheiden habe und somit darüber *„die Entscheidung tatsächlich schließlich vom Kolonialamt getroffen"* werde und *„die Zukunft der sämtli-*

---

[706] Aus seiner Sicht war hinsichtlich der in das Heer bzw. die Marine zurückkehrenden Schutztruppenangehörigen *„ungemein schwer zu ermessen, welches ihre Charge sein würde, wenn sie 7 oder 8 Jahre aus der Armee heraus sind."*, StenBer RT, 09. LP., 04. Sess. 1895/97, 105. Sitzung 15. Juni 1896, S. 2606.

[707] Er fürchtete, *„dass ein Teil der Übelstände, die wir bei den jetzigen Zuständen beklagt haben, (...) sich wiederholen werde."*, a. a. O.

[708] a. a. O.

[709] Eine danach von diesem an den Sozialdemokraten *Bebel* gerichtete Anfrage hinsichtlich einer Äußerung Bebels über Carl Peters im Februar 1896 erwies sich für den weiteren Verlauf der Diskussion als sehr hinderlich, da nun der eigentlich zur Debatte stehende Gesetzentwurf im Zuge der Auseinandersetzung mit Bebel in den Hintergrund gedrängt wurde. Auf die entsprechenden Teile der Debatte soll hier nicht eingegangen werden.

[710] Prof. Dr. Ernst Hasse (1846–1908), Schriftsteller, 1893–1908 Vorsitzender des Alldeutschen Verbandes, MdR (NL) 1893–1903; nach: Schwarz, S. 339.

[711] Diese sei *„ein Mittel zu dem Zweck, den Dualismus in der Verwaltung unserer Kolonien zu beseitigen, über den wir alle im Hause wiederholt geklagt haben."*, StenBer RT, 09. LP., 04. Sess. 1895/97, 105. Sitzung 15. Juni 1896, S. 2606.

[712] a. a. O.

[713] Er wollte klären lassen, ob die *„größere Einheitlichkeit in der Organisation, Disziplin der Verwaltung der Schutztruppe auch mit weniger scharfen Mitteln (...) erreicht werden"* könne, a. a. O., S. 2608.

chen Offiziere gewissermaßen in der Hand eines Beamten" läge.[714] Von Arnim warf die Frage auf, *„ob nicht in der Form einer Beurlaubung das Ziel zu erreichen ist."*[715] Eine solche Regelung sei auch aus einem anderen Grunde vorzuziehen. Er fürchtete, durch das Ausscheiden der Offiziere und Truppen aus Heer bzw. Marine auf der einen Seite, und die Unterstellung der Wehrpflichtigen unter das Kolonialamt – und zwar ohne Beteiligung des Kriegsministeriums – auf der anderen Seite, werde *„wieder ein Dualismus eintreten, indem eine Art Ersatzbezirk geschaffen wird, während derselbe unmöglich der Kontrolle betreffs der Stammrolle usw. dem Kriegsministerium entzogen werden kann."*[716] Ebenso sprach er sich dafür aus, in der Budgetkommission die Frage zu diskutieren, *„inwieweit wir allein die Lasten auf uns nehmen sollen, (...) um unseren Kolonien Ruhe, Ordnung und Sicherheit zu gewähren, ohne Rücksicht auf die große Anzahl Ausländer, die in den Kolonien leben."*[717]
Richter widersetzte sich zunächst mit dem Argument der hohen Kosten[718] *Hasses* Vorstellung, die Schutztruppe könne in der bisherigen Größe weiter bestehen und zudem noch zusätzliche Aufgaben übernehmen.[719] Er erklärte dann, er sei *„mit dem Prinzip dieses Gesetzes durchaus einverstanden"*, habe im Jahre 1895 dem Schutztruppengesetz für Westafrika aber widersprochen, denn *„der Dualismus müsse erst beseitigt werden."* Anschließend stellte *Richter* mit Genugtuung fest, dass mit dem jetzt vorliegenden Regierungsentwurf diese Forderung umgesetzt worden war.[720] Er sprach sich für die weitere Behandlung des Gesetzentwurfes im Plenum aus und lehnte die Verweisung an die Budgetkommission ab. Der Antrag wurde am Ende der ersten Beratung dennoch an die Budgetkommission überwiesen.[721]

b) Zweite und dritte Beratung am 17. Juni 1896

In der Budgetkommission wurde nach Aussage des zu Beginn der zweiten Beratung sprechenden Berichterstatters *von Arenberg* der Entwurf *„als die*

---

[714] a. a. O.
[715] a. a. O.
[716] a. a. O., S. 2609.
[717] Dabei wies er eine Heranziehung von in den Schutzgebieten lebenden Ausländern zum Wehrdienst *„entschieden"* zurück, die eine *„anormalen Zustand schaffen würde"*, sondern sprach sich dafür aus, eine *„erhebliche Mehrsteuer auf die Ausländer zu legen."*, a. a. O.
[718] Nach Richters Angaben fielen für jeden Schutztruppenangehörigen jährlich Kosten in Höhe von 1500 Mark an, mithin kostete die südwestafrikanische Schutztruppe von 1000 Mann jährlich 1,5 Millionen Mark.
[719] StenBer RT, 09. LP., 04. Sess. 1895/97, 105. Sitzung 15. Juni 1896, S. 2610.
[720] *„Inzwischen sind die Herren Kolonialfreunde selbst zu der Erkenntnis gekommen, dass es mit dem Dualismus nicht weiter gehen kann, und das Produkt dieser Erkenntnis ist der vorliegende Entwurf."*, a. a. O., S. 2610f.
[721] StenBer RT, 09. LP., 04. Sess. 1895/97, 107. Sitzung 17. Juni 1896, S. 2676.

endliche Erfüllung derjenigen Wünsche, welche in der Kommission schon seit Jahren verlautbart worden waren, freudig begrüßt."[722] Zuvor waren in der Kommission Bedenken geäußert worden, durch die Neuorganisation der Schutztruppen könnten auch deren militärische Verhältnisse und insbesondere die Beurteilung der Offiziere „*unter die Botmäßigkeit eines Zivilbeamten des Auswärtigen Amtes kommen*", welche jedoch vom Vertreter der Kolonialabteilung des Auswärtigen Amtes ausgeräumt werden konnten.[723] Allerdings sprach sich die Kommission dafür aus, statt der in der Begründung des Gesetzentwurfes angeregten Versetzung eines aktiven Offiziers einen inaktiven, zur Disposition stehenden und somit noch der Militärgerichtsbarkeit unterliegenden Offizier zur Bearbeitung der Schutztruppenangelegenheiten zum Auswärtigen Amt zu versetzen. Einerseits könne die Entscheidung, einen aktiven Offizier „*mitten in eine Zivilbehörde hineinzuversetzen (...) leicht Gegensätze hervorrufen, welche demjenigen Zustande ähnlich sehen könnten, den wir mit dieser Reform gerade aus der Welt schaffen wollten.*"[724] Zudem seien „*Kontinuität*" bei der Bearbeitung der Personalangelegenheiten der Schutztruppe erforderlich, die nur durch Übertragung der Aufgabe an einen inaktiven Offizier gewährleistet werden könne, der sich über mehrere Jahre in die Personalien einarbeiten und ggf. über diese auch im Reichstag berichten könne, und die Kosten zu berücksichtigen, da für einen aktiven Offizier mehr als das Doppelte an Personalkosten anfallen würde.[725] Von Arenberg berichtete weiter, dass die im Entwurf enthaltenen Regelungen über die Wehrpflicht der in den Schutzgebieten lebenden Reichsangehörigen und die Befreiung der Missionare von der Wehrpflicht in der Kommission diskutiert, aber zur unveränderten Annahme empfohlen wurden. Die durch *von Arnim* in der ersten Lesung vorgeschlagene Erhebung einer Wehrsteuer für in den Schutzgebieten ansässige Ausländer lehnte die Budgetkommission ab.[726] *Von Arenberg* empfahl den Abgeordneten die unveränderte

---

722 a. a. O.

723 Dieser hatte erklärt: „*Nach Absicht der verbündeten Regierungen soll der Gouverneur wie die oberste Zivil- so auch die oberste Militärgewalt in den Kolonien üben. Der militärische Schwerpunkt der Schutztruppe werde sonach in der Kolonie liegen. Die Beurteilung der Offiziere (...) werde sonach den militärischen Vorgesetzten dieser Offiziere resp. also in letzter Instanz dem Gouverneur obliegen.*" Er fügte hinzu, zudem „*werde das Auswärtige Amt naturgemäß sich jeder Einmischung in dieser Frage enthalten.*", a. a. O.

724 StenBer RT, 09. LP., 04. Sess. 1895/97, 107. Sitzung 17. Juni 1896, S. 2676.

725 a. a. O.

726 Es erschien der Kommission „*doch recht bedenklich, Fremden Pflichten aufzuerlegen, für welche sie später auch Rechte vindizieren könnten*" und – im Hinblick auf die geplante Einführung der Selbstverwaltung der Schutzgebiete – „*gegen welche sie dann auch als Äquivalent einen Anteil mindestens am kommunalen Regiment verlangen könnten.*", a. a. O., S. 2677. *Von Arnim* griff das Thema im Verlauf der Sitzung wieder auf und empfahl erneut die Einführung einer Wehrsteuer, diese „*würde uns ein Äquivalent verschaffen dafür, dass Ausländer nicht zur Dienstpflicht herangezogen werden, und die erheblichen Kosten mindern, die uns unsere Schutztruppe auferlegt*", a. a. O., S. 2679. Die von Fischer, Kolonien, S. 63 unter Hinweis auf Sassen, Kolonial-Militärrecht, S. 65f. aufgestellte Behauptung, dass als „*Sonderfall (...) in Deutsch-Südwestafrika auch die burischen Einwohner (die regelmäßig*

Annahme des Entwurfs.[727] Im Gegensatz dazu wiederholte anschließend *von Arnim* seine Bedenken gegen den Entwurf. Zusätzlich zu seinen in der ersten Beratung geäußerten Zweifeln kritisierte er nun die Berufung eines ausgedienten Offiziers in das Auswärtige Amt, *„denn dem betreffenden ausgedienten oder zur Disposition stehenden Offizier wird jede Initiative und jede Selbständigkeit fehlen, der betreffende Herr wird (...) den Wunsch haben, seinen Posten möglichst lange zu behalten und vollkommen abhängig vom Direktor des Kolonialamtes sein"* – ein aktiver Militär habe dagegen ein *„gewisse Selbständigkeit"*, da er *„jederzeit in die Truppe zurückkehren"* könne.[728] Ebenso sah er Schwierigkeiten bei der *„Wahrung des Rücktritts der Offiziere in die Armee."* Über diesen entscheide nach den Buchstaben des Vorlage zwar der allerhöchste Kontingentsherr, in der Praxis aber schließlich der Direktor des Kolonialamtes, dem *„eine derartige Macht durch diese Vorlage eingeräumt wird."* Mit der Entscheidung über den Rücktritt aus der Schutztruppe in die Armee werde so *„in die Hände des Kolonialamts das Wohl und Wehe der sämtlichen Offiziere (...), welche in die Schutztruppe eintreten"*, gelegt.[729] Von Arnim wies auch auf *„Widersprüche in der Vorlage"* hin und vermutete sogar, da man das Wort „Kaiserlich" in allen Paragraphen des Entwurfes vermieden habe, dass man *„die Schutztruppe zu einer Truppe des Kolonialamtes machen will, ich will nicht sagen, zu einem Parlamentsheer, aber doch zu einer Truppe, die lediglich einem Zivilbeamten untersteht."*[730] *Kayser* widersprach dem entschieden.[731] Anschließend nahm das Plenum sämtliche Paragraphen des Art. 2 an, ebenso nach kurzer Diskussion über den § 17a auch die restlichen Paragraphen des Entwurfs.[732] In der folgenden dritten Lesung erfolgten keine Wortmeldungen und das Gesetz

---

keine Reichsangehörigen waren) zum Wehrdienst herangezogen werden (konnten), allerdings nur im Schutzgebiet selbst", erscheint zweifelhaft. Offenbar beruht diese Annahme auf der fehlerhaften Auslegung des im August 1895 zwischen dem Landeshauptmann Leutwein und dem Burenkommandanten Lombard geschlossenen Niederlassungsvertrages, vgl.: KolZtg. 1896, S. 323. Sassen selbst führte aus, *„dass eine Dienstpflicht der Buren bei der südwestafrikanischen Truppe bestanden hat oder noch besteht, die der der Rehobother Bastards entsprach, kann direkt nicht behauptet werden."*, Sassen, Kolonial-Militärrecht, S. 65, und verwies darauf, dass dem Kommando der Schutztruppen in Berlin *„von dem Bestehen einer Vorschrift, die eine Dienstpflicht n i c h t reichsangehöriger Buren bei der Schutztruppe in Südwestafrika begründe, n i c h t s b e k a n n t sei."*, Sassen, Kolonial-Militärrecht, S. 66, Fn. 1.

[727] Vgl. auch: Mündlicher Bericht der Kommission für den Reichshaushalts-Etat, StenBer RT, 09. LP., 04. Sess. 1895/97, Dritter Anlageband, Aktenstück Nr. 451, S. 2230.

[728] StenBer RT, 09. LP., 04. Sess. 1895/97, 107. Sitzung 17. Juni 1896, S. 2677.

[729] a. a. O.

[730] a. a. O., S. 2678.

[731] Es sei *„unrichtig zu sagen, die Kaiserliche Schutztruppe stehe künftig unter einem Zivilbeamten"* und man *„wird gar nicht auf den Gedanken kommen können, diese Truppe sei eine Art Parlamentsheer, gestellt unter einen Zivilbeamten"*, denn *„nach wie vor ist deren oberster Kriegsherr der Kaiser."*, a. a. O.

[732] a. a. O., S. 2678f.

wurde in der Gesamtabstimmung angenommen.[733] Der Bundesrat wurde über die Annahme des Gesetzes unterrichtet.[734]
Kaiser Wilhelm II. und Reichskanzler Fürst zu Hohenlohe-Schillingsfürst unterzeichneten das Gesetz am 07. Juli 1896.

4. Ergebnis

Das erste Schutztruppengesetz war inzwischen fünf Jahre alt und hatte sich nur unzureichend bewährt. Mit dem neuen Entwurf eines Schutztruppengesetzes hatte man sich für eine grundsätzliche Neuorganisation der Schutztruppen entschieden, die das Ergebnis der gewonnenen Erkenntnisse war. Die Debatte war von dem Ringen um Detailfragen gekennzeichnet. Im Reichstag war wiederholt das Nebeneinander von Zivil- und Militärverwaltung kritisiert worden, so auch während der Debatten zum Schutztruppengesetz für Deutsch-Südwestafrika und Kamerun. Richter, der mit Nachdruck die Beseitigung dieses Nebeneinanders gefordert – und jetzt erreicht – hatte, wies wiederum auf die Notwendigkeit einer Verkleinerung der Schutztruppe hin, um die erheblichen Belastungen für den Reichshaushalt zu verringern. Die auf von Arnims Einwand, die Truppe werde zu einer Art Parlamentsheer, begonnene Erörterung der Rolle des Kaisers wurde nicht intensiviert und blieb ohne Auswirkungen auf den Gesetzestext. Der Kaiser hatte weiterhin die Stellung des obersten Kriegsherrn inne.[735]
Trotz entsprechender Forderungen seitens der Nationalliberalen lehnte der Reichstag die Übertragung zusätzlicher Aufgaben an die Schutztruppen ebenso ab wie den Vorschlag der Konservativen, für in den Schutzgebieten lebende Ausländer die Wehrpflicht bzw. die Erhebung einer Wehrsteuer anzuordnen.

---

733 a. a. O., S. 2681.
734 StenProt BR, Jg. 1896, 27. Sitzung 25. Juni 1896, § 407, S. 241.
735 Erst 16 Jahre später wurde die Diskussion fortgeführt. Am 14. Februar 1912 wurde dem Reichstag erneut der Entwurf eines Schutztruppengesetzes vorgelegt, StenBer RT, 13. LP., 01. Sess. 1912/14, Erster Anlageband, Aktenstück Nr. 157, nach S. 190. Dieser wurde am Ende der ersten Beratung an die Budgetkommission überwiesen, StenBer RT, 13. LP., 01. Sess. 1912/14, 14. Sitzung 27. Februar 1912, S. 285–301 (301). Die Budgetkommission empfahl die Ablehnung des Entwurfs und legte stattdessen den „Entwurf eines Wehrgesetzes für die Schutzgebiete" vor, vgl.: Mündlicher Bericht der Kommission für den Reichshaushaltsetat über den Entwurf eines Schutztruppengesetzes, Nr. 157 der Drucksachen, StenBer RT, 13. LP., 01. Sess. 1912/14, Vierter Anlageband, Aktenstück Nr. 957, S. 1400–1402. In der zweiten Beratung erfolgte auf einen entsprechenden Antrag der Budgetkommission hin die Ablehnung des Gesetzentwurfs, StenBer RT, 13. LP., 01. Sess. 1912/14, 150. Sitzung 26. April 1913, S. 5155f. Der Entwurf des Wehrgesetzes für die Schutzgebiete wurde hingegen angenommen, a. a. O. Das verabschiedete Wehrgesetz für die Schutzgebiete vom 22. Juli 1913; RGBl. 1913, S. 610, veränderte jedoch den Status der Schutztruppen nicht. Bis zum Ersten Weltkrieg wurde kein weiterer Versuch einer Reform des 1896 erlassenen Schutztruppengesetzes unternommen.

5. Inhalt des Gesetzes

Das letztlich verabschiedete Gesetz entsprach dem Regierungsentwurf. In § 1 des Gesetzes hieß es: *„Zur Aufrechterhaltung der öffentlichen Ordnung und Sicherheit in den afrikanischen Schutzgebieten, insbesondere zur Bekämpfung des Sklavenhandels, werden Schutztruppen verwendet, deren oberster Kriegsherr der Kaiser ist.“* Gesetzlich waren den Kaiserlichen Schutztruppen dadurch eher polizeiliche Aufgaben zugewiesen worden.[736] Zur Verteidigung der Schutzgebiete gegen Angriffe anderer europäischer Kolonialmächte sollten sie nicht dienen. Hierfür waren sie zu schwach dimensioniert und ebenso nicht entsprechend ausgerüstet.[737] Selbst für die Bekämpfung größerer Aufstände waren sie zu schwach.[738] Im Kriegsfalle mussten die Schutztruppen durch Heeres- oder Marineeinheiten verstärkt werden.[739] Ferner war die zivile Wirtschaft in den Schutzgebieten auf einen Krieg und die mit einem solchen verbundene Umstellung auf eine Kriegswirtschaft nicht vorbereitet.[740]

Mit dem neuen Schutztruppengesetz wurden die rechtlichen Voraussetzungen für die Stationierung von Schutztruppen in ausnahmslos allen afrikanischen Schutzgebieten geschaffen.

Die Bildung der Schutztruppen sollte nunmehr aus *„Offizieren, Ingenieuren des Soldatenstandes, Sanitätsoffizieren, Beamten und Unteroffizieren des Reichsheeres und der Kaiserlichen Marine, welche auf Grund freiwilliger Meldung den Schutztruppen zeitweise zugeteilt werden“* und *„aus angeworbenen Farbigen“* erfolgen, § 2. Die in der Schutztruppe dienenden deutschen Militärpersonen schieden, unter Vorbehalt eines Rücktrittsrechtes, aus dem Heer bzw. der Kaiserlichen Marine aus, die den Schutztruppen zugeteilten Beamten erhielten den Status von Militärbeamten, §3. Mit dieser Regelung wurden die Schutztruppen der Kolonialabteilung des Auswärtigen Amtes unterstellt und so die Bindung an Heer und Kaiserliche Marine aufgegeben.

Wiederum wurden umfangreiche Regelungen über die Versorgung der Schutztruppenangehörigen getroffen, die abermals eine deutliche Besserstellung der

---

736 So bereits § 1 SchTrG 1891.

737 So schon: von Alvensleben, ZKolR 7 (1905), S. 928–934 (928); Sassen, Kolonial-Militärrecht, S. 17; Steinadler, S. 2f. Ebenso später: Pürschel, S. 24.

738 Für Deutsch-Südwestafrika hatte Leutwein daher noch weiter eingeschränkt: *„Für die Niederwerfung eines allgemeinen Aufstandes war diese Truppenmacht natürlich nicht berechnet. Sie hatte lediglich die Aufgabe, schon durch ihre Anwesenheit die Aufrechterhaltung des Friedens zu sichern und im Falle eines Aufstandes als Kern für die eingeborenen Hilfstruppen zu dienen, die sich um sie zu gruppieren hatten. Ihre Stärke war daher auf der Voraussetzung gegründet, dass es stets gelingen würde, die Eingeborenen auf diplomatischem Wege zu trennen und einen Stamm gegen den anderen auszuspielen.“*, Leutwein, Elf Jahre, S. 215.

739 von Stengel, Rechtsverhältnisse, S. 90.

740 Matuschka, S. 209.

Schutztruppenangehörigen im Vergleich zu Heer und Kaiserlicher Marine beinhalteten, §§ 5 bis 17, 21, 25.[741]
Erstmals enthielt ein Schutztruppengesetz Bestimmungen über die Wehrpflicht in den afrikanischen Schutzgebieten. Es eröffnete die Möglichkeit, durch Kaiserliche Verordnung zu bestimmen, *„in welchen Schutzgebieten und unter welchen Voraussetzungen wehrpflichtige Reichsangehörige, die daselbst ihren Wohnsitz haben, ihrer aktiven Dienstpflicht bei der Schutztruppe Genüge leisten dürfen"*, § 18. Um bei zukünftigen Konflikten auf ausgebildetes militärisches Personal zurückgreifen zu können, sollten *„die in den Schutzgebieten sich dauernd aufhaltenden Personen des Beurlaubtenstandes des Heeres und der Kaiserlichen Marine (...) durch Kaiserliche Verordnung in Fällen von Gefahr zu notwendigen Verstärkungen der Schutztruppe herangezogen werden (können)"*, welche in dringenden Fällen durch den obersten Beamten des Schutzgebiets angeordnet werden konnte – eine solche Einberufung stand dem Dienst in Heer und Marine gleich, § 19,[742] sollte aber bei Geistlichen sowie Missionaren nicht erfolgen, § 20.
Die sich anschließenden Übergangs- und Schlussbestimmungen regelten die Übernahme der Deutschen, die der vom Reichskommissar für Ostafrika gebildeten Truppe angehörten und die Anrechnung der dort geleisteten Dienstzeit, §§ 22 f., und beinhalteten Übergangsregelungen für die Angehörigen der vorher in Südwestafrika und Kamerun auf der Grundlage von Dienstverträgen gebildeten Truppen.
Abschließend – als Ausnahme von der sonst üblichen Regelung durch Gesetz oder Kaiserliche Verordnung – wies § 27 den Erlass der näheren Vorschriften über die Organisation der Schutztruppen dem Reichskanzler zu.

---

[741] Bereits am 22. Mai 1893 war durch das Gesetz, betreffend einige Abänderungen und Ergänzungen der Militärpensionsgesetze usw. vom 22. Mai 1893, RGBl. 1893, S. 171ff., für Personen des Soldatenstandes und Beamte des Reichsheeres und der Kaiserlichen Marine verfügt worden, dass die in den Schutzgebieten zugebrachte Dienstzeit bei der Pensionierung doppelt in Anrechnung gebracht wird, sofern sie mindestens sechs Monate ohne Unterbrechung gedauert hat. Dennoch wurde an der bisherigen Verfahrensweise festgehalten, jeweils gesondert festzulegen, welche Gefechte und Kriegszüge als Feldzüge i. S. d. § 23 des Gesetzes, betreffend die Pensionierung und Versorgung der Militärpersonen des Reichsheeres und der Kaiserlichen Marine vom 27. Juni 1871, RGBl. 1871, S. 275, gelten sollten. Vgl.: DKBl. 1890, S. 3; DKBl. 1891, S. 449; DKBl. 1892, S. 484; DKBl. 1893, S. 2, 214f.; DKBl. 1894, 417; DKBl. 1895, 457, 505; DKBl. 1896, S. 478; DKBl. 1897, S. 121f., S. 601f.; DKBl. 1898, S. 644, 793, 233. Für Deutsch-Ostafrika: Nigmann, Anlage 6 (Allerhöchste Ordres über Anrechnung von Kriegsjahren), S. 158f.
[742] Dazu: Findeisen, Heerwesen, S. 18. Erstmals war die Heranziehung von Angehörigen des Beurlaubtenstandes des Reichsheeres und der Kaiserlichen Marine in der Zeit vom 03. Dezember 1897 bis 30. April 1898 für den Feldzug gegen die „Swartbooi- und Topnar-Hottentotten" erforderlich. Eine entsprechende Anordnung des Gouverneurs von Deutsch-Südwestafrika hat der Kaiser nachträglich genehmigt, DKBl. 1898, S. 644.

6. Die praktische Umsetzung

a) Erste Verordnungen

Die Einführung einer „organischen Anbindung“ der Schutztruppen an Heer und Marine hatte sich als ebenso undurchführbar erwiesen, wie das Nebeneinander von Zivil- und Militärverwaltung untragbar und damit reformbedürftig geworden war. Auf dem Papier war mit dem neuen Gesetz der zwischen Militär- und Zivilverwaltung bestehende Konflikt beendet worden. Zur Umsetzung des neuen Schutztruppengesetzes ergingen alsbald erste Kaiserliche Verordnungen, die in erster Linie auf eine Vereinheitlichung des Schutzgebiets-Militärrechtes abzielten. So wurden am 16. Juli 1896 die afrikanischen Schutztruppen dem Reichskanzler und in weiterer Folge dem betreffenden Gouverneur oder Landeshauptmann und dem Kommandeur unterstellt und dem Reichskanzler zugleich den Erlass der weiteren Vorschriften über die Neuorganisation der Schutztruppen übertragen.[743] Offiziere der Kaiserlichen Marine, die sich zum Dienst in einer der afrikanischen Schutztruppen melden wollten, mussten das entsprechende Gesuch beim Oberkommando der Marine einreichen.[744] Am 26. Juli 1896 erfolgten die Einführung der deutschen Militärstrafgesetze[745] und der Disziplinar-Strafordnung für das Heer[746] in den afrikanischen Schutzgebieten. Beide Verordnungen ergingen, um – wie im Schutzgebietsgesetz vorgesehen – die für das Deutsche Reich geltenden Gesetze den besonderen Verhältnissen der Schutzgebiete anzupassen.[747] Ferner wurden das strafgerichtliche Verfahren gegen Schutztruppenangehörige einheitliche Bestimmungen geschaffen.[748] Die Beschwerdeführung der Schutztruppenangehörigen regelte der Allerhöchste

---

[743] Allerhöchste Verordnung, betreffend die Unterstellung der Schutztruppen unter den Reichskanzler vom 16. Juli 1896, BArch, R 1001/5632, S. 81. Ebenfalls abgedruckt in: DKBl. 1896, S. 477 und Philipp Zorn, Deutsche Kolonialgesetzgebung, Berlin, 1901, S. 184.

[744] Allerhöchste Verordnung, betreffend Gesuche der Offiziere der Kaiserlichen Marine behufs Eintritt in die Schutztruppe vom 22. Juli 1896, DKBl. 1896, S. 477.

[745] Kaiserliche Verordnung, betreffend die Einführung der deutschen Militär-Strafgesetze in den afrikanischen Schutzgebieten vom 26. Juli 1896, RGBl. 1896, S. 669, DKBl. 1896, S. 516. Damit galt das Reichs-Militär-Strafgesetzbuch auch in den Schutzgebieten, vgl. Einführungsgesetz zum Militär-Strafgesetzbuche für das Deutsche Reich, 20. Juli 1872, RGBl. 1872, S. 173.

[746] Allerhöchste Verordnung, betreffend die Disziplinar-Strafordnung für die Kaiserlichen Schutztruppen vom 26. Juli 1896, DKBl. 1896, S. 515f. Wegen des vom Heer abweichenden organisatorischen Aufbaus der Schutztruppen ergaben sich Änderungen hinsichtlich der Zuständigkeit für die Strafgewalt, so dass festgelegt wurde, wem diese in welchem Umfang zustand.

[747] Vgl.: Sassen, Verordnungsrecht, S. 118f.

[748] Kaiserliche Verordnung, betreffend das strafgerichtliche Verfahren gegen Militärpersonen der Kaiserlichen Schutztruppen vom 26. Juli 1896, DKBl. 1896, S. 516–519. Nunmehr galt für alle Schutztruppen – wenn auch mit Abweichungen, die vorwiegend die Zusammensetzung der Gerichte betrafen – die preußische Militär-Strafgerichtsordnung vom 03. April 1845.

Erlass vom 01. August 1896.[749] Als Ergänzung zur Kaiserlichen Verordnung vom 12. Dezember 1894 wurde am 20. August 1896 der Kolonialabteilung des Auswärtigen Amtes die Zuständigkeit für die Bearbeitung sämtlicher Angelegenheiten der Schutztruppe im Sinne dieser Verordnung übertragen.[750] Die Bearbeitung aller die persönlichen Verhältnisse der Schutztruppenangehörigen betreffenden Angelegenheiten, die einer Entscheidung durch den Kaiser bedurften, oblag dem Militär-Kabinett.[751] Die Stellenbesetzung der Offiziere, Sanitätsoffiziere und oberen Militärbeamten sowie die Vornahme der gegebenenfalls notwendigen Beförderungen behielt sich der Kaiser ausdrücklich vor.[752]

b) Die Versorgungsausgaben im Haushalt der Schutzgebiete

Die umfangreichen Versorgungsregelungen führten zu unmittelbaren Auswirkungen auf die Haushalte der Schutzgebiete. Bisher bestanden die Militärausgaben hauptsächlich aus solchen für die Besoldung der Schutztruppenangehörigen. Bedingt durch das stetige Anwachsen des Personalbestandes der Schutztruppen waren diese für das Etatsjahr 1897/98[753] auf 1.656.300 Mark[754] für Deutsch-Ostafrika, 972.900 Mark für Deutsch-Südwestafrika[755] und 75.100 Mark für Kamerun[756] veranschlagt worden. Jetzt mussten zusätzlich auch Mittel für die Pensionen der Schutztruppenangehörigen und die Hinterbliebenenversorgung zur Verfügung gestellt werden. Erstmals waren diese in den Haushalts-Etats der Schutzgebiete für das Etatsjahr 1897/98 berücksichtigt.[757] Auf Pensionen und Pensionserhöhungen für Pensionäre der Schutztruppe entfielen für Deutsch-Ostafrika 48.787 Mark,[758] für Deutsch-Südwestafrika 18.000 Mark[759] und für Kamerun 3.717 Mark,[760] auf Bewilligungen für Hinterbliebene von Angehörigen

---

[749] DKBl. 1896, S. 520. Danach waren die für das Heer am 14. Juni 1894 bzw. 30. März 1895 erlassenen Bestimmungen sinngemäß anzuwenden.
[750] Allerhöchste Verordnung, betreffend die Bearbeitung sämtlicher Angelegenheiten der Schutztruppen durch die Kolonial-Abteilung vom 20. August 1896, DKBl. 1896, S. 551. Ebenfalls abgedruckt bei: Zorn, Kolonialgesetzgebung, S. 185.
[751] Allerhöchste Bestimmung, betreffend die Zuständigkeit des Militär-Kabinetts für Personalien der Schutztruppe vom 13. Oktober 1896, abgedruckt bei: Philipp Zorn, Kolonialgesetzgebung, S. 185.
[752] Allerhöchster Erlass vom 10. November 1896, DKBl. 1896, S. 697.
[753] Gesetz, betreffend die Feststellung des Haushalts-Etats für die Schutzgebiete auf das Etatsjahr 1897/98, 31. März 1897, RGBl. 1897, S. 75–93.
[754] a. a. O., S. 82.
[755] a. a. O., S. 91.
[756] a. a. O., S. 86.
[757] Gesetz, betreffend die Feststellung des Haushalts-Etats für die Schutzgebiete auf das Etatsjahr 1897/98, 31. März 1897, RGBl. 1897, S. 75–93.
[758] a. a. O., S. 82.
[759] a. a. O., S. 92.
[760] a. a. O., S. 86.

der Schutztruppe aufgrund des SchTrG 1896 für Deutsch-Ostafrika 1.479 Mark.[761]

Bereits im Folgejahr hatten diese sich deutlich erhöht. Für das Rechnungsjahr 1898[762] sah der Haushalt für Pensionen und Pensionserhöhungen in Deutsch-Ostafrika 67.268 Mark,[763] für Deutsch-Südwestafrika 32.000 Mark[764] und für Kamerun 5.685 Mark[765] sowie für Bewilligungen an Hinterbliebene von Angehörigen der Schutztruppe für Deutsch-Ostafrika 1.270 Mark vor.[766]

Im Rechnungsjahr 1899[767] betrug der Ansatz für die Pensionen und Pensionserhöhungen in Deutsch-Ostafrika 85.576 Mark,[768] für Deutsch-Südwestafrika 52.000 Mark[769] und für Kamerun 8.736 Mark[770] sowie für Bewilligungen an Hinterbliebene von Angehörigen der Schutztruppe für Deutsch-Ostafrika 1.522 Mark.[771]

c) Das Oberkommando der Schutztruppen

Bedeutendste organisatorische Neuerung war die Schaffung des Oberkommandos der Schutztruppen im Jahre 1897.

Nachdem bislang die Zuständigkeit für die Schutzgebiete innerhalb des Auswärtigen Amtes beim „Dezernat für die deutschen überseeischen Interessen“ lag,[772] wurde am 01. April 1890 beim Auswärtigen Amt eine IV. Abteilung – seit dem 29. Juni 1890 auf Verfügung des Reichskanzlers als „Kolonial-Abteilung“ bezeichnet – gebildet, die in allen Kolonialangelegenheiten selbständig unter der

---

761 a. a. O., S. 82. Für Kamerun und Deutsch-Südwestafrika waren keine entsprechenden Mittel vorgesehen.

762 Gesetz, betreffend die Feststellung des Haushalts-Etats für die Schutzgebiete auf das Rechnungsjahr 1898, 31. März 1898, RGBl. 1898, S. 140–158.

763 a. a. O., S. 146.

764 a. a. O., S. 157.

765 a. a. O., S. 151.

766 a. a. O., S. 147.

767 Gesetz, betreffend die Feststellung des Haushalts-Etats für die Schutzgebiete auf das Rechnungsjahr 1899, 31. März 1899, RGBl. 1899, S. 190–212.

768 a. a. O., S. 197.

769 a. a. O., S. 209.

770 a. a. O., S. 202.

771 a. a. O., S. 197.

772 Zunächst existierten im Auswärtigen Amt die für Politik zuständige I. Abteilung, die unmittelbar vom Staatssekretär geleitet wurde, und für die Handelspolitik die II. Abteilung, die dem Direktor unterstand. 1885 wurden die juristischen Angelegenheiten von der II. Abteilung abgetrennt und für diese eine III. Abteilung errichtet, vgl.: Hubatsch, S. 130–137. Bis zur späteren Schaffung des Reichskolonialamtes bzw. des Reichskolonialministeriums wurde diese historisch bedingte Zuordnung der Schutzgebietsangelegenheiten zum Auswärtigen Amt beibehalten.

Verantwortung des Reichskanzlers arbeitete.[773] Bei der Kolonial-Abteilung wurde ein als „Oberkommando der Kaiserlichen Schutztruppen“ bezeichneter militärischer Stab unter Leitung eines älteren Stabsoffiziers[774] eingerichtet.[775] Die Stellvertretung des Reichskanzlers hinsichtlich des Oberkommandos übernahm der jeweilige Kolonialdirektor,[776] *„der einzige Fall, in dem im Wehrverfassungssystem des Bismarckschen Reichs die militärische Kommandogewalt in die Hand ziviler Behörden gelegt war.“*[777]

d) Die Schutztruppenordnung 1898

Einen weiteren Schritt hin zur Verrechtlichung des Militäreinsatzes in Afrika stellten die am 25. Juli 1898 durch den Reichskanzler erlassenen „Organisatorischen Bestimmungen für die Kaiserlichen Schutztruppen in Afrika (Schutz-

---

[773] Bekanntmachung, betreffend die Errichtung der Kolonial-Abteilung des Auswärtigen Amts vom 15. Juli 1890, DKBl. 1890, S. 119. Entsprechende Mittel hatte der Reichstag zuvor für das Etatsjahr 1890/91 bewilligt, StenBer RT, 07. LP., 05. Sess. 1889/90, 21. Sitzung 22. November 1889, S. 448–463. S. auch: Harald Sippel, Die Kolonialabteilung des Auswärtigen Amtes und das Reichskolonialamt, in: Ulrich van der Heyden/ Joachim Zeller (Hrsg.), Kolonialmetropole Berlin. Eine Spurensuche, Berlin 2002, S. 29–32. Der Kolonialabteilung wurde ein Kolonialrat zur Seite gestellt, der aus Delegierten der Kolonialgesellschaften und durch den Reichskanzler berufenen Sachverständigen bestand und die Aufgabe hatte, Gutachten zu den Vorlagen der Kolonialabteilung abzugeben. Vgl.: Allerhöchster Erlass, betreffend die Errichtung eines Kolonialrats, 10. Oktober 1890, RGBl. 1890, S. 179. Der Kolonialrat wurde 1908 aufgelöst, vgl. Allerhöchster Erlass, betreffend die Aufhebung des Kolonialrats und die Bildung von Kommissionen beim Reichs-Kolonialamte, 17. Februar 1908, RGBl. 1908, S. 28, und die Bestimmungen über die Errichtung einer ständigen wirtschaftlichen Kommission der Kolonialverwaltung, 30. Juni 1911, DKBl. 1911, S. 654. Sie wurde erst im Juli 1911 einberufen und tagte nur zweimal. Zum Kolonialrat: Hartmut Pogge von Strandmann, Der Kolonialrat, in: Ulrich van der Heyden/ Joachim Zeller (Hrsg.), Kolonialmetropole Berlin. Eine Spurensuche, Berlin 2002, S. 32–34.

[774] Mit Wirkung vom 31. August 1897 wurde der zur Dienstleistung beim Auswärtigen Amt kommandierte Major Ohnesorg beim Oberkommando der Schutztruppen angestellt, DKL (1920)/*Zimmermann*, Band III, S. 410. Vgl. Anhang II. 2. *Von Alvensleben* hatte 1905 wegen der *„zukünftigen Bedeutung“* des Schutztruppenoberkommandos verlangt, dessen Leitung einem Offizier im Generalsrang zu übertragen und es dem neu zu schaffenden Reichskolonialamt anzugliedern, von Alvensleben, ZKolR 7 (1905), S. 928–934 (930f.). Diese Angliederung erfolgte auch. Durch Allerhöchsten Erlass vom 17. Mai 1907, RGBl. 1907, S. 239, wurde die Kolonialabteilung des Auswärtigen Amtes einschließlich des Oberkommandos der Schutztruppen in das dem Reichskanzler unmittelbar unterstehende Reichskolonialamt umgewandelt. Vgl. auch: Franz Florack, Die Errichtung des Reichskolonialamtes, in: ZKolR 8 (1906), S. 519–532.

[775] Die militärischen Besatzungstruppen des Schutzgebietes Kiautschou gehörten organisatorisch weiterhin zum Reichsmarineamt.

[776] Allerhöchste Bestimmung, betreffend die Vertretung des Reichskanzlers in den Kommando-Angelegenheiten der Schutztruppen durch den Direktor der Kolonial-Abteilung vom 18. August 1897, KolGG II, S. 355.

[777] Huber IV, S. 611.

truppenordnung)"[778] dar, mit der dieser von der Verordnungsermächtigung hinsichtlich der Organisation der Schutztruppen Gebrauch machte und diese umfassend regelte.[779] Es stand nunmehr nach § 2 SchTrO *„dem Gouverneur die oberste militärische Gewalt im Schutzgebiete zu."* Er konnte *„die Schutztruppe nach eigenem Ermessen, sowohl im Ganzen wie in ihren einzelnen Teilen, zu militärischen Unternehmungen verwenden"* und durch ihn wurde *„das Verhältnis der obersten Verwaltungs-Chefs*[780] *zu den in ihren Bezirken befindlichen Teilen der Schutztruppe mit der Maßgabe geregelt, dass alle militärischen Anordnungen lediglich von dem Führer der Schutztruppe verantwortlich getroffen werden."* Nach vorheriger Anhörung des Kommandeurs durfte der Gouverneur *„zu Zwecken der Zivilverwaltung Teile der Schutztruppe soweit verwenden, als die militärischen Rücksichten nicht entgegenstehen."* Dem Kommandeur der Schutztruppe wurde ein Remonstrationsrecht gegen militärische Anordnungen des Gouverneurs eingeräumt. Die Verordnung bestimmte: *„Hat der Kommandeur in militärischer Beziehung gegen die Anordnungen des Gouverneurs Bedenken, so ist er verpflichtet, dieselben zur Sprache zu bringen. Beharrt der Gouverneur auf seinen Anordnungen, so hat der Kommandeur sie auszuführen, kann aber unter Mitteilung an den Gouverneur an das Oberkommando der Schutztruppen berichten, welches hierüber entscheidet. Gegen diese Entscheidung steht sowohl dem Gouverneur als auch dem Kommandeur der Rekurs an seine Majestät den Kaiser zu. In allen Angelegenheiten der Truppe, welche eine höhere Entscheidung als die des Gouverneurs erfordern, ist durch Vermittlung und unter Äußerung des Letzteren an das Oberkommando der Schutztruppen zu berichten."*

Die Ergänzung der Schutztruppen erfolgte aufgrund freiwilliger Meldungen und mehrjähriger Verpflichtungen bzw. Kapitulationen, welche für die Schutztruppe in Kamerun und Ostafrika den Zeitraum von zwei Jahren und sechs Monaten, für Südwestafrika den Zeitraum von drei Jahren umfasste, § 6, wobei jedoch jeweils innerhalb dieser Dienstzeit ein Heimaturlaub von vier Monaten Dauer unter Fortzahlung der vollen Bezüge gewährt wurde, § 18.[781]

Die Anforderungen an die Einzustellenden definierte § 7: *„ (...) gute dienstliche und außerdienstliche Führung, absolute Zuverlässigkeit, solider Lebenswandel, gute militärische Ausbildung, vor Allem im Felddienst und im Schießen, Fähigkeit zu selbständigem Handeln."* Für die Offiziere waren neben *„einer wenigstens dreijährigen Dienstzeit als Offizier eine gute berufliche Qualifikation"*

---

778 Beilage zum Deutschen Kolonialblatt 1898, Nr. 20. Auch abgedruckt in: KolGG III, S. 49; geänderte Fassung in: KolGG XII, S. 309ff.

779 § 27 des Gesetzes, betreffend die Kaiserlichen Schutztruppen in den Afrikanischen Schutzgebieten und die Wehrpflicht daselbst vom 18. Juli 1896. Dazu: B. von König, Militär und Marine in den deutschen Schutzgebieten, in: ZKolR 2 (1900/1901), S. 70–85.

780 Chefs der Stationen (d. Verf.).

781 In der geänderten Fassung vom August 1908, KolGG XII, S. 309 ff., betrug diese für Kamerun zwei Jahre, für Deutsch-Ostafrika zwei Jahre und sechs Monate und für Deutsch-Südwestafrika drei Jahre und sechs Monate.

sowie ein „*ruhiger, fester Charakter, klares Urteil, Sicherheit und Festigkeit im Entschluss, Verständnis in der Behandlung Untergebener, taktvolles Verhalten gegen Vorgesetzte, kameradschaftlicher Sinn, Schuldenfreiheit und geordnete ökonomische Verhältnisse*" gefordert, für Unteroffiziere ein bereits abgeleisteter aktiver Dienst von drei Jahren, davon ein Jahr als Unteroffizier.[782]
Durch § 14 SchTrO erhielten neben den Schutztruppenoffizieren auch der Reichskanzler und der Gouverneur – und damit Zivilisten – die Befugnis, Disziplinarstrafen gegen Schutztruppenangehörige zu verhängen.[783]
Geregelt wurden daneben die Ausscheidensgründe, § 22, und die Modalitäten für den Wiedereintritt in das Heer oder die Marine (§ 24).[784]
Der letzte Abschnitt der Schutztruppenordnung (§§ 33, 34) bestimmte die Rechtsverhältnisse der farbigen Schutztruppenangehörigen. Danach sollte die Schutztruppe durch Werbung in den Schutzgebieten ergänzt werden. Die Regelung der Dienstverhältnisse – d. h. der Dienstverpflichtung, der Gebührnisse und der Versorgung – der Farbigen sollte dabei Kontrakten mit dem Stab der Schutztruppe, deren Grundsätze der Genehmigung des Gouverneurs bedurften, vorbehalten bleiben. Höchste Instanz für die Farbigen war der Kommandeur, nur ausnahmsweise war die Genehmigung des Gouverneurs erforderlich.[785]

[782] Vgl. ergänzend: „Anforderungen an die körperlichen Eigenschaften der in den afrikanischen Dienst einzustellenden Militärpersonen", Anl. 3 SchTrO, sowie Anl. 2 a für den Übertritt von Mannschaften und Unteroffizieren in die südwestafrikanische Schutztruppe.
[783] Der Reichskanzler erhielt die Disziplinarstrafgewalt eines kommandierenden Generals in der Armee, der Gouverneur die eines Divisionskommandeurs in der Armee.
[784] Danach sollten die für den durch § 3 SchTrG 1896 ermöglichten Rücktritt in das Heer bzw. die Marine erforderlichen Vereinbarungen mit dem Militär- bzw. Marine-Kabinett oder dem Kriegsministerium bzw. Reichs-Marineamt vorher herbeigeführt werden. Eine Übernahme, die ohne Vorhandensein einer etatmäßigen Stelle erfolgte, hatte bis zum Freiwerden einer solchen Stelle die Zahlung der Gebührnisse der neuen Stelle aus den Mitteln des Schutzgebietes zur Folge.
[785] So z. B. bei Verhängung der Todesstrafe.

Schlussbetrachtung und Ergebnisse

Die Schaffung der Schutztruppe war Teil der *„Organisation einer kolonialen Verwaltung, für die jede historische Grundlage fehlte."*[786] Mit dem Erlass des Schutztruppengesetzes von 1896 und der Schutztruppenordnung von 1898 war ein einheitliches Militärrecht für die afrikanischen Schutzgebiete entstanden, welches Aufbau, Rechte und Pflichten der Schutztruppen festlegte.
Es ergab sich eine zweiteilige Organisation der Schutztruppen, die aus Zentralinstanz und lokaler Verwaltung bestand.[787] In der Zentralinstanz war oberster Kriegsherr der Kaiser. In der Hierarchie folgte dann der Reichskanzler. Die Angelegenheiten der Schutztruppen zerfielen in militärische, die dem Oberkommando der Schutztruppen, das vom Kommandeur der Schutztruppen bzw. dem ältesten Stabsoffizier geführt wurde, zugewiesen waren, und Verwaltungsangelegenheiten, für die der Reichskanzler zuständig war. Die einheitliche Führung der Schutztruppen blieb dennoch erhalten, da auch das Oberkommando der Schutztruppen dem Reichskanzler unterstand.[788]
Im Schutzgebiet selbst, in der lokalen Verwaltung, unterstanden die Schutztruppen dem Gouverneur, welchem wiederum der Kommandeur als Befehlshaber der Schutztruppe des jeweiligen Schutzgebiets unterstand.

A. Ursachen für die Entstehung der Schutztruppen

Zur Entstehung der Kaiserlichen Schutztruppen führten mehrere Ursachen:

1. Zunächst sind *politische Gründe* dafür verantwortlich. Die Schutztruppen dienten zur Erlangung und Aufrechterhaltung der Herrschaft in den Schutzgebieten – sie waren wichtigstes „Machtmittel" beim Übergang von der mittelbaren zu einer *„formell-direkten Territorialherrschaft."*[789] Nur mittels einer bewaffneten Macht war man überhaupt in der Lage, den Besitz der Schutzgebiete zu sichern – und nur so konnte man den Anforderungen der Kongo-Akte an die Effektivität der Inbesitznahme der erworbenen Gebiete genügen.
Das schnelle Fehlschlagen des Versuches, die Schutzgebiete nach englischem Vorbild als Gesellschaftskolonien zu verwalten, das in erster Linie durch das

---

[786] Helfferich, S. 5. Die Stiftungstage für die Kaiserlichen Schutztruppen wurden durch Allerhöchste Kabinetts-Ordre vom 16. September 1911, RGBl. 1911, S. 752, festgelegt: für das Kommando der Schutztruppen im Reichskolonialamt der 31. August 1897, für die Schutztruppe für Deutsch-Ostafrika der 08. Februar 1889, für die Schutztruppe für Deutsch-Südwestafrika der 16. April 1889 und für die Schutztruppe für Kamerun der 30. Oktober 1891.
[787] Sassen, Kolonial-Militärrecht, S. 17–20.
[788] Mit Bildung des Reichskolonialamtes folgte als dessen Vertreter der Staatssekretär des Reichskolonialamtes – für militärische und auch für Verwaltungsangelegenheiten.
[789] Gründer, Kolonien, S. 82.

fehlende Interesse der in den Schutzgebieten tätigen Firmen an der Übernahme der im Zusammenhang mit der Verwaltung der Schutzgebiete anfallenden Kosten bedingt war, machte den unverzüglichen Aufbau einer staatlichen Verwaltung erforderlich. Dieser konnte in der Anfangsphase nur unter dem Schutz militärischer Formationen und *durch* deren Angehörige erfolgen, da die Rahmenbedingungen für die Tätigkeit ziviler Beamter noch nicht gegeben waren. Erst die militärische Kontrolle der Schutzgebiete ermöglichte den Aufbau einer Zivilverwaltung.

2. Hinzu kommen *wirtschaftliche Gründe*. Nur durch Anwendung militärischer Mittel erschien eine Ausweitung der wirtschaftlichen Tätigkeit mit dem Ziel, die wirtschaftliche Vorherrschaft der einheimischen Bevölkerung zu beseitigen und neue Rohstoffquellen und Absatzmärkte zu erschließen, überhaupt möglich. Entsprechend massiv wurde auf Reichsleitung und Reichstag Druck ausgeübt. Beide hielten diesem Druck nicht stand und bewilligten die für die militärische Durchdringung der Schutzgebiete erforderlichen Mittel in immer größerem Umfang. Dies geschah zögernd und nicht ohne Widerspruch, denn bereits in der zeitgenössischen Diskussion waren andere Lösungsmöglichkeiten, z. T. sogar die Aufgabe der Schutzgebiete, erwogen worden.

3. Ausgeschlossen werden kann hingegen, dass die Kaiserlichen Schutztruppen zur Verteidigung der Schutzgebiete gegen Angriffe anderer europäischer Kolonialmächte dienen sollten. Gesetzlich waren sie lediglich „*zur Aufrechterhaltung der öffentlichen Ordnung und Sicherheit*“ und demnach eher für polizeiliche Aufgaben bestimmt. Im Ersten Weltkrieg konnten die Kaiserlichen Schutztruppen den angreifenden alliierten Truppen in der Regel nicht erfolgreich widerstehen.[790] Lediglich in Deutsch-Ostafrika gelang dies – dort konnten das Deutsche Reich mit 15.000 Mann bis zum Kriegsende 160.000 Soldaten der alliierten Streitkräfte binden.[791]

[790] Vgl. hierzu: Wolfgang Petter, Der Kampf um die deutschen Kolonien, in: Wolfgang Michalka (Hrsg.), Der Erste Weltkrieg, München 1994, S. 392–411; Hans Krech, Die Kampfhandlungen in den ehemaligen deutschen Kolonien in Afrika während des 1. Weltkrieges (1914–1918), Berlin 1999.
[791] Reinhard, Expansion, S. 83.

B. Die Phasen der Entwicklung des Militärrechtes für die Schutzgebiete

Der Plan, die Schutzgebiete durch die Kaufleute regieren zu lassen, scheiterte innerhalb weniger Jahre nach Beginn Kolonialpolitik. Nach und nach vergrößerte sich der Einfluss des Reiches immer mehr und schließlich übernahm dieses dann die Verwaltung der Schutzgebiete. Innerhalb dieses Prozesses begann etwa zur Jahreswende 1888/89 die direkte militärische Einflussnahme des Deutschen Reiches auf die Schutzgebiete. Parallel dazu musste auch der ursprüngliche Plan aufgegeben werden, die militärische Sicherung der Schutzgebiete in die Hände privater Gesellschaften zu legen. **Die Verrechtlichung des Militäreinsatzes in den Schutzgebieten vollzog sich in mehreren Stufen**. Es lassen sich **vier Phasen** unterscheiden:

1. In der *ersten Phase* versuchte das Reich zunächst noch, indirekt durch die Entsendung von Kriegsschiffen und die vor Ort befindlichen Konsuln Einfluss auf die einheimische Bevölkerung zu nehmen. Dies geschah 1884 in Kamerun und 1885 in Ostafrika.

2. Als sich die Entsendung von Kriegsschiffen als unzureichend erwies, entstand in der *zweiten Phase* der Gedanke, mittels privater Militäreinheiten den Schutz der neu erworbenen Gebiete zu gewährleisten. Jedoch scheiterte dies entweder am fehlenden Willen der Kaufleute, die entsprechenden Truppen zu schaffen und zu finanzieren, oder an den tatsächlichen Verhältnissen, da sich die aufgestellten Truppen als zu schwach erwiesen. Die in Südwestafrika errichtete Gesellschaftstruppe blieb bedeutungslos und verschwand schnell. In Ostafrika und Kamerun wurden entsprechende Gesellschaftstruppen nicht errichtet.

3. In der *dritten Phase* erkannte man zwar die Notwendigkeit der Errichtung größerer militärischer Verbände, organisierte diese aber zunächst in halbstaatlicher Form. Dazu wurden auf Basis privater Verträge Truppen angeworben, die aus Reichsmitteln finanziert wurden. Dies geschah durch die Bildung der François-Truppe in Südwestafrika, der Wissmann-Truppe in Ostafrika und der Polizeitruppe Gravenreuths in Kamerun.

4. In der letzten, der *vierten Phase* wurden diese Truppen in Kaiserliche Schutztruppen umgewandelt, womit das Deutsche Reich auch in militärischer Hinsicht die volle Verantwortung für die Schutzgebiete übernahm. Dies erfolgte 1891 in Deutsch-Ostafrika sowie 1894/95 in Deutsch-Südwestafrika und Kamerun und fand seinen Höhepunkt mit dem Erlass eines einheitlichen Schutztruppengesetzes 1896 und der zugehörigen Schutztruppenordnung 1898.

Die personelle Stärke der Schutztruppe nahm stetig zu. Bestand sie noch im Berichtsjahr 1896/1897 in Deutsch-Ostafrika am 01. April 1897 aus 2139 Mann, von denen 1694 Mann auf die eigentliche Schutztruppe und 445 Mann auf die

Landespolizei entfielen,[792] in Deutsch-Südwestafrika laut Etat aus 31 Offizieren, sechs Zahlmeisteraspiranten und 710 Mann, tatsächlich jedoch etwa 30 Mann mehr,[793] und in Kamerun aus zwei Offizieren, einem Arzt, acht Unteroffizieren und 255 Afrikanern,[794] war sie bis Ende 1913 in Deutsch-Ostafrika auf 260 Weiße und 2472 Afrikaner, in Deutsch-Südwestafrika auf 1967 Mann und in Kamerun auf 205 Weiße und 1525 Afrikaner gewachsen.[795]

Mit dem Ausbau zu Kaiserlichen Schutztruppen wurde auch die Kodifizierung eines entsprechenden Militärrechtes erforderlich, um die rechtliche Basis für die notwendigen Militäroperationen zu schaffen und um Status, Rechte, Pflichten und nicht zuletzt die Versorgung[796] der Schutztruppenangehörigen zu regeln. Die anfängliche Grundlage des Gewohnheitsrechtes war auf Dauer nicht tragbar. In die dem ersten Schutztruppengesetz von 1891 folgenden Schutztruppengesetze von 1895 und 1896 waren jeweils die bei der praktischen Anwendung gewonnenen Erfahrungen eingeflossen, es kam zu einer „Evolution der Schutztruppengesetze", gekennzeichnet durch *„die Tendenz zu immer größerer Vereinheitlichung."*[797] Ging es noch bei der Diskussion des Schutztruppengesetzes von 1891 darum, ob eine Fortsetzung der Kolonialpolitik des Deutschen Reiches sinnvoll ist und ob überhaupt Truppen in den Schutzgebieten stationiert werden sollten, verlagerte sich die Diskussion anlässlich der Beratungen der Schutztruppengesetze von 1895 und 1896 mehr und mehr zu einem Streit darüber, wie die Schutztruppen organisiert und eingesetzt werden sollten. Jedoch gelang es bis zum Ausbruch des Ersten Weltkrieges nicht, die im Dualismus von Zivil- und Militärverwaltung liegenden Probleme vollständig zu lösen.[798]

---

[792] Denkschrift über die Entwickelung der Deutschen Schutzgebiete im Jahre 1896/97, Jahresbericht über die Entwickelung des ostafrikanischen Schutzgebietes, 22. Januar 1898, StenBer RT, 09. LP., 05. Sess. 1897/98, Zweiter Anlageband, Aktenstück Nr. 94, S. 944–972 (969).

[793] Denkschrift über die Entwickelung der Deutschen Schutzgebiete im Jahre 1896/97, Jahresbericht über die Entwickelung von Deutsch-Südwestafrika, 22. Januar 1898, StenBer RT, 09. LP., 05. Sess. 1897/98, Zweiter Anlageband, Aktenstück Nr. 94, S. 972–982 (981).

[794] Walther Beckmann (Hrsg.), Unsere Kolonien und Schutztruppen. Das Ehrenbuch der Überseekämpfer, Berlin 1935, S. 138.

[795] Entwurf des Haushaltsetats für die Schutzgebiete auf das Rechnungsjahr 1914 nebst Anlagen, 21. November 1913, StenBer RT, 13. LP., 01. Sess., Zweiter Anlageband (=Band 303), zu Nr. 1181, S. 2376.

[796] Vgl. hierzu die Sammlung der einschlägigen Vorschriften: M(ax) Adam, Das Militärversorgungsrecht im Heere, in der Marine und in den Schutztruppen, Berlin 1915.

[797] Sassen, Kolonial-Militärrecht, S. 16.

[798] So schon *Sassen,* der 1911 kritisierte, dass sich *„auch heute noch Reste des Dualismus lästig bemerkbar machen"* würden, Sassen, Archiv für Militärrecht 2 (1910/1911), S. 241–258 (248). Ebenso *Helfferich*, S. 39: *„In Ansehung der in der Zivilverwaltung verwendeten Schutztruppenangehörigen kommt mithin auch heute noch die vom Gouverneur abwärts aufrechterhaltene Zwiespältigkeit der Truppenorganisation und der Zivilverwaltung zum Ausdruck."* Dieser schränkte aber ein: *„Im großen ganzen hat die bestehende Organisation der kolonialen Truppen sich in normalen Zeiten bewährt."* Jedoch wies er darauf hin, dass

C. Die weitere Entwicklung

In wirtschaftlicher Hinsicht blieb für das Deutsche Reich als Bilanz von 30 Jahren Kolonialherrschaft in Afrika ein gigantisches Defizit zurück, obwohl einzelne Unternehmer durchaus erhebliche Gewinne aus Unternehmungen in den Schutzgebieten ziehen konnten – *Bade* nannte dies die *„Privatisierung der Gewinne bei einer Sozialisierung der Verluste.“*[799] Die finanziellen Aufwendungen für die Niederschlagung der Aufstände in den afrikanischen Schutzgebieten waren enorm. Allein der Krieg in Deutsch-Südwestafrika, in dem mehr als 1.400 Deutsche starben, kostete 585 Millionen Mark.[800] Zudem wurden Reichszuschüsse in erheblicher Höhe gezahlt: 122 Millionen Mark für Deutsch-Ostafrika, 278 Millionen Mark für Deutsch-Südwestafrika, 48 Millionen Mark für Kamerun und 3,5 Millionen Mark für Togo.[801]

Die verschiedentlich geäußerte Hoffnung, die Schutztruppen zurückziehen zu können[802] und *„die Gesellschaften wieder dahin zu bringen, wo sie ursprünglich gestanden haben, sie so selbständig, als es irgend möglich ist, zu machen“*,[803]

„eine militärische Organisation nicht nur in ruhigen Zeiten gut fungieren muss, sondern gerade in ungewöhnlichen Zeiten ihre Leistungsfähigkeit zu beweisen hat.“ Leutwein dagegen zog eine eher positive Bilanz des Verhältnisses von Zivil- und Militärverwaltung: *„Immerhin blieben zwischen diesen noch mancherlei Reibungsflächen bestehen, wie solche zu den kolonialen Eigentümlichkeiten zu gehören scheinen. Im Allgemeinen aber hat der Verwaltungsmechanismus (...) gut ineinander gegriffen.“*, Leutwein, Elf Jahre, S. 227.

799 Klaus J. Bade, Die deutsche Kolonialexpansion in Afrika. Ausgangssituation und Ergebnis, in: Walter Fürnrohr (Hrsg.), Afrika im Geschichtsunterricht europäischer Länder. Von der Kolonialgeschichte zur Geschichte der Dritten Welt, München 1982, S. 13–47 (38). Auf diese Tatsache hatte bereits Bamberger anlässlich der Beratungen zum Schutztruppengesetz für Ostafrika hingewiesen: *„(...) und nun tritt gerade für diese Kolonie (...) das ein, wogegen wir uns immer am meisten verwahrt haben, das heißt die Tatsache, dass private Unternehmungen zwar den Gewinn von einer Sache haben, dass aber die Lasten der Unternehmungen auf Reichskosten gehen sollen.“*, StenBer RT, 08. LP., 01. Sess. 1890/91, 57. Sitzung 04. Februar 1891, S. 1317.

800 Gründer, Junges Deutschland, S. 104.

801 Gründer, Kolonien, S. 239 und 246, Fn. 10.

802 Hobrecht vor dem Reichstag am 28. November 1889 (anlässlich der Beratungen über die Bewilligung weiterer Mittel für Deutsch-Ostafrika): *„Wenn die Expedition ihr Ziel erreicht hat – und nach allem Anschein dürfen wir annehmen, dass das bis zum Beginn des Sommers der Fall sein wird – so ist nach allen Informationen, die wir über die dortige Bevölkerung erhalten haben, zu vermuten, dass es nicht schwer sein wird, diese Ruhe durch eine mäßige Polizeitruppe zu erhalten, und zur Unterhaltung einer solchen Polizeitruppe wird der Überschuss aus den dem Sultan zustehenden Zöllen, die jetzt von der Gesellschaft erhoben werden, selbst dann ausreichen, wenn der Sultan in vollem Maße befriedigt wird, soweit er legitime Ansprüche darauf hat. Ich halte es für vollkommen möglich, dass diese dauernde Ausgabe auf ein solches Maß reduziert werden kann, dass die eigenen Einnahmen mit der Zunahme dieser Zölle ausreichen werden, um die Ausgaben zu decken.“*, StenBer RT, 07. LP., 05. Sess. 1889/90, 25. Sitzung 29. November 1889, S. 573.

803 Rede des Reichskanzlers Leo von Caprivi vor dem Reichstag vom 12. Mai 1890. Allerdings bemerkte er einschränkend, *„dass eben das von der Handlungsfähigkeit der Gesellschaften abhängen wird, und dass sich heute noch nicht mit Bestimmtheit übersehen lässt, wie*

erfüllte sich nicht. Als Folge des Ersten Weltkrieges verlor das Deutsche Reich aufgrund des Artikels 119 des Versailler Vertrages[804] die Schutzgebiete. Bis zum Ende des Krieges verblieben dort

die Kaiserlichen Schutztruppen.

weit sie dazu geeignet sein werden.", StenBer RT, 08. LP., 01. Sess. 1890/91, 04. Sitzung 12. Mai 1890, S. 42.

[804] Friedensvertrag von Versailles, 28. Juni 1919, RGBl. 1919, S. 687–1331. Art. 119 lautete: „*Deutschland verzichtet zugunsten der alliierten und assoziierten Hauptmächte auf alle seine Rechte und Ansprüche in bezug auf seine überseeischen Besitzungen.*"

Anhang

Anhang I – Personalia

1. Die Reichskanzler

Otto von Bismarck (1871–1890)
Leo von Caprivi (1890–1894)
Chlodwig von Hohenlohe-Schillingsfürst (1894–1900)
Bernhard von Bülow (1900–1909)
Theobald von Bethmann Hollweg (1909–1917)
Georg Michaelis (1917)
Georg von Hertling (1917–1918)
Max von Baden (1918)

2. Die Direktoren der Kolonialabteilung des Auswärtigen Amtes, Staatssekretäre des Reichskolonialamtes, Kolonialminister[805]

Heinrich von Kusserow (1880–1885)
Geheimer Legationsrat im AA; Chef des Kolonial-Dezernats
Dr. Friedrich Richard Krauel (1885–30.06.1890)
Kolonialdirigent
Dr. Paul Kayser (30.06.1890--14.10.1896)
Kolonialdirigent; Kolonialdirektor
Dr. Oswald Freiherr von Richthofen (15.10.1896–31.03.1898)
Kolonialdirektor
Dr. Gerhard von Buchka (01.04.1898–06.06.1900)
Kolonialdirektor
Dr. Oskar Wilhelm Stuebel (12.06.1900–16.11.1905)
Kolonialdirektor
Ernst Erbprinz zu Hohenlohe-Langenburg(16.11.1905–05.09.1906)
Kolonialdirektor
Bernhard Dernburg (05.09.1906–09.06.1910)
Kolonialdirektor; Staatssekretär im Reichskolonialamt
Dr. Friedrich von Lindequist (10.06.1910–03.11.1911)
Staatssekretär im Reichskolonialamt

---

[805] Nach: Hubatsch, S. 248; Harald Sippel, Die Kolonialabteilung des Auswärtigen Amtes und das Reichskolonialamt, in: Ulrich van der Heyden/ Joachim Zeller (Hrsg.), Kolonialmetropole Berlin. Eine Spurensuche, Berlin 2002, S. 29–32. Die Amtsbezeichnung des Leiters der Kolonialabteilung lautete vom 01. April 1890 bis 26. März 1894 Kolonialdirigent, vom 27. März 1894 bis 16. Mai 1907 Kolonialdirektor. Ab dem 17. Mai 1907 war der Leiter der Kolonialverwaltung der Staatssekretär im Reichskolonialamt, vom 13. Februar 1919 an der Kolonialminister.

Wilhelm Heinrich Solf (04.11.1911–13.12.1918)
Staatssekretär im Reichskolonialamt
Johannes Bell (13.02.1919–01.04.1920)
Reichskolonialminister

3. Leiter der Schutzgebietsverwaltung[806]

a) Deutsch-Ostafrika
Hermann von Wissmann (08.02.1889–21.02.1891)
Reichskommissar
Julius Freiherr von Soden (14.02.1891–15.09.1893)
Gouverneur
Friedrich Freiherr von Schele (15.09.1893–25.02.1895)
Gouverneur
Hermann von Wissmann (26.04.1895–03.12.1896)
Gouverneur
Eduard von Liebert (03.12.1896–12.03.1901)
Gouverneur
Adolf Graf von Götzen (12.03.1901–15.04.1906)
Gouverneur
Georg Albrecht Freiherr von Rechenberg (15.04.1906–22.04.1912)
Gouverneur
Dr. Heinrich Schnee (22.04.1912–1916)
Gouverneur

b) Deutsch-Südwestafrika
Dr. Heinrich Göring (Mai 1885–August 1890)
Kaiserlicher Kommissar
Curt von François (ad interim seit März 1891, seit November 1893 Landeshauptmann bis 15.03.1894)
Theodor Leutwein (ad interim seit 15.03.1894, etatmäßig ab 27.06.1895, Gouverneur vom 18.04.1898-19.08.1905)
Dr. Friedrich von Lindequist (19.08.1905–20.05.1907)
Gouverneur
Bruno von Schuckmann (20.05.1907–20.06.1910)
Gouverneur
Dr. Theodor Seitz (28.08.1910–1915)
Gouverneur

---

[806] Nach: A. Zimmermann, S. 313f.; Längin/Schindler, S. 322ff.; Gründer, Kolonien, S. 248ff.

c) Kamerun

Dr. Max Buchner (14.07.1884–17.05.1885)
Kaiserlicher Kommissar (ad interim mit Charakter als Konsul)
Julius Freiherr von Soden (26.05.1885–14.02.1891)
Gouverneur
Eugen Ritter von Zimmerer (15.04.1891–13.08.1895)
Gouverneur
Jesco von Puttkamer (13.08.1895–09.05.1907)
Gouverneur
Dr. Theodor Seitz (10.05.1907–27.08.1910)
Gouverneur
Dr. Otto Gleim (28.08.1910–29.01.1912)
Gouverneur
Dr. Karl Ebermeier (29.01.1912–1916)
Gouverneur

4. Die Kommandeure der Schutztruppe[807]

a) Deutsch-Ostafrika

Wilhelm Schmidt (1890–1891)
August Leue (1891)
Emil von Zelewski (01.04.1891–17.08.1891)
Hugo Rüdiger (1891–1892)
Friedrich Freiherr von Schele (1892–25.03.1895)
Lothar von Trotha (25.05.1895–17.08.1897)
Eduard von Liebert (22.09.1897–12.03.1901)
Adolf Graf von Götzen (12.03.1901–14.04.1906)
Kurt von Schleinitz (28.05.1907–13.04.1914)
Paul von Lettow-Vorbeck (13.04. 1914–1918)

b) Deutsch-Südwestafrika

Curt von François (01.06.1894–06.01.1895)
Theodor Leutwein (10.11.1897–16.05.1904)
Lothar von Trotha (17.05.1904–21.05.1906)
Berthold von Deimling (22.05.1906–31.03.1907)
Ludwig von Estorff (1.04.1907–19.03.1911)
Joachim von Heydebreck (19.11.1912–1914)
Victor Franke (1914–1915)

---

807 Nach: Hubatsch, S. 352ff.; Längin/Schindler, S. 322ff. Kiautschou besaß keine Schutztruppe. Der Gouverneur war zugleich Befehlshaber der Besatzungstruppen. In Togo und den Südsee-Schutzgebieten existierte keine Schutz-, sondern eine Polizeitruppe.

c) Kamerun

Maximilian von Stetten (08.07.1894–06.08.1896)
Oltwig Wilhelm von Kamptz (18.10.1897–17.04.1901)
Kurt von Pavel (18.5.1901–31.01.1903)
Franz L. W. Mueller (06.04.1903–18.02.1908)
Harry Puder (18.02.1908–13.09.1913)
Karl Zimmermann (13.04.1914–1916)

5. Das Oberkommando der Schutztruppen: Kommandeure [808]

Max Ohnesorg (31.08.1897–13.09.1906)
Ferdinand Quade (13.09.1906–18.10.1908)
Franz Georg von Glasenapp (19.10.1908–06.04.1914)
Ernst von Below (07.04.1914–14.08.1914)
Ferdinand Lempp (14.08.1914–02.09.1914)
Konradin Sklode von Perbandt (02.09.1914–22.03.1915)
Ferdinand Lempp (24.03.1915–15.06.1917)
Kurt Strümpell (23.08.1917–10.10.1917)

Anhang II - Kolonialgeschichtliche Quellen

1. Verfassung des Deutschen Reichs vom 16. April 1871 (Auszüge) [809]

I. Bundesgebiet

Artikel 1

Das Bundesgebiet besteht aus den Staaten Preußen mit Lauenburg, Bayern, Sachsen, Württemberg, Baden, Hessen, Mecklenburg-Schwerin, Sachsen-Weimar, Mecklenburg-Strelitz, Oldenburg, Braunschweig, Sachsen-Meiningen, Sachsen-Altenburg, Sachsen-Coburg-Gotha, Anhalt, Schwarzburg-Rudolstadt, Schwarzburg-Sondershausen, Waldeck, Reuß ältere Linie, Reuß jüngere Linie, Schaumburg-Lippe, Lippe, Lübeck, Bremen und Hamburg.

II. Reichsgesetzgebung

Artikel 2

Innerhalb dieses Bundesgebietes übt das Reich das Recht der Gesetzgebung nach Maßgabe des Inhalts dieser Verfassung und mit der Wirkung aus, dass die Reichsgesetze den Landesgesetzen vorgehen. Die Reichsgesetze erhalten ihre verbindliche Kraft durch ihre Verkündigung von Reichs wegen, welche vermittelst eines Reichsgesetzblattes geschieht. Sofern nicht in dem publizierten Ge-

---

808 Nach: DKL (1920), Band III, S. 321 ff.
809 RGBl. 1871, S. 63

setze ein anderer Anfangstermin seiner verbindlichen Kraft bestimmt ist, beginnt die letztere mit dem vierzehnten Tage nach dem Ablauf desjenigen Tages, an welchem das betreffende Stück des Reichsgesetzblattes in Berlin ausgegeben worden ist.
(...)

Artikel 4
Der Beaufsichtigung Seitens des Reichs und der Gesetzgebung desselben unterliegen die nachstehenden Angelegenheiten:
1) die Bestimmungen (...) über die Kolonisation und die Auswanderung nach außerdeutschen Ländern; (...)

Artikel 5
(1) Die Reichsgesetzgebung wird ausgeübt durch den Bundesrat und den Reichstag. (...)

IX. Marine und Schifffahrt
Artikel 53
(1) Die Kriegsmarine des Reichs ist eine einheitliche unter dem Oberbefehl des Kaisers. Die Organisation und Zusammensetzung derselben liegt dem Kaiser ob, welcher die Offiziere und Beamten der Marine ernennt, und für welchen dieselben nebst den Mannschaften eidlich in Pflicht zu nehmen sind.
(...)

XI. Reichskriegswesen
Artikel 57
Jeder Deutsche ist wehrpflichtig und kann sich in Ausübung dieser Pflicht nicht vertreten lassen.
(...)

Artikel 61
(1) Nach Publikation dieser Verfassung ist in dem ganzen Reiche die gesamte Preußische Militärgesetzgebung ungesäumt einzuführen, sowohl die Gesetze selbst, als die zu ihrer Ausführung, Erläuterung oder Ergänzung erlassenen Reglements, Instruktionen und Reskripte, namentlich also das Militär-Strafgesetzbuch vom 3. April 1845, die Militär-Strafgerichtsordnung vom 3. April 1845, die Verordnung über die Ehrengerichte vom 20. Juli 1843, die Bestimmungen über Aushebung, Dienstzeit, Servis- und Verpflegungswesen, Einquartierung, Ersatz von Flurbeschädigungen, Mobilmachung usw. für Krieg und Frieden. Die Militär-Kirchenordnung ist jedoch ausgeschlossen.
(2) Nach gleichmäßiger Durchführung der Kriegsorganisation des Deutschen Heeres wird ein umfassendes Reichs-Militärgesetz dem Reichstage und dem Bundesrate zur verfassungsmäßigen Beschlussfassung vorgelegt werden.
(...)

Artikel 63
(1) Die gesamte Landmacht des Reichs wird ein einheitliches Heer bilden, welches in Krieg und Frieden unter dem Befehle des Kaisers steht.
(...)

(3) Der Kaiser hat die Pflicht und das Recht, dafür Sorge zu tragen, dass innerhalb des Deutschen Heeres alle Truppenteile vollzählig und kriegstüchtig vorhanden sind und dass Einheit in der Organisation und Formation, in Bewaffnung und Kommando, in der Ausbildung der Mannschaften sowie in der Qualifikation der Offiziere hergestellt und erhalten wird.
(...)

Artikel 64
(1) Alle Deutschen Truppen sind verpflichtet, den Befehlen des Kaisers unbedingte Folge zu leisten. Die Verpflichtung ist in den Fahneneid aufzunehmen.
(...)

2. Generalakte der Berliner Konferenz vom 26. Februar 1885, sog. Kongo-Akte (Auszüge)[810]

Kapitel I.
Erklärung, betreffend die Freiheit des Handels in dem Becken des Kongo, seinen Mündungen und den angrenzenden Ländern, nebst einigen damit zusammenhängenden Bestimmungen

Artikel 1
Der Handel aller Nationen soll vollständige Freiheit genießen:
1. In allen Gebieten, welche das Becken des Kongo und seiner Nebenflüsse bilden. Dieses Becken wird begrenzt durch (...)
2. In dem Seengebiete, welches sich an dem Atlantischen Ozean von dem unter 2° 30′ südlicher Breite belegenen Breitengrade bis zu der Mündung des Loge erstreckt. (...)
3. In dem Gebiete, welches sich östlich von dem Kongobecken in seinen oben beschriebenen Grenzen bis zu dem Indischen Ozean erstreckt, von dem fünften Grade nördlicher Breite bis zu der Mündung des Zambese im Süden; von letzterem Punkte aus folgt die Grenzlinie dem Zambese bis fünf Meilen aufwärts von der Mündung des Schire und findet ihre Fortsetzung in der Wasserscheide zwischen den Zuflüssen des Nyassasees und den Nebenflüssen des Zambese, um endlich die Wasserscheidelinie zwischen dem Zambese und Kongo zu erreichen.

---
[810] RGBl. 1885, S. 215 ff.

Artikel 2
Alle Flaggen, ohne Unterschied der Nationalität, haben freien Zutritt zu der gesamten Küste der oben aufgeführten Gebiete, zu den Flüssen, die daselbst in das Meer einmünden, zu allen Gewässern des Kongo und seiner Nebenflüsse, einschließlich der Seen, zu allen Häfen an diesen Gewässern sowie zu allen Kanälen, welche etwa in Zukunft angelegt werden, um die Wasserstraßen oder Seen innerhalb der in dem Artikel 1 beschriebenen Gebiete zu verbinden. (...)

Kapitel III.
Erklärung, betreffend die Neutralität der in dem konventionellen Kongobecken einbegriffenen Gebiete
Artikel 10
Um dem Handel und der Industrie eine neue Bürgschaft der Sicherheit zu geben und durch die Aufrechterhaltung des Friedens die Entwicklung der Zivilisation in denjenigen Ländern zu sichern, welche im Artikel 1 erwähnt und dem System der Handelsfreiheit unterstellt sind, verpflichten sich die Hohen Teile, welche die gegenwärtige Akte unterzeichnen, und diejenigen, welche ihr in der Folge beitreten, die Neutralität der Gebiete oder Teile von Gebieten, welche den erwähnten Ländern angehören, einschließlich der territorialen Gewässer, zu achten, so lange die Mächte, welche Souveränitäts- oder Protektoratsrechte über diese Gebiete ausüben oder ausüben werden, von dem Rechte, sich für neutral zu erklären, Gebrauch machen und den durch die Neutralität bedingten Pflichten nachkommen.

Artikel 11
Falls eine Macht, welche Souveränitäts- oder Protektoratsrechte in den im Artikel 1 erwähnten und dem Freihandelssystem unterstellten Ländern ausübt, in einen Krieg verwickelt werden sollte, verpflichten sich die Hohen Teile, welche die gegenwärtige Akte unterzeichen, sowie diejenigen, welche ihr mit der Folge beitreten, ihre guten Dienste zu leihen, damit die dieser Macht gehörigen und in der konventionellen Freihandelszone einbegriffenen Gebiete, im gemeinsamen Einverständnis dieser Macht und des anderen oder der anderen kriegführenden Teile, für die Dauer des Krieges den Gesetzen der Neutralität unterstellt und so betrachtet werden, als ob sie einem nichtkriegführenden Staate angehören. Die kriegführenden Teile würden von dem Zeitpunkte an darauf Verzicht zu leisten haben, ihre Feindseligkeiten auf die also neutralisierten Gebiete zu erstrecken oder dieselben als Basis für kriegerische Operationen zu benutzen.

Art. 12
Falls sich zwischen den Mächten, welche die gegenwärtigen Akte unterzeichnen, oder denjenigen, welche etwa in der Folge derselben beitreten, ernste Meinungsverschiedenheiten mit Bezug auf die Grenzen oder innerhalb der Grenzen der im Artikel 1 erwähnten und dem Freihandelssystem unterstellten

Gebiete ergeben, so verpflichten sich jene Mächte, bevor sie zur Waffengewalt schreiten, die Vermittlung einer oder mehrerer der befreundeten Mächte in Anspruch zu nehmen.
Für den gleichen Fall behalten sich die gleichen Mächte vor, nach ihrem Ermessen auf ein schiedsrichterliches Verfahren zurückzugreifen.

Kapitel VI
Erklärung, betreffend die wesentlichen Bedingungen, welche zu erfüllen sind, damit neue Besitzergreifungen an den Küsten des afrikanischen Festlandes als effektive betrachtet werden

Art. 34
Diejenige Macht, welche in Zukunft von einem Gebiete an der Küste des afrikanischen Festlandes, welches außerhalb ihrer gegenwärtigen Besitzungen liegt, Besitz ergreift, oder welche, bisher ohne dergleichen Besitzungen, solche erwerben sollte, desgleichen auch die Macht, welche dort eine Schutzherrschaft übernimmt, wird den betreffenden Akt mit einer an die übrigen Signatarmächte der gegenwärtigen Akte gerichteten Anzeige begleiten, um dieselben in den Stand zu setzen, gegebenenfalls ihre Reklamationen geltend zu machen.

Artikel 35
Die Signatarmächte der gegenwärtigen Akte anerkennen die Verpflichtung, in den von ihnen an den Küsten des afrikanischen Kontinents besetzten Gebieten das Vorhandensein einer Obrigkeit zu sichern, welche hinreicht, um erworbene Rechte und, gegebenenfalls, die Handels- und Durchgangsfreiheit unter den Bedingungen, welche für letztere vereinbart worden, zu schützen.

3. Kontrakt der François-Truppe vom 29. April 1889[811]

Kontrakt

Zwischen dem mit der Ausrüstung und der einstweiligen Führung einer Expedition in das südwestafrikanische Schutzgebiet beauftragten Herrn Lieutenant von François und dem N. N. wird nachstehender Kontrakt abgeschlossen.

---

[811] Abgedruckt bei: François, S. 220–221. Dort Anmerkung Curt von François': „*Der Kontrakt bestand bis zur Umwandlung der Schutztruppe in eine kaiserliche Truppe im Jahre 1894 und unterlag nur einigen kleinen formalen Änderungen und Zusätzen zu der Bekleidung.*"

§ 1.
Der N. N. verpflichtet sich, in die für die Expedition zu bildende Truppe einzutreten und bei derselben vom 1. Mai 1889 bis zum 1. April 1892 zu verbleiben und alle aus seiner Stellung folgenden oder ihm von seinen vorgesetzten übertragenen Dienstgeschäfte zu erfüllen.

§ 2.
Der N. N. erhält außer freier Verpflegung an Löhnung monatlich 83,33 Mark, postnumerando zahlbar, und wird dieselbe berechnet vom 25. April 1889 bis zum Tage der Entlassung einschließlich, für einzelne Tage mit 1/30 des Monatsbetrages. Der N. N. wird kostenfrei von Berlin nach Walfischbay befördert.

§ 3.
Der N. N. erhält freie Bekleidung und Ausrüstung an Waffen. Er verpflichtet sich, seine Bekleidung und Ausrüstung nach Möglichkeit zu schonen und in gutem Zustande zu erhalten. Für selbst verschuldete Verluste und Beschädigungen ist der N. N. haftbar. Die erstmalige Ausrüstung besteht, abgesehen von Bewaffnung und Pferdausrüstung aus:

1 Militärmantel,
1 Jacket I
1 Reithose > aus Kordstoff,
1 langen Hose I
2 Drillichanzügen (nach Ankunft im Schutzgebiet),
1 Paar Reitstiefeln,
1 Paar Schnürschuhen,
1 Filzhut,
3 wollenen Hemden,
2 Unterhosen,
1/2 Dutzend wollener Socken,
3 Taschentüchern,
3 Handtüchern,
1 wollenen Decke,
1 Taschenmesser,
1 Feldflasche.

§ 4.
Der N. N. erhält nach Maßgabe der örtlichen Verhältnisse freie Unterkunft.

§ 5.
Der N. N. wird nach Ablauf des Vertrages, sofern derselbe nicht erneuert wird und sofern der N. N. nicht vorzieht, in dem Schutzgebiete zu verbleiben, kostenfrei nach einem deutschen Hafen zurückbefördert und erhält während der Reise jede Verpflegung. Sofern die Entlassung im Wege der Strafe erfolgt, fällt jeder Anspruch auf kostenfreie Heimbeförderung weg.

§ 6.
Der N. N. unterwirft sich den Bestimmungen über disziplinarische Pflichtverletzungen, sowie über militärische Verbrechen, die von Sr. Majestät dem Kaiser für die zu der Expedition gehörige Truppe erlassen werden.

§ 7.
Der N. N. verpflichtet sich, ohne Genehmigung des Truppenführers keinerlei Geschäfte auf fremde oder eigene Rechnung zu übernehmen. Ebenso ist er zur strengsten Verschwiegenheit über alle Dienstangelegenheiten verpflichtet.

§ 8.
Dem Führer der Truppe steht das Recht zu, dem N. N: jederzeit zu kündigen. Im Falle einer Kündigung kommt N. N. einen Monat nach der Kündigung zur Entlassung und steht ihm alsdann Anspruch auf kostenfreie Rückbeförderung nach einem deutschen Hafen zu.
Der N. N. hat ein Kündigungsrecht nicht.

§ 9.
Der N. N. unterwirft sich wegen aller aus diesem Vertrage erwachsenden finanziellen Ansprüche, unter Verzicht auf den Rechtsweg, der Entscheidung des Führers der Truppe.

Berlin, den 29. April 1889.

4. Arbeitskontrakt für die Kameruner Polizeitruppe vom 18. August 1891[812]

Zwischen dem Hauptmann Freiherrn von Gravenreuth im Auftrage der deutschen Regierung einerseits
und den in beifolgender Liste aufgeführten und unterschriebenen Arbeitern und Arbeiterinnen andererseits
ist unter dem heutigen Datum wie folgt vereinbart worden

[812] BArch, R 1001/4022, S. 2f.

§ 1
Die Unterzeichneten erklären sich bereit, nach Kamerun zu gehen und dort jedwede Arbeit als Träger, Soldaten, Farmarbeit pp und wie dieselbe von dem Herrn Arbeitgeber für passend und gut befunden wird, zu verrichten.

§ 2
Dieser Kontrakt läuft auf fünf (5) Jahre und sollen die Arbeiter freie Beköstigung und Bekleidung sowie freie Passage nach Kamerun haben, während der gezahlte Vorschuss von 320 M bzw. 280 M für diese Zeit als Lohn anzusehen ist.

§ 3
Den Arbeitern, die auf Stationen beschäftigt werden, soll ferner ein Stück Land zur eigenen Benutzung zugewiesen werden.

§ 4
Sämtliche Unterzeichneten verpflichten sich, auch nach Ablauf der 5 Jahre fernerhin im deutschen Gebiet und Dienst zu verbleiben, und sollen dann weitere Lohnabmachungen nach Fähigkeit und Maßgabe der Verhältnisse vereinbart werden.
Dieser Kontrakt wurde den Unterzeichneten, Arbeitern und Arbeiterinnen im hiesigen Landesgerichtshof, vom Dolmetscher David im Beisein des Vertreters des hiesigen deutschen Konsulats übersetzt und das Einverständnis durch Handzeichen erklärt. Urkundlich dessen folgen unsere Unterschriften und Siegel.
Weidah, den 18. August 1891

Der Kaiserliche Konsul a. i.
gez. Ernst Leopold Witt gez. C. v. Gravenreuth
Der Dolmetscher
gez. E. David

5. Gesetz, betreffend den Schutz der deutschen Interessen und Bekämpfung des Sklavenhandels in Ostafrika vom 02. Februar 1889 [813]

§ 1
Für Maßregeln zur Unterdrückung des Sklavenhandels und zum Schutz der deutschen Interessen in Ostafrika wird eine Summe bis zur Höhe von zwei Millionen Mark zur Verfügung gestellt.

[813] RGBl. 1889, S. 3.

§ 2
Die Ausführung der erforderlichen Maßregeln wird einem Reichskommissar übertragen.

§ 3
Der Reichskanzler wird ermächtigt, die erforderlichen Beträge nach Maßgabe des eintretenden Bedürfnisses aus den bereiten Mitteln der Reichs-Hauptkasse zu entnehmen.

6. Gesetz, betreffend die Kaiserliche Schutztruppe für Deutsch-Ostafrika vom 22. März 1891 (Auszüge)[814]

§ 1
Zur Aufrechterhaltung der öffentlichen Ordnung und Sicherheit in Deutsch-Ostafrika, insbesondere zur Bekämpfung des Sklavenhandels wird eine Schutztruppe verwendet, deren oberster Kriegsherr der Kaiser ist.

I. Bildung, Ergänzung und Rechtsverhältnisse

§ 2
Die Schutztruppe wird gebildet:
a) aus Offizieren, Ingenieuren des Soldatenstandes, Sanitätsoffizieren, Beamten und Unteroffizieren des Reichsheeres und der Kaiserlichen Marine, welche auf Grund freiwilliger Meldung der Schutztruppe zeitweise zugeteilt werden,
b) aus angeworbenen Farbigen.

§ 3
Die der Schutztruppe zugeteilten deutschen Militärpersonen und Beamten scheiden aus dem Heere und, soweit sie der Kaiserlichen Marine angehören, aus dem Etat der letzteren aus.
Sie gelten als außer diesem Etat stehende, zeitweise abkommandierte Angehörige der Kaiserlichen Marine.
(...)

§ 18
Außer den in § 2 lit. a bezeichneten Militärpersonen können in die Schutztruppe auch solche Deutsche übernommen werden, welche der von dem Reichskommissar für Ostafrika angeworbenen Schutztruppe angehören. Sie erhalten hierdurch die Rechte und Pflichten der vorerwähnten Militärpersonen.

[814] RGBl. 1891, S. 53.

7. Gesetz, betreffend die Kaiserlichen Schutztruppen für Südwestafrika und für Kamerun vom 09. Juni 1895 (Auszüge)[815]

§ 1
Zur Aufrechterhaltung der öffentlichen Ordnung und Sicherheit in Deutsch-Südwestafrika und in Kamerun wird je eine Schutztruppe verwendet, deren oberster Kriegsherr der Kaiser ist.

§ 2
Auf die im § 1 bezeichneten Schutztruppen finden die Bestimmungen des Gesetzes, betreffend die Kaiserliche Schutztruppe für Deutsch-Ostafrika, vom 22. März 1891 (Reichs-Gesetzbl. S. 53) mit den in den folgenden Paragraphen bestimmten Abweichungen entsprechende Anwendung.

§ 3
Die Kaiserliche Schutztruppe für Südwestafrika besteht auch aus Gemeinen des Reichsheeres und der Kaiserlichen Marine.
(...)

§ 4
(...) Für diejenigen Militärpersonen, welche aus den bei der Landeshauptmannschaft für Südwestafrika, oder dem Gouvernement von Kamerun gebildeten Dienstverträgen gebildeten Truppen in die Kaiserlichen Schutztruppen übernommen werden, ist der in den ersteren bereits abgeleistete Dienst im Sinne dieses Gesetzes demjenigen in der Schutztruppe gleich zu achten.
(...)

8. Gesetz, betreffend die Kaiserlichen Schutztruppen in den Afrikanischen Schutzgebieten und die Wehrpflicht daselbst vom 07./18. Juli 1896 (Auszüge)[816]

§ 1
Zur Aufrechterhaltung der öffentlichen Ordnung und Sicherheit in den Afrikanischen Schutzgebieten, insbesondere zur Bekämpfung des Sklavenhandels, werden Schutztruppen verwendet, deren oberster Kriegsherr der Kaiser ist.

---

815 RGBl. 1895, S. 258.
816 RGBl. 1896, S. 653.

§ 2
Die Schutztruppen werden gebildet:
a) aus Offizieren, Ingenieuren des Soldatenstandes, Sanitätsoffizieren, Beamten und Unteroffizieren des Reichsheeres und der Kaiserlichen Marine, welche auf Grund freiwilliger Meldung der Schutztruppe zeitweise zugeteilt werden,
b) aus angeworbenen Farbigen.

§ 3
Die den Schutztruppen zugeteilten Militärpersonen und Beamten scheiden aus dem Heere, und soweit sie der Kaiserlichen Marine angehören, aus dieser aus, jedoch bleibt ihnen der Rücktritt, bei Wahrung ihres Dienstalters, unter der Voraussetzung ihrer Tauglichkeit vorbehalten.
(...)

III. Wehrpflicht
§ 18
Durch die Kaiserliche Verordnung wird bestimmt, in welchen Schutzgebieten und unter welchen Voraussetzungen wehrpflichtige Reichsangehörige die daselbst ihren Wohnsitz haben, ihrer aktiven Dienstpflicht in den Schutztruppen Genüge leisten dürfen.
(...)

IV. Übergangs- und Schlussbestimmungen
§ 22
Außer den in § 2 lit. a bezeichneten Militärpersonen können in die Schutztruppe auch solche Deutsche übernommen werden, welche der von dem Reichskommissar für Ostafrika angeworbenen Schutztruppe angehören. Sie erhalten hierdurch die Rechte und Pflichten der vorerwähnten Militärpersonen.
(...)

§ 25
Die Kaiserliche Schutztruppe für Südwestafrika besteht auch aus Gemeinen des Reichsheeres und der Kaiserlichen Marine.
(...)

§ 26
(...) Für diejenigen Militärpersonen, welche aus den bei der Landeshauptmannschaft für Südwestafrika oder dem Gouvernement von Kamerun auf Grund von Dienstverträgen gebildeten Truppen in die betreffenden Kaiserlichen Schutztruppen übernommen werden, ist der in den ersteren bereits abgeleistete Dienst im Sinne dieses Gesetzes demjenigen in der Schutztruppe gleich zu achten. (...)

§ 27
Die näheren Vorschriften über die Organisation der Schutztruppen werden vom Reichskanzler erlassen.

Literaturverzeichnis

I. Ungedruckte Quellen

Bundesarchiv, Abteilung Berlin-Lichterfelde
-Bestand R 151 F (Kaiserliches Gouvernement in Deutsch-Südwestafrika, Zentralbureau)
zit. als: BArch, R 151 F

R 151 F/A.I.a.1	Inbesitznahme des Schutzgebiets, Verträge mit den Häuptlingen, Bände 1 und 2 (1882–1898)
R 151 F/A.I.a.2	Inbesitznahme des Schutzgebiets, Verträge mit den Häuptlingen, Band 1 (1884–1896)
R 151 F/D.III.w.1	Einstellung von Eingeborenen und sonstigen Farbigen in die Schutztruppe, Wehrpflicht von Eingeborenen, Generalia, Band 1 (1895–1914)
R 151 F/D.III.w.3	Einstellung von Eingeborenen und sonstigen Farbigen in die Schutztruppe, Wehrpflicht von Eingeborenen, Wehrpflichtvertrag mit den Bastards von Rehoboth, Band 1(1895)
R 151 F/U.IV.c.1	Deutsche Kolonialgesellschaft für Südwestafrika, Generalia, Band 1–11 (1885–1911)

-Bestand R 1001 (Reichskolonialamt)
zit. als: BArch, R 1001

R 1001/279	Militärische Expeditionen der Schutztruppe, Band 1 (1891)
R 1001/362	Deutsch-Ostafrikanische Gesellschaft (DOAG), Band 4 (1890–1894)
R 1001/375	Verwaltungsrat und Hauptversammlungen der Deutsch-Ostafrikanischen Gesellschaft (DOAG). – Protokolle, Geschäfts- und Revisionsberichte, Bilanzen, Band 1 (1887–1889)
R 1001/382	Erwerb von Usagara, Band 1 (1884–1887)

R 1001/388	Differenzen zwischen Beamten der Deutsch-Ostafrikanischen Gesellschaft und dem Sultan von Sansibar, Band 1 (1887–1889)
R 1001/396	Schutzgebiete der Deutsch-Ostafrikanischen Gesellschaft, Band 7 (1886)
R 1001/687–697	Unruhen und Aufstände von Arabern und Eingeborenen gegen die DOAG in den von der DOAG vom Sultan von Sansibar gepachteten ostafrikanischen Küstengebieten und ihre Bekämpfung mit teilweiser Unterstützung Großbritanniens und Italiens, Band 1–11 (1888–1889)
R 1001/711	Verhandlungen mit fremden Mächten, insbesondere mit England, Italien, Frankreich und Portugal über ein gemeinsames Vorgehen zur Unterdrückung der Unruhen in Ostafrika und zur Wiederherstellung der Macht des Sultans durch Blockade der ostafrikanischen Küste, Band 6 (1888–1889)
R 1001/730	Reichsgesetz über „Maßregeln zur Unterdrückung des Sklavenhandels und zum Schutz der deutschen Interessen in Ostafrika". - Unterstützung der Deutsch-Ostafrikanischen Gesellschaft im Hinblick auf die durch den Aufstand in Ostafrika erlittenen Verluste, Band 1 (1888–1889)
R 1001/735–747	Entsendung des Hauptmanns Hermann Wissmann als Reichskommissar zur Unterdrückung des Aufstandes in Ostafrika in Anwendung des Gesetzes über „Maßregeln zur Unterdrückung des Sklavenhandels und zum Schutz der deutschen Interessen in Ostafrika“, Band 1–13 (1887–1891)
R 1001/1483	Militärisches Einschreiten der Schutztruppe, Kämpfe gegen Hendrik Witbooi, Band 1 (1893)
R 1001/1487	Militärisches Einschreiten der Schutztruppe, Kämpfe gegen Hendrik Witbooi, Band 5 (1894–1895)
R 1001/1522	Deutsche Kolonialgesellschaft für Südwestafrika, Band 1 (1885–1887)

R 1001/1534/1	Deutsche Kolonialgesellschaft für Südwestafrika. – Sitzungen des Verwaltungsrats, Band 1 (1886–1893)
R 1001/1799	Verhandlungen mit Portugal über die Abgrenzung der südwestafrikanischen Kolonie, Band 3 (1887–1903)
R 1001/1994–1996	Gründung der Handelsfaktorei des Kaufmanns F. A. E. Lüderitz in Angra Pequena (später Lüderitzbucht), Erwerbung der angrenzenden Gebiete (Deutsch-Südwestafrika) und Übernahme des Schutzgebiets durch das Deutsche Reich, Band 1–3 (1882–1884)
R 1001/1998	Gründung der Handelsfaktorei des Kaufmanns F. A. E. Lüderitz in Angra Pequena (später Lüderitzbucht), Erwerbung der angrenzenden Gebiete (Deutsch-Südwestafrika) und Übernahme des Schutzgebiets durch das Deutsche Reich, Band 5 (1884)
R 1001/2104–2105	Auflehnung der Hereros 1888/89, Band 2 und 3 (1888–1890)
R 1001/2106–2109	Entsendung einer bewaffneten Expedition gegen die Hereros unter Führung des Hauptmanns Curt von François – Auseinandersetzung mit Hendrik Witbooi, Band 1–4 (1889–1891)
R 1001/2126	Die Namaqua von Gibeon (Witboois), Band 1 (1886–1896)
R 1001/2152	Die Bondelzwarts (Hottentotten) in Warmbad (Kapitän Willem Christian), Band 1 (1885–1903)
R 1001/2809	Verhältnisse in Samoa. – Handels- und Schifffahrtsverhältnisse mit den Samoa- und Tonga-Inseln, insbesondere Abschluss von Freundschaftsverträgen und deutsche Niederlassungen, Band 2 (1876)
R 1001/3266–3269	Expeditionen des Premierleutnants Richard von Kund und Curt von Morgens (Batanga-Expedition) – Anlage einer wissenschaftlichen Station in Kamerun, Band 1–4 (1886–1891)

R 1001/3270–3271	Expeditionen des Premierleutnants Richard von Kund und Curt von Morgens (Batanga-Expedition) – Wissenschaftliche Berichte von Mitgliedern der Kund'schen Expedition, Band 1–2 (1888–1892)
R 1001/3272–3276	Expedition von Dr. Eugen Zintgraff. – Anlage von Stationen: Barombi-Station mit der Kanustation Mundame im nördlichen Kamerun, Band 1–5 (1888–1895)
R 1001/3277	Expedition von Dr. Eugen Zintgraff. – Wissenschaftliche Berichte von Teilnehmern der Expedition (1891–1892)
R 1001/3278–3283	Expeditionen des Dr. Eugen Zintgraff nach Bali-Land, Band 1–6 (1890–1895)
R 1001/3284–3286	Südexpedition des Karl von Gravenreuth und des Hans von Ramsay in das Hinterland von Kamerun, Band 1–3 (1891–1893)
R 1001/3287–3291	Südexpedition des Karl von Gravenreuth in das Hinterland von Kamerun, Band 1–5 (1891–1895)
R 1001/3346–3347	Expeditionen der Kaiserlichen Schutztruppe in Kamerun, Band 2 und 3 (1898–1900)
R 1001/3815–3816	Handel in Kamerun. – Allgemeines, Band 2 und 3 (1890–1899)
R 1001/4016–4018	Meuterei der Polizeitruppe in Kamerun, Band 1–3 (1893–1894)
R 1001/4022	Dahome-Aufstand im Dezember 1893. – Anlagen zum Untersuchungsbericht vom 21.2.1894 (Abschriften) (1894)
R 1001/4033	Bildung einer Polizeitruppe in Togo, Band 1 (1885–1897)
R 1001/4189	Kolonisation an der Westküste von Afrika, Band 3 (1883)
R 1001/4192	Kolonisation an der Westküste von Afrika, Band 5a (1883–1884)

R 1001/4193	Kolonisation an der Westküste von Afrika, Band 6 (1884)
R 1001/4194	Kolonisation an der Westküste von Afrika, Band 6 a (1884)
R 1001/4196	Kolonisation an der Westküste von Afrika, Band 8 (1884)
R 1001/4198	Kolonisation an der Westküste von Afrika, Band 10 (1884-1885)
R 1001/4202–4203	Deutsche Niederlassungen an der Biafra-Bucht. – Besitzergreifung des Kamerungebietes, politische Verhältnisse, Wahrung deutscher Handelsinteressen, Grenzstreitigkeiten und -regulierungen zwischen England, Frankreich und dem Deutschen Reich, Band 1–2 (1884–1885)
R 1001/4205	Deutsche Niederlassungen an der Biafra-Bucht. – Besitzergreifung des Kamerungebietes, politische Verhältnisse, Wahrung deutscher Handelsinteressen, Grenzstreitigkeiten und -regulierungen zwischen England, Frankreich und dem Deutschen Reich, Band 4 (1885)
R 1001/4212–4213	Deutsche Niederlassungen an der Biafra-Bucht. – Besitzergreifung des Kamerungebietes, politische Verhältnisse, Wahrung deutscher Handelsinteressen, Grenzstreitigkeiten und -regulierungen zwischen England, Frankreich und dem Deutschen Reich, Band 11–12 (1885)
R 1001/4283	Allgemeine Angelegenheiten der inneren Verwaltung in Kamerun, Band 2 (1889–1891)
R 1001/4341	Wissenschaftliche Station in Kamerun, Band 3 (1887)
R 1001/5631–5632	Sammlung von Gesetzen und Verordnungen, Band 1–2 (1886–1902)
R 1001/6924	Eingaben des Missionsinspekteurs Dr. Friedrich Fabri über die deutsche Kolonialpolitik vor allem in Ostafrika, Band 1 (1888–1889)

R 1001/6932	Deutsch-englisches Abkommen vom 1. Juli 1890 – Entwürfe (1892)
R 1001/7121	Entsendung deutscher Kriegsschiffe zum Schutz der nationalen Interessen im Auslande, Band 40 (1884)
R 1001/7231	Denkschriften an den Reichstag und Bundesrat, Band 2 (1886–1891)
R 1001/7362	Sklavenfrage in Afrika. – Allgemeines, Band 2 (1886–1888)
R 1001/9328–9329	Deutsch-Südwestafrika. – Abschriften von Dokumenten aus den Jahren 1885–1893, Band 2–3 (1886–1889)

II. Gedruckte Quellen

Stenographische Berichte über die Verhandlungen des Reichstages des Nord deutschen Bundes, Berlin, 1867–1870

Stenographische Berichte über die Verhandlungen des Deutschen Reichstages, Berlin 1871 ff.

Protokolle über die Verhandlungen des Bundesrats des Deutschen Reiches, Berlin 1867 ff.

III. Literatur

Altena, Thorsten
„Ein Häuflein Christen mitten in der Heidenwelt des dunklen Erdteils". Zum Selbst- und Fremdverständnis protestantischer Missionare im kolonialen Afrika 1884–1918 (=Internationale Hochschulschriften, 395). Münster [u. a.] 2003
Teilw. zugl.: Münster, Univ., Diss., 2001

von Alvensleben
Zur Frage der Organisation der Kolonialtruppen.
In: ZKolR 7 (1905), S. 928–934.

Adam, M(ax)
Das Militärversorgungsrecht im Heere, in der Marine und in den Schutztruppen. Ein Handbuch der Kriegs- und Friedensversorgung für Militär-

und Zivilbehörden sowie für Offiziere, Beamte, Unteroffiziere, Mannschaften und deren Hinterbliebene.
Berlin 1915

Adam, Robert
Völkerrechtliche Okkupation und deutsches Kolonialstaatsrecht.
In: AöR 6 (1891), S. 193–310.

Anderson, Margaret Lavinia
Windthorst. Zentrumspolitiker und Gegenspieler Bismarcks (=Forschungen und Quellen zur Zeitgeschichte, Band 14).
Düsseldorf 1988

Arndt, Adolf
Das Staatsrecht des Deutschen Reiches.
Berlin 1901

Arning, Wilhelm
Deutsch-Ostafrika gestern und heute.
2. Auflage
Berlin 1942

Bachem, Karl
Vorgeschichte, Geschichte und Politik der deutschen Zentrumspartei. Zugleich ein Beitrag zur Geschichte der katholischen Bewegung, sowie zur allgemeinen Geschichte des neueren und neuesten Deutschland 1815–1914.
9 Bände.
Köln 1927–1932

Backhaus, Emanuel
Das Verordnungsrecht in den deutschen Kolonien.
Berlin 1909
Zugl.: Heidelberg, Uni., Jur. Diss. von 1908 (Ref. Anschütz)

Bade, Klaus J.
Friedrich Fabri und der Imperialismus in der Bismarckzeit. Revolution – Depression – Expansion.
Freiburg 1975

Bade, Klaus J. (Hrsg.)
Imperialismus und Kolonialmission. Kaiserliches Deutschland und koloniales Imperium.
Wiesbaden 1982 (zit.: Imperialismus)

Bade, Klaus J.
Die deutsche Kolonialexpansion in Afrika. Ausgangssituation und Ergebnis.
In: Walter Fürnrohr (Hrsg.), Afrika im Geschichtsunterricht europäischer Länder. Von der Kolonialgeschichte zur Geschichte der Dritten Welt, München 1982, S. 13–47.

Bade, Klaus J.
Bismarcks „Verfehlte Hoffnungen“ in Afrika: Schutzbriefkonzept, Kongokonferenz und koloniale Krise.
In: Helmut Christmann (Hrsg.), Kolonisation und Dekolonisation. Referate des Internationalen Kolonialgeschichtlichen Symposiums '89 an der Pädagogischen Hochschule Schwäbisch Gmünd (=Gmünder Hochschulreihe 8), Schwäbisch Gmünd 1989, S. 53–67.
Bald, Detlef
Deutsch-Ostafrika 1900–1914. Eine Studie über Verwaltung, Interessengruppen und wirtschaftliche Erschließung (=Afrika-Studien, Band 54). München 1970
Bald, Detlef
Afrikanischer Kampf gegen koloniale Herrschaft. Der Maji-Maji-Aufstand in Ostafrika.
In : MGM 19 (1976), S. 23–50.
Beckmann, Walther (Hrsg.)
Unsere Kolonien und Schutztruppen. Das Ehrenbuch der Überseekämpfer.
Berlin 1935
Beez, Jigal/Becker, Felicitas (Hg.)
Der Maji-Maji-Krieg in Deutsch-Ostafrika 1905–1907.
Berlin 2005
Bendix, Ludwig
Kolonialjuristische und -politische Studien.
Berlin 1903
Bernhard, Horst
Erste Auswirkungen des kolonialen Herrschaftssystems. Zur Expeditionspolitik der deutschen Kolonialinvasoren in der Phase der militärischen Okkupation der Kolonie (1891–1905).
In: Kurt Büttner/Heinrich Loth (Hrsg.), Philosophie der Eroberer und koloniale Wirklichkeit. Ostafrika 1884–1918 (=Studien über Asien, Afrika und Lateinamerika, Band 21), Berlin (DDR) 1981, S. 153–250.
Bismarck, Otto von
Die gesammelten Werke.
Band 9 – Gespräche 3: von der Entlassung bis zum Tode Bismarcks.
Berlin 1926
Bley, Helmut
Kolonialherrschaft und Sozialstruktur in Deutsch-Südwestafrika 1894–1914.
Hamburg 1968 (zit.: Kolonialherrschaft)

Böckmann, Kurt von
Die Geltung der Reichsverfassung in den deutschen Kolonien (=Freiburger Abhandlungen aus dem Gebiet des öffentlichen Rechts, Band 20).
Karlsruhe 1912
Zugl: Freiburg i.B., Univ., Rechts- u. staatsw. Diss. 1912 (Ref. Gmelin)
Bornhak, Conrad
Die Anfänge des deutschen Kolonialstaatrechtes.
In: AöR 2 (1887), S. 3--53
Bringmann, Tobias C.
Handbuch der Diplomatie 1815–1963. Auswärtige Missionschefs in Deutschland und deutsche Missionschefs im Ausland von Metternich bis Adenauer.
München 2001
Buchner, Max
Aurora colonialis. Bruchstücke eines Tagebuchs aus dem ersten Beginn unserer Kolonialpolitik 1884/85.
München 1914
Bühler, Andreas Heinrich
Der Namaaufstand gegen die deutsche Kolonialherrschaft in Namibia von 1904–1913 (=ISSA Wissenschaftliche Reihe/Informationsstelle Südliches Afrika, Band 27).
Frankfurt a. M. [u. a.] 2003
Zugl.: Tübingen, Univ., Diss., 1998
Craig, Gordon A.
Geschichte Europas von 1815–1980. Vom Wiener Kongreß bis zur Gegenwart.
München 1983
Demeter, Karl
Das Deutsche Offizierkorps in Gesellschaft und Staat 1650–1945.
Frankfurt a. M. 1964
Demhardt, Imre Josef
Deutsche Kolonialgrenzen in Afrika. Historisch-geographische Untersuchungen ausgewählter Grenzräume in Deutsch-Südwestafrika und Deutsch-Ostafrika (=Historische Texte und Studien, Band 16).
Hildesheim [u. a.] 1997
Zugl.: Frankfurt a. M., Univ., Diss., 1995
Dietzel, Erich
Der Erwerb der Schutzgewalt über die deutschen Schutzgebiete.
Riesa 1909
Zugl.: Leipzig, Univ., Jur. Diss. vom 03. Februar 1909

Drechsler, Horst
Südwestafrika unter deutscher Kolonialherrschaft.
2. Auflage
Berlin (DDR) 1985 (zit.: Drechsler I)
Drechsler, Horst
Neue Aspekte der Literatur zur deutschen Kolonialgeschichte Namibias.
In: Helmut Christmann (Hrsg.), Kolonisation und Dekolonisation. Referate des Internationalen Kolonialgeschichtlichen Symposiums '89 an der Pädagogischen Hochschule Schwäbisch Gmünd (=Gmünder Hochschulreihe 8), Schwäbisch Gmünd 1989, S. 28–36.
Drechsler, Horst
Südwestafrika unter deutscher Kolonialherrschaft.
Band 2: Die großen Land- und Minengesellschaften (1885–1914).
Stuttgart 1996 (zit.: Drechsler II)
Dreyer, Ronald F.
The mind of official imperialism. British and Cape government perceptions of German rule in Namibia from the Heligoland-Zanzibar treaty to the Kruger telegram (1890–1896).
Essen 1987
Fabri, Friedrich
Fünf Jahre deutscher Kolonialpolitik. Rück- und Ausblicke.
Gotha 1889
Findeisen, Max
Das Heerwesen in den afrikanischen Schutzgebieten.
Borna-Leipzig 1911
Zugl.: Leipzig, Univ., Jur. Diss. vom 12. April 1911
Fisch, Maria
Der Caprivizipfel während der deutschen Zeit 1890–1914 (=History, cultural traditions and innovations in Southern Africa; Vol. 2).
Köln 1996
(2. Auflage als: Der Caprivizipfel während der deutschen Kolonialzeit 1890–1914, Windhoek 1998).
Fischer, Hans-Jörg
Die deutschen Kolonien. Die koloniale Rechtsordnung und ihre Entwicklung nach dem ersten Weltkrieg (=Schriften zur Rechtsgeschichte, Heft 85).
Berlin 2001
Zugl.: Heidelberg, Univ., Diss., 2000
Florack, Franz
Die Errichtung des Reichskolonialamtes.
In: ZKolR 8 (1906), S. 519–532.

François, Curt von
Deutsch-Südwest-Afrika. Geschichte der Kolonisation bis zum Ausbruch des Krieges mit Witbooi, April 1893.
Berlin 1899

Freytag, Gustav
Briefe an seine Gattin.
3. u. 4. Auflage
Berlin 1912

Friedeburg, Robert von
Konservativismus und Reichskolonialrecht. Konservatives Weltbild und kolonialer Gedanke in England und Deutschland vom späten 19. Jahrhundert bis zum Ersten Weltkrieg.
In: HZ 263 (1996), S. 345–393.

Fröhlich, Michael
Imperialismus. Deutsche Kolonial- und Weltpolitik 1880–1914.
2. Auflage
München 1997 (zit.: Imperialismus)

Fröhlich, Michael
Von Konfrontation zur Koexistenz. Die deutsch-englischen Kolonialbeziehungen in Afrika zwischen 1884 und 1914. (=Arbeitskreis Deutsche England-Forschung, Veröffentlichung 17)
Bochum 1990
Zugl.: Münster (Westfalen), Univ., Diss., 1990 (zit.: Koexistenz)

Gall, Lothar
Bismarck. Der weiße Revolutionär.
5. Auflage
Frankfurt a. M. 1985

Gann, L. H./ Duignan, Peter
The Rulers of German Africa 1884–1914.
Stanford 1977

Gareis, Karl
Deutsches Kolonialrecht.
2. Auflage
Giessen 1902

Gatter, Frank Thomas (Hrsg.)
Protokolle und Generalakte der Berliner Afrika-Konferenz 1884–1885 (=Veröffentlichungen aus dem Übersee-Museum Bremen, Reihe F, Bremer Afrika-Archiv, Band 20).
Bremen 1984

Geldern, Wolfgang von
Wilhelm Oechelhäuser als Unternehmer, Wirtschaftspolitiker und Sozialpolitiker.
München 1971
Zugl.: Hannover, Univ., Diss., 1971

Gerstmeyer, Johannes
Das Schutzgebietsgesetz nebst Verordnung betr. die Rechtsverhältnisse in den Schutzgebieten und dem Gesetz über die Konsulargerichtsbarkeit in Anwendung auf die Schutzgebiete sowie den Ausführungsbestimmungen und ergänzenden Vorschriften (=Guttentag'sche Sammlung Deutscher Reichsgesetze Nr. 97).
Berlin 1910
Götz, Adolf
Die brandenburgisch-preußische Kolonisation in Guinea unter Friedrich Wilhelm, dem Großen Kurfürsten.
In: ZKolR 8 (1906), S. 765–780.
Graudenz, Karlheinz; Schindler, Hanns Michael
Die deutschen Kolonien. Geschichte der deutschen Schutzgebiete in Wort, Bild und Karte.
München 1982
Grohmann, Marc
Exotische Verfassung. Die Kompetenzen des Reichstags für die deutschen Kolonien in Gesetzgebung und Staatsrechtswissenschaft des Kaiserreichs (1884–1914) (=Beiträge zur Rechtsgeschichte des 20. Jahrhunderts, Band 30).
Tübingen 2001
Zugl.: Berlin, Univ., Diss., 2000
Gründer, Horst
Das Deutsche Reich als Kolonialmacht.
Schwerte 1984
Gründer, Horst
„…da und dort ein junges Deutschland gründen“ – Rassismus, Kolonien und kolonialer Gedanke vom 16. bis zum 20. Jahrhundert.
München 1999 (zit.: Junges Deutschland)
Gründer, Horst
Geschichte der deutschen Kolonien.
5. Auflage
Paderborn [u. a.] 2004 (zit.: Kolonien)
Haebler, Konrad
Die überseeischen Unternehmungen der Welser und ihrer Gesellschafter.
Leipzig 1903
Haenel, Albert
Deutsches Staatsrecht.
Erster Band: Die Grundlagen des deutschen Staates u. der Reichsgewalt.
Leipzig 1892
Hagen, Maximilian von
Geschichte und Bedeutung des Helgolandvertrages (=Weltkultur und Weltpolitik. Deutsche Folge, Band 6).
München 1916

Hagen, Maximilian von
Bismarcks Kolonialpolitik.
Stuttgart, Gotha 1923 (zit.: Kolonialpolitik)
Hangula, Lazarus
Die Grenzziehungen in den afrikanischen Kolonien Englands, Deutschlands und Portugals im Zeitalter des Imperialismus 1880–1914 (=Europäische Hochschulschriften 3, Band 493).
Frankfurt a. M. [u.a.] 1991
Zugl.: Mainz, Univ., Diss., 1991
Hassert, Kurt
Die Erforschung Afrikas.
2. Auflage
Leipzig 1943
Haupt, Werner
Die deutsche Schutztruppe 1889/1918.
Berg am See 1989
Hausen, Karin
Deutsche Kolonialherrschaft in Afrika. Wirtschaftsinteressen und Kolonialverwaltung in Kamerun vor 1914 (Beiträge zur Kolonial- und Überseegeschichte, Band 6).
Freiburg i. Br. 1970
Helfferich, (Karl)
Zur Reform der kolonialen Verwaltungsorganisation.
Berlin 1905
Hesse, Hermann
Die Wehrpflicht in den Schutzgebieten.
in: KolZtg. 1902, S. 191, 316f.
Heyden, Ulrich van der
Rote Adler an Afrikas Küste. Die brandenburgisch-preußische Kolonie Großfriedrichsburg in Westafrika.
2. Auflage
Berlin 2001
Hildebrand, Klaus
Das vergangene Reich. Deutsche Außenpolitik von Bismarck bis Hitler 1871–1945.
Stuttgart 1995
Hintrager, Oskar
Geschichte von Südafrika.
München 1952
Historische Kommission bei der Bayerischen Akademie der Wissenschaften (Hrsg.)
Neue Deutsche Biographie (NDB).
Band 1–22.
Berlin 1953–2005

Hoffmann, H(ermann) Edler von
Einführung in das deutsche Kolonialrecht.
Leipzig 1911
Hubatsch, Walther (Hrsg.)
Grundriß zur deutschen Verwaltungsgeschichte 1815–1945.
Band 22: Bundes- und Reichsbehörden.
Marburg/Lahn 1983
Huber, Ernst Rudolf
Deutsche Verfassungsgeschichte seit 1789.
-Band 3: Bismarck und das Reich.
3. Auflage
Stuttgart [u. a.] 1988 (zit.: Huber III)
-Band 4: Struktur und Krisen des Kaiserreichs.
2. Auflage
Stuttgart [u. a.] 1982 (zit.: Huber IV).
Huber, Hansjörg Michael
Koloniale Selbstverwaltung in Deutsch-Südwestafrika. Entstehung, Kodifizierung und Umsetzung (=Rechtshistorische Reihe, Band 213).
Frankfurt a. M. [u. a.] 1999
Zugl.: München, Univ., Diss., 1999
Jaeck, Hans-Peter
Die deutsche Annexion.
In: Helmuth Stoecker (Hrsg.), Kamerun unter deutscher Kolonialherrschaft, Band 1 (=Schriftenreihe des Instituts für allgemeine Geschichte an der Humboldt-Universität Berlin, Band 5), Berlin 1960, S. 29–95.
Jantzen, Günther
Ostafrika in der deutsch-englischen Politik 1884–1890 (=Übersee-Geschichte, Band 6).
Hamburg 1934
Zugl.: Univ., Hamburg, phil. Diss., 1934
Jellinek, Georg
Ueber Staatsfragmente.
In: Festgabe zur Feier des 70. Geburtstages Seiner Königlichen Hoheit des Großherzogs Friedrich v. Baden. Dargebracht von den Mitgliedern der juristischen Fakultät der Universität Heidelberg, Heidelberg 1896, S. 261–317.
Jescheck, Erich
Die Schutzgewalt in den deutschen Schutzgebieten.
Breslau 1911
Zugl.: Breslau, Univ., Jur. Diss. vom 25. März 1911 (Ref. Gretener, Brie)
Joël, Max
Das Gesetz betreffend die Rechtsverhältnisse der Deutschen Schutzgebiete vom 17. April 1886 nebst den bisherigen ergänzenden Verordnungen.
In: AnnDR 1887, S. 191–229.

Jordan, Botho
Die Staatsgewalt des deutschen Reiches in den Schutzgebieten.
Halle 1895
Zugl.: Halle, Univ, Diss. vom 19. Januar 1895

Kaiserliches Gouvernement von Deutsch-Ostafrika (Hrsg.)
Die Landes-Gesetzgebung des Deutsch-Ostafrikanischen Schutzgebiets. Systematische Zusammenstellung der in Deutsch-Ostafrika geltenden Gesetze, Verordnungen usw. Mit einem Nachtrag, abgeschlossen am 24. Juli 1911.
Tanga, Daressalam 1911

Kaulich, Udo
Die Geschichte der ehemaligen Kolonie Deutsch-Südwestafrika (1884–1914). Eine Gesamtdarstellung.
2. Auflage
Frankfurt am Main 2003
Zugl.: Mainz, Univ., Diss., 2000

Keller, E. von
Wehrpflicht in den Kolonien.
In: ZKolR 2 (1902/1903), S. 463–466.

Kennel, Erwin
Die rechtliche Stellung der deutschen Kolonial-Gouverneure.
Speyer 1908
Zugl.: Würzburg, Univ., Jur. Fak., Diss. vom 13. Juli 1908

Kienitz, Ernst
Zeittafel zur Deutschen Kolonialgeschichte.
München 1941

Killy, Walter/Vierhaus, Rudolf
Deutsche Biographische Enzyklopädie (DBE).
Band 1–12.
München [u. a.] 1995–2000

Köbner, Otto
Einführung in die Kolonialpolitik.
Jena 1908

Koehler, Benedikt
Ludwig Bamberger – Revolutionär und Bankier.
Stuttgart 1999

König, B. von
Militär und Marine in den deutschen Schutzgebieten.
In: ZKolR 2 (1900/1901), S. 70–85.

Koenigk, Georg
Die Berliner Kongo-Konferenz 1884–1885. Ein Beitrag zur Kolonialpolitik Bismarcks.
Essen 1938

Krause, Wolfgang
Die staatsrechtliche Stellung und die Organisation der Schutztruppen.
Greifswald 1914
Krech, Hans
Die Kampfhandlungen in den ehemaligen deutschen Kolonien in Afrika während des 1. Weltkrieges (1914–1918).
Berlin 1999
Krüger, F. Berthold
Das neue Kongogebiet (Kamerun, Deutschkongo).
Leipzig 1912
Krüger, Gesine
Kriegsbewältigung und Geschichtsbewusstsein. Realität, Deutung und Verarbeitung des deutschen Kolonialkrieges in Namibia 1904–1907 (=Kritische Studien zur Geschichtswissenschaft, Band 133).
Göttingen 1999
Zugl.: Hannover, Univ., Diss., 1995
Külz, Wilhelm
Deutsch-Südafrika im 25. Jahre Deutscher Schutzherrschaft. Skizzen und Beiträge zur Geschichte Deutsch-Südafrikas.
2. Auflage
Berlin 1909
Kuhn, Hellmuth
Die deutschen Schutzgebiete. Erwerb, Verwaltung und Gerichtsbarkeit (Rechts- und staatswissenschaftliche Studien, Heft 47).
Berlin 1913
Zugl: Leipzig, Univ., Diss. vom 28. April 1913
Laband, Paul
Das Staatsrecht des Deutschen Reiches.
Band 2.
5. Auflage
Tübingen [u. a.] 1911
Lackner, Horst
Koloniale Finanzpolitik im Deutschen Reichstag (von 1880–1919) (=Beiträge zur Geschichte der nachbismarckischen Zeit und des Weltkriegs, Heft 11).
Berlin 1939
Zugl.: Königsberg, Univ., Diss. vom 22. November 1939
Längin, Bernd G./ Schindler, Michael
Die deutschen Kolonien. Schauplätze und Schicksale 1914–1918.
Hamburg [u. a.] 2004
Lederer, Claudia
Die rechtliche Stellung der Muslime innerhalb des Kolonialrechtssystems im ehemaligen Schutzgebiet Deutsch-Ostafrika.
Würzburg 1994

Lettow-Vorbeck, [Paul] v.
Meine Erinnerungen aus Ostafrika.
Leipzig 1920
Leutwein, Theodor
Elf Jahre Gouverneur in Südwestafrika.
3. Auflage
Berlin 1908 (zit.: Elf Jahre)
Leutwein, Paul
Theodor Leutwein, der Eroberer Deutsch-Südwestafrikas (=Colemans kleine Biographien, Heft 44).
Lübeck 1934 (zit.: Eroberer)
Liebert, Eduard von
Aus einem bewegten Leben. Erinnerungen.
München 1925
Lorenz, Ina Susanne
Eugen Richter. Der entschiedene Liberalismus in wilhelminischer Zeit 1871 bis 1906 (=Historische Studien, Band 433; Hagener Beiträge zur Geschichte und Landeskunde, Heft 11).
Husum 1981
Loth, Heinrich
Griff nach Ostafrika. Politik des deutschen Imperialismus und antikolonialer Kampf. Legende und Wirklichkeit.
Berlin (DDR) 1968
Lüderitz, C. A. (Hrsg.)
Die Erschließung von Deutsch-Südwest-Afrika durch Adolf Lüderitz. Akten, Briefe und Denkschriften (=Schriften der Wittheit zu Bremen, Reihe D, Abhandlungen und Vorträge, Band 16, Heft 1).
Oldenburg 1945
Mann, Golo
Staat und Heer.
In: Golo Mann, Zeiten und Figuren, Schriften aus vier Jahrzehnten, Frankfurt a. M. 1989, S. 81–97.
Martitz, Friedrich von
Das Internationale System zur Unterdrückung des Afrikanischen Sklavenhandels in seinem heutigen Bestande.
In: AöR (1), 1887, S. 1–107.
Matuschka, Edgar Graf von
Organisationsgeschichte des Heeres 1890–1918.
In: Hans Meier-Welcker/Wolfgang v. Groote (Hrsg.), Handbuch der deutschen Militärgeschichte 1648–1939. Band 3/Abschnitt V: Von der Entlassung Bismarcks bis zum Ende des Ersten Weltkrieges: 1890–1918, Herrsching 1983, S. 203–209.

Mayer, Anton (Hrsg.)
Das Buch der deutschen Kolonien.
Potsdam, Leipzig 1941
Mayer, Wolfgang
Schwarz - Weiß - Rot in Afrika. Die deutschen Kolonien 1883–1918.
Puchheim 1985
Meyer, Georg
Die staatsrechtliche Stellung der deutschen Schutzgebiete.
Leipzig 1888 (zit.: Schutzgebiete)
Meyer, Georg
Lehrbuch des Deutschen Staatsrechtes.
6. Auflage
Leipzig 1905 (zit.: Staatsrecht)
Meyer, Hans (Hg.)
Das Deutsche Kolonialreich. Eine Länderkunde der deutschen Schutzgebiete.
Erster Band: Ostafrika und Kamerun.
Leipzig, Wien 1909 (zit.: Meyer I)
Zweiter Band: Togo, Südwestafrika, Schutzgebiete in der Südsee und Kiautschougebiet.
Leipzig, Wien 1910 (zit.: Meyer II)
Mohr, Paul
Die Kolonien und die Reichsverfassung.
Borna-Leipzig 1912
Zugl.: Leipzig, Univ., Jur. Diss. vom 02. Juli 1912
Müller, Fritz Ferdinand
Deutschland, Zanzibar, Ostafrika. Geschichte einer deutschen Kolonialeroberung 1884–1890.
Berlin (DDR) 1959
Münstermann, Karl
Die Rechtsstellung des Kaisers in den deutschen Schutzgebieten.
Halle 1911
Zugl.: Jena, Univ., Jur. Diss. vom 04. Oktober 1911 (Ref. Niedner)
Niehus, Vera
Paul von Hatzfeldt (1831–1901). Politische Biographie eines kaiserlichen Diplomaten (=Quellen und Forschungen zur brandenburgischen und preußischen Geschichte, Band 27).
Berlin 2004
Zugl.: Münster, Univ., Diss., 2002
Nigmann, Ernst
Geschichte der Kaiserlichen Schutztruppe für Ostafrika.
Berlin 1911

Nipperdey, Thomas
Deutsche Geschichte 1866–1918.
Erster Band: Bürgerwelt und starker Staat.
München 1994 (zit.: Nipperdey I)
Zweiter Band: Machtstaat vor der Demokratie.
3. Auflage
München 1995 (zit.: Nipperdey II)
Noske, Gustav
Kolonialpolitik und Sozialdemokratie.
Stuttgart 1914
Nuhn, Walter
Kamerun unter dem Kaiseradler. Geschichte der Erwerbung und Erschließung des ehemaligen deutschen Schutzgebietes Kamerun. Ein Beitrag zur deutschen Kolonialgeschichte.
Köln 2000
Oermann, Nils Ole
Mission, church and state relations in South-West Africa under German Rule (1884–1915) (=Missionsgeschichtliches Archiv, Band 5).
Stuttgart 1999
Zugl.: Oxford, Univ., Diss., 1998
Olscher, Alfred
Die rechtliche Natur der Schutzgewalt des Deutschen Reiches in den deutschen Schutzgebieten.
Plauen i. V. 1914.
Zugl.: Leipzig, Univ., Jur. Diss. vom 12. Februar 1914
Ostertag, Heiger
Bildung, Ausbildung und Erziehung des Offizierkorps im deutschen Kaiserreich 1871 bis 1914. Eliteideal, Anspruch und Wirklichkeit (=Europäische Hochschulschriften, Reihe 3, Geschichte und ihre Hilfswissenschaften, Band 416).
Frankfurt a. M. [u. a.] 1990
Zugl.: Freiburg, Univ., Diss., 1989
Pakenham, Thomas
Der kauernde Löwe. Die Kolonialisierung Afrikas 1876–1912.
2. Auflage
Düsseldorf [u. a.] 1994
Pann, Arnold
Das Recht der deutschen Schutzherrlichkeit. Eine staats- und völkerrechtliche Studie.
Wien 1887

Pehl, Hans
Die deutsche Kolonialpolitik und das Zentrum (1884–1914). Unter Benutzung von Akten des Reichsarchivs und des Auswärtigen Amtes aus dem Besitze des früheren Reichskolonialamts.
Limburg a.d. Lahn, 1934
Zugl.: Frankfurt a. M., Univ., Diss. phil., 1934

Peters, Carl
Die deutsche Emin-Pascha-Expedition.
München, Leipzig 1891

Peters, Carl
Die Gründung von Deutsch-Ostafrika. Kolonialpolitische Erinnerungen und Betrachtungen.
Berlin 1906

Petter, Wolfgang
Die überseeische Stützpunktpolitik der preußisch-deutschen Kriegsmarine 1859–1883.
Freiburg 1975
Zugl.: Freiburg (Breisgau), Univ., Philos. Fak., Diss., 1975

Petter, Wolfgang
Militärische Einwirkungen auf die deutsche Kolonialverwaltung in Afrika 1884–1918. Ziele und Ergebnisse.
In: Commission International d'Histoire Militaire (Hrsg.), Actes du 4e Colloque International d'Histoire Militaire, Ottawa 1979, S. 226–243. (zit.: Actes)

Petter, Wolfgang
Das Offizierkorps der deutschen Kolonialtruppen 1889–1918.
In: Hanns Hubert Hofmann (Hrsg.), Das deutsche Offizierkorps 1860–1960. Büdinger Vorträge 1977 (=Deutsche Führungsschichten in der Neuzeit, Band 11), Boppard 1980, S. 163–174 (zit.: Offizierkorps).

Petter, Wolfgang
Der Kampf um die deutschen Kolonien.
In: Wolfgang Michalka (Hrsg.), Der Erste Weltkrieg, München 1994, S. 392–411.

Pflanze, Otto
Bismarck.
Band 2: Der Reichskanzler.
München 1998

von Piotrowski
Über die Polizeitruppe des Togo-Gebietes.
In: DKBl. 1893, S. 41.

Plehn, Friedrich
Die Kamerun-Küste. Studien zur Klimatologie, Physiologie und Pathologie in den Tropen.
Berlin 1898

Pogge von Strandmann, Hartmut
Der Kolonialrat.
In: Ulrich van der Heyden/Joachim Zeller (Hrsg.), Kolonialmetropole Berlin. Eine Spurensuche, Berlin 2002, S. 32–34.
Poschinger, Heinrich Ritter von (Hrsg.)
Bismarck und die Parlamentarier.
Band 1
Breslau 1894
Band 3
Breslau 1896
Poser und Gross-Naedlitz, Victor von
Die rechtliche Stellung der deutschen Schutzgebiete (=Abhandlungen aus dem Staats- und Verwaltungsrecht, Band 8).
Breslau 1903
Zugl.: Breslau, Univ., Diss., 1903
Pürschel, Herbert
Die kaiserliche Schutztruppe für Kamerun. Gefüge und Aufgabe (=Schriften der Kriegsgeschichtlichen Abteilung im Historischen Seminar der Friedrich-Wilhelms-Universität, Band 13).
Berlin 1936
Zugl.: Berlin, Univ., Diss., 1936
Radwanski, Hans
Die Schutzgewalt in den deutschen Schutzgebieten.
Borna-Leipzig 1913
Zugl.: Breslau, Univ., Jur. Diss. vom 14. Oktober 1913 (Ref. Brie, Gretener)
Raico, Ralph
Die Partei der Freiheit. Studien zur Geschichte des deutschen Liberalismus (Schriften zur Wirtschaftspolitik, Neue Folge, Band 7).
Stuttgart 1999
Ramsay, (Hans)
Major Dominik.
In: KolZtg. (27) 1910, S. 896–898.
Ramsay, (Hans)
Die Festsetzung der deutschen Herrschaft in Kamerun, Teil I.
In: Karl Schneider (Hrsg.), Jahrbuch über die deutschen Kolonien, Jg. IV, Essen 1911, S. 173–199 (zit.: Ramsay I).
Ramsay, (Hans)
Die Festsetzung der deutschen Herrschaft in Kamerun, Teil II.
In: Karl Schneider (Hrsg.), Jahrbuch über die deutschen Kolonien, Jg. V, Essen 1912, S. 185–205 (zit.: Ramsay II).

Reinhard, Wolfgang
Eingeborenenpolitik in Südwestafrika 1842–1915. Der deutsche Weg zur Apartheid.
In: Sabine Weiss (Hrsg.), Historische Blickpunkte. Festschrift für Johann Rainer zum 65.Geburtstag, Innsbruck 1988, S. 543–556.

Reinhard, Wolfgang
Geschichte der europäischen Expansion. Band 4: Dritte Welt Afrika.
Stuttgart 1990 (zit.: Expansion)

Reinhard, Wolfgang (Hrsg.)
Hendrik Witbooi. Afrika den Afrikanern! Aufzeichnungen eines Nama-Häuptlings aus der Zeit der deutschen Eroberung Südwestafrikas 1884 bis 1894.
Berlin [u. a.] 1982

Reinhard, Wolfgang
Kleine Geschichte des Kolonialismus.
Stuttgart 1996 (zit.: Kolonialismus)

Richter, Klaus
Deutsches Kolonialrecht in Ostafrika 1885–1891 (=Rechtshistorische Reihe, Band 237).
Frankfurt a. M. 2001

Riehl, Axel T. G.
Der „Tanz um den Äquator". Bismarcks antienglische Kolonialpolitik und die Erwartung des Thronwechsels in Deutschland 1883–1885 (=Quellen und Forschungen zur brandenburgischen und preußischen Geschichte, Band 1).
Berlin 1993
Zugl.: Mainz, Univ., Diss., 1992

Rohrbach, Paul
Das Deutsche Kolonialwesen (=Handelshochschul-Bibliothek, Band 13).
Leipzig 1911

Rüger, Adolf
Der Aufstand der Polizeisoldaten (Dezember 1893).
In: Helmuth Stoecker (Hrsg.), Kamerun unter deutscher Kolonialherrschaft, Band 1 (=Schriftenreihe des Instituts für allgemeine Geschichte an der Humboldt-Universität Berlin, Band 5), Berlin 1960, S. 99–130.

Ruppel, Julius (Hrsg.)
Die Landesgesetzgebung für das Schutzgebiet Kamerun. Sammlung der in Kamerun zur Zeit geltenden völkerrechtlichen Verträge, Gesetze, Verordnungen und Dienstvorschriften mit Anmerkungen und Registern.
Berlin 1912

Sabersky, Fritz
Der koloniale Inlands- und Auslandsbegriff. Der Inlands- und Auslandsbegriff der Reichsgesetze in seiner Anwendung auf das Verhältnis von Mutterland und Schutzgebieten.
Berlin 1907
Zugl: Berlin, Univ., Jur. Diss., 1907

Sander, Louis
Geschichte der Deutschen Kolonialgesellschaft für Südwest-Afrika von ihrer Gründung bis zum Jahre 1910, 2 Bände.
Berlin 1912

Sassen, Franz Josef
Die staatsrechtliche Natur der deutschen Schutzgebiete.
In: ZKolR 8 (1906), S. 594–621.

Sassen, Franz Josef
Das Gesetzgebungs- und Verordnungsrecht in den deutschen Kolonien.
Tübingen 1909
Zugl.: Erlangen, Jur. Diss. vom 8. Juli 1909 (Ref. Rieker)
(zit.: Verordnungsrecht)

Sassen, Franz Josef
Deutsches Kolonial-Militärrecht (=Sammlung militärrechtlicher Abhandlungen und Studien I 1).
Rastatt 1911 (zit.: Kolonial-Militärrecht)

Sassen, Franz Josef
Grundzüge der Entwicklung und des gegenwärtigen Zustandes des Militärrechts in den deutschen Kolonien.
In: Archiv für Militärrecht 2 (1910/1911), S. 241–258.

Schack, Friedrich
Das deutsche Kolonialrecht in seiner Entwicklung bis zum Weltkriege. Die allgemeinen Lehren. Eine berichtende Darstellung der Theorie und Praxis nebst kritischen Bemerkungen (=Abhandlungen aus dem Gebiet der Auslandskunde, 12. Reihe A, Rechts- und Staatswissenschaften, Band 1).
Hamburg 1923

Schiefel, Werner
Bernhard Dernburg 1865–1937. Kolonialpolitiker und Bankier im wilhelminischen Deutschland (= Beiträge zur Kolonial- und Überseegeschichte, Band 11).
Zürich 1974

Schildknecht, Jörg
Bismarck, Südwestafrika und die Kongokonferenz. Die völkerrechtlichen Grundlagen der effektiven Okkupation und ihre Nebenpflichten am Beispiel des Erwerbs der ersten deutschen Kolonie.
Münster [u. a.] 1999
Zugl.: Hamburg, Univ., Diss., 1999

Schinzinger, Francesca
Die Kolonien und das Deutsche Reich. Die wirtschaftliche Bedeutung der deutschen Besitzungen in Übersee (=Wissenschaftliche Paperbacks Sozial- und Wirtschaftsgeschichte, Band 20).
Stuttgart 1984

Schmidt, Hans Heinz
Erwerb und rechtliche Natur der Schutzgewalt in den deutschen Schutzgebieten.
Borna-Leipzig 1911
Zugl.: Leipzig, Univ., Jur. Diss. vom 08. November 1911

Schmidt, Kurt
Die rechtliche Natur der Schutzgewalt des Deutschen Reichs in den deutschen Schutzgebieten.
Rostock 1901
Zugl.: Rostock, Univ., Jur. Diss. vom 12. Mai 1901

Schmidt, Rochus
Die Bedeutung Hermann von Wißmann's in der Entdeckungsgeschichte Afrikas und in Deutschlands Kolonialgeschichte.
In: ZKolR 8 (1906), S. 355–374.

Schmitt, Eberhard (Hrsg.)
Dokumente zur Geschichte der europäischen Expansion.
Band 4: Wirtschaft und Handel der Kolonialreiche.
München 1988

Schnee, Heinrich (Hrsg.)
Deutsches Kolonial-Lexikon, Bände 1-3.
Leipzig 1920 (zit.: DKL [1920])

Schnee, Heinrich
Als letzter Gouverneur in Deutsch-Ostafrika. Erinnerungen.
Heidelberg 1964

Schneider, Karl
Jahrbuch über die deutschen Kolonien.
Jahrgang I-VII.
Essen 1908–1914

Schneider, Reinhard
Die kaiserliche Schutz- und Polizeitruppe für Afrika.
Stegen am Ammersee 2005

Schreiber
Die Besiedelung unserer Kolonien und die Wehrverfassung.
In: ZKolR 4 (1902/1903), S. 374–378.

Schröder, Hans-Christoph
Sozialismus und Imperialismus. Die Auseinandersetzung der deutschen Sozialdemokratie mit dem Imperialismusproblem und der „Weltpolitik“ vor 1914, Teil 1.
Hannover 1968

Schröder, Hans-Christoph
Gustav Noske und die Kolonialpolitik des Deutschen Kaiserreichs (=Internationale Bibliothek, Band 117).
Berlin, Bonn 1979
Schwarz, Max
MdR. Biographisches Handbuch der Reichstage.
Hannover 1965
Schwörbel, Heribert
Die staats- und völkerrechtliche Stellung der deutschen Schutzgebiete. Nebst Anhang: Über das Kolonialstaatsrecht Englands und Frankreichs.
Berlin 1906
Zugl.: Erlangen, Univ., Diss., 1906
Sebald, Peter
Togo 1884–1914. Eine Geschichte der deutschen „Musterkolonie" auf der Grundlage amtlicher Quellen.
Berlin (DDR) 1988
Simons
Die Wehrpflicht in den Schutzgebieten.
In: KolZtg. 1902, S. 204 und KolZtg. 1903, S. 38.
Sippel, Harald
Die Kolonialabteilung des Auswärtigen Amtes und das Reichskolonialamt.
In: Ulrich van der Heyden/Joachim Zeller (Hrsg.), Kolonialmetropole Berlin. Eine Spurensuche, Berlin 2002, S. 29–32.
Smith, Ian R.
The Emin Pasha Relief Expedition 1886–1890.
Oxford 1972
Spellmeyer, Hans
Deutsche Kolonialpolitik im Reichstag (=Beiträge zur Geschichte der nachbismarckschen Zeit und des Weltkrieges, Band 11).
Stuttgart 1931
Zugl.: Bonn, Univ., Diss., 1930 (1931)
Steinadler, Ernst
Grundzüge der Militärverfassung in den deutschen, französischen und englischen Kolonien.
Borna-Leipzig 1914
Steiner, Franz
Die wirtschaftsgeographischen und politischen Verhältnisse des Caprivi-Zipfels.
In: ZKolR 11 (1909), S. 417–465.
Steltzer, Hans Georg
Die Deutschen und ihr Kolonialreich.
Frankfurt am Main 1984

Stengel, Karl von
Die deutschen Schutzgebiete, ihre rechtliche Stellung, Verfassung und Verwaltung.
In: AnnDR 1889, S. 1–211 (Aktualisierte Fassung in: AnnDR 1895, S. 493–782. Ursprünglich erschienen als: Deutsches Kolonialstaatsrecht, mit Berücksichtigung des internationalen Kolonialrechts und des Kolonialstaatsrechts anderer europäischer Staaten, in: AnnDR 1887, S. 309–397 und 805–956.)
Stengel, Karl von
Die Rechtsverhältnisse der deutschen Schutzgebiete.
Tübingen 1901 (zit.: Rechtsverhältnisse)
Stieber
Die militärische Lage in Kamerun.
In: Karl Schneider (Hrsg.), Jahrbuch über die deutschen Kolonien, Jg. I, Essen 1908, S. 36-39.
Stoecker, Helmuth (Hrsg.)
Kamerun unter deutscher Kolonialherrschaft.
Band 1 (=Schriftenreihe des Instituts für allgemeine Geschichte an der Humboldt-Universität Berlin, Band 5).
Berlin (DDR) 1960 (zit: Kamerun I)
Band 2 (=Schriftenreihe des Instituts für allgemeine Geschichte an der Humboldt-Universität Berlin, Band 12).
Berlin (DDR) 1968 (zit: Kamerun II)
Stoecker, Helmuth
Deutsch-Ostafrika 1885–1906.
In: Helmuth Stoecker (Hrsg.), Drang nach Afrika. Die deutsche koloniale Expansionspolitik und Herrschaft in Afrika von den Anfängen bis zum Verlust der Kolonien, 2. Auflage, Berlin 1991, S. 84–101. (zit: Afrika).
Stoerk, Felix
Besprechung zu: Karl Gareis, Deutsches Kolonialrecht, Zweite, völlig umgearb. Auflage, Giessen 1902.
In: AöR 17 (1902), S. 472.
Sudholt, Gert
Die deutsche Eingeborenenpolitik in Südwestafrika.
Hildesheim, New York 1975
Townsend, M(ary) E(velyn)
Macht und Ende des deutschen Kolonialreiches.
Leipzig 1932
Trüper, Ursula
Carl Gotthilf Büttner - Missionar, Kolonialpolitiker und Sprachforscher.
In: Ulrich van der Heyden/Joachim Zeller (Hrsg.), Kolonialmetropole Berlin. Eine Spurensuche, Berlin 2002, S. 122–124.

Vedder, Heinrich
Das alte Südwestafrika. Südwestafrikas Geschichte bis zum Tode Mahareros 1890. Nach den besten schriftlichen und mündlichen Quellen erzählt.
Berlin 1934
Verband der Deutschen Akademien (Hrsg.)
Deutsches Biographisches Jahrbuch (DBJ).
Band 1–5, 10–11.
Stuttgart [u. a.] 1925–1931
Vogelsang, Heinrich
Die ersten Schritte zur Erwerbung von Südwest-Afrika.
In: ZKolR 8 (1906), S. 37–51.
Vogt, Andreas
Von Tsaobis bis Namutoni. Die Wehrbauten der deutschen Schutztruppe in Deutsch-Südwestafrika (Namibia) von 1884–1915.
Göttingen, Windhoek 2002
Zugl.: Bamberg, Univ., Diss., 2001
Wagner, Norbert Berthold
Die deutschen Schutzgebiete. Erwerb, Organisation und Verlust aus juristischer Sicht (=Juristische Zeitgeschichte, Abteilung 1: Allgemeine Reihe, Band 11).
Baden-Baden 2002
Zugl.: Hagen, Univ., Diss., 2002
Wegner, Konstanze
Theodor Barth und die Freisinnige Vereinigung. Studien zur Geschichte des Linksliberalismus im wilhelminischen Deutschland (=Tübinger Studien zur Geschichte und Politik, Band 24).
Tübingen 1968
Zugl.: Tübingen, Univ., Diss., 1968
Wehler, Hans-Ulrich
Bismarck und der Imperialismus.
2. Auflage
Frankfurt am Main 1985 (zit.: Imperialismus)
Wehler, Hans-Ulrich
Deutsche Gesellschaftsgeschichte.
Dritter Band: Von der „Deutschen Doppelrevolution“ bis zum Beginn des Ersten Weltkrieges 1849–1918.
München 1995
Wolter, Udo/ Kaller, Paul
Deutsches Kolonialrecht – ein wenig erforschtes Rechtsgebiet, dargestellt anhand des Arbeitsrechts der Eingeborenen.
In: ZNR 17 (1995), S. 201–244.

Zeller, Joachim/Zimmerer, Jürgen
Das Oberkommando der Schutztruppen – Die Zentrale der deutschen Kolonialmilitärs.
In: Ulrich van der Heyden/Joachim Zeller (Hrsg.), Kolonialmetropole Berlin. Eine Spurensuche, Berlin 2002, S. 35–41.
Zimmerer, Jürgen
Deutsche Herrschaft über Afrikaner. Staatlicher Machtanspruch und Wirklichkeit im kolonialen Namibia.
2. Auflage
Hamburg 2002
Zugl.: Freiburg (Breisgau), Univ., Diss., 2000
Zimmerer, Jürgen/Zeller, Joachim (Hrsg.)
Völkermord in Deutsch-Südwestafrika. Der Kolonialkrieg (1904–1908) in Namibia und seine Folgen.
Berlin 2003
Zimmermann
Die Schutztruppe und Neukamerun.
In: Schneider, Karl (Hrsg.), Jahrbuch über die deutschen Kolonien, Jg. V, Essen 1912, S. 42–49.
Zimmermann, Alfred
Geschichte der Deutschen Kolonialpolitik.
Berlin 1914
Zimmermann, Oscar
Durch Busch und Steppe vom Campo bis zum Schari 1892–1902. Ein Beitrag zur Geschichte der Schutztruppe von Kamerun.
Berlin 1909
Zintgraff, (Eugen)
Meine Beschwerden gegen das Kaiserliche Gouvernement in Kamerun. Beiträge zu dem derzeitigen bureaukratischen Regime in der Kamerun-Colonie.
Hamburg 1893
Zorn, Philipp
Das Staatsrecht des Deutschen Reiches.
Erster Band: Das Verfassungsrecht.
2. Auflage
Berlin 1895 (zit.: Staatsrecht I)
Zorn, Philipp
Deutsche Kolonialgesetzgebung.
Berlin 1901 (zit.: Kolonialgesetzgebung)
Zorn, Philipp
Besprechung zu: Poser und Gross-Naedlitz, Victor v., Die rechtliche Stellung der deutschen Schutzgebiete. (=Abhandlungen aus dem Staats- und Verwaltungsrecht, Band 8), Breslau 1903
In: ZKolR 7 (1905), S. 316–318.

Zorn, Philipp

Das deutsche Reichsstaatsrecht.
Band 1: Die deutsche Reichsverfassung (=Wissenschaft und Bildung, 10).
3. Auflage
Leipzig 1919

RECHTSHISTORISCHE REIHE

Band 1 Studien zu den germanischen Volksrechten. Gedächtnisschrift für Wilhelm Ebel. Vorträge gehalten auf dem Fest-Symposion anläßlich des 70. Geburtstages von Wilhelm Ebel am 16. Juni 1978 in Göttingen. Götz Landwehr (Hrsg.) 1982.

Band 2 Hans Poeschel: Die Statuten der Banken, Sparkassen und Kreditgenossenschaften in Hamburg und Altona von 1710 bis 1889. 1978.

Band 3 Thomas Kolbeck: Juristenschwemmen, Untersuchungen über den juristischen Arbeitsmarkt im 19. und 20. Jahrhundert. 1978.

Band 4 Norbert Hempel: Richterleitbilder in der Weimarer Republik. 1978.

Band 5 Rolf Stratmann: Die Scheinbußen im mittelalterlichen Recht. 1978.

Band 6 Martin C. Lockert: Die niedersächsischen Stadtrechte zwischen Aller und Weser. Vorkommen und Verflechtungen. Eine Bestandsaufnahme. 1979.

Band 7 Joachim Rückert/Wolfgang Friedrich: Betriebliche Arbeiterausschüsse in Deutschland, Großbritannien und Frankreich im späten 19. und frühen 20. Jahrhundert. Eine vergleichende Studie zur Entwicklung des kollektiven Arbeitsrechts. 1979.

Band 8 Peter Bender: Die Rezeption des römischen Rechts im Urteil der deutschen Rechtswissenschaft. 1979.

Band 9 Friedrich Karl Alsdorf: Untersuchungen zur Rechtsgestalt und Teilung deutscher Ganerbenburgen. 1980.

Band 10 Dietmar Willoweit/Winfried Schich (Hrsg.): Studien zur Geschichte des sächsisch-magdeburgischen Rechts in Deutschland und Polen (Sammelband). 1980.

Band 11 Brigitte Hempel: Der Entwurf einer Polizeiordnung für das Herzogtum Sachsen-Lauenburg aus dem Jahre 1591. 1980.

Band 12 Klaus-Detlev Godau-Schüttke: Rechtsverwalter des Reiches. Staatssekretär Dr. Curt Joël. 1981.

Band 13 Rainer Polley: Anton Friedrich Justus Thibaut (AD 1772-1840) in seinen Selbstzeugnissen und Briefen. Teil 1: Abhandlung. Teil 2: Briefwechsel. Teil 3: Register zum Briefwechsel. 1982.

Band 14 Michael Wettengel: Der Streit um die Vogtei Kelkheim 1275-1276. Ein kanonischer Prozeß.1981.

Band 15 Otto Wilhelm Krause: Naturrechtler des sechzehnten Jahrhunderts. Ihre Bedeutung für die Entwicklung eines natürlichen Privatrechts. 1982.

Band 16 Helga Spindler: Von der Genossenschaft zur Betriebsgemeinschaft. Kritische Darstellung der Sozialrechtslehre Otto von Gierkes. 1982.

Band 17 Holger Otte: Gustav Radbruchs Kieler Jahre 1919-1926. 1982.

Band 18 Rüdiger Teuner: Die fuldische Ritterschaft 1510-1656. 1982.

Band 19 Gerhard Dilcher/Rudolf Hoke/Gian Savino Pene Vidari/Hans Winterberg (Hrsg.): Grundrechte im 19. Jahrhundert. 1982.

Band 20 Karl-Hans Schloßstein: Die westfälischen Fabrikengerichtsdeputationen - Vorbilder, Werdegang und Scheitern. 1982.

Band 21 Birger Schulz: Der Republikanische Richterbund (1921-1933). 1982.

Band 22 Engelbert Krause: Die gegenseitigen Unterhaltsansprüche zwischen Eltern und Kindern in der deutschen Privatrechtsgeschichte. 1982.

Band 23 Meent W. Francksen: Staatsrat und Gesetzgebung im Großherzogtum Berg (1806-1813). 1982.

Band 24 Gerd von Sonnleithner: Bearbeitung des Handelsrechts durch Ignaz von Sonnleithner in seinem "Leitfaden über das österreichische Handels- und Wechselrecht". 1982.

Band 25 Rudolf Palme: Rechts-, Wirtschafts- und Sozialgeschichte der inneralpinen Salzwerke bis zu deren Monopolisierung. 1983.

Band 26 Helen Bosshard: Pestalozzis Staats- und Rechtsverständnis und seine Stellung in der Aufklärung. 1983.

Band 27 Jens Jessen: Die Selbstzeugnisse der deutschen Juristen. Erinnerungen, Tagebücher und Briefe. Eine Bibliographie. 1983.

Band 28 Günter Martin Jensen: Das Domanium Waldeck. Die rechtliche Zuordnung eines Fürstenvermögens. 1984.

Band 29 Johann Heinrich Kumpf: Petitionsrecht und öffentliche Meinung im Entstehungsprozeß der Paulskirchenverfassung 1848/49. 1983.

Band 30 Sabine Frey: Rechtsschutz der Juden gegen Ausweisungen im 16. Jahrhundert. 1983.

Band 31 Dietrich Joswig: Die germanische Grundstücksübertragung. 1984.

Band 32 Andreas Baryli: Konzessionssystem contra Gewerbefreiheit. Zur Diskussion der österreichischen Gewerberechtsreform 1835 bis 1860. 1984.

Band 33 Gerhard Oberkofler: Studien zur Geschichte der österreichischen Rechtswissenschaft. 1984.

Band 34 Rudolf Lauda: Kaufmännische Gewohnheit und Burgrecht bei Notker dem Deutschen. Zum Verhältnis von literarischer Tradition und zeitgenössischer Realität in der frühmittelalterlichen Rhetorik. 1984.

Band 35 Jens Jensen: Die Ehescheidung des Bischofs Hans von Lübeck von Prinzessin Julia Felicitas von Württemberg-Weiltingen AD 1648-1653. Ein Beitrag zum protestantischen Ehescheidungsrecht im Zeitalter des beginnenden Absolutismus. 1984.

Band 36 Horst Schröder: Friedrich Karl von Savigny. Geschichte und Rechtsdenken beim Übergang vom Feudalismus zum Kapitalismus in Deutschland. 1984.

Band 37 Andreas Hatzung: Dogmengeschichtliche Grundlagen und Entstehung des zivilrechtlichen Notstands. 1984.

Band 38 Matthias Klasen: Das Billwerder Landrecht. Landrecht und Landgericht in den Hamburger Elbmarschen. 1985.

Band 39 Rainer Jamin: Aufbau, Tätigkeit und Verfahren der Auseinandersetzungsbehörden bei der Durchführung der preußischen Agrarreformen. 1985.

Band 40 Henry Winter: Teilschuld, Gesamtschuld und unechte Gesamtschuld. Zur Konzeption der §§ 420 ff. BGB - Ein Beitrag zur Entstehungsgeschichte des BGB. 1985.

Band 41 Hermann Eichler: Verfassungsbewegung in Amerika und Europa. 1985.

Band 42 Dagmar Bandemer: Heinrich Albert Zachariae. Rechtsdenken zwischen Restauration und Reformation. 1985.

Band 43 Eva-Christine Frentz: Das Hamburgische Admiralitätsgericht (1623-1811). Prozeß und Rechtsprechung. 1985.

Band 44 Karl Lillig: Rechtsetzung im Herzogtum Pfalz-Zweibrücken während des 18. Jahrhunderts. Ein Beitrag zur Geschichte der territorialen Rechtsbildung. 1985.

Band 45 Walter Weber: Die Entwicklung der Sparkassen zu selbständigen Anstalten des öffentlichen Rechts. Ein Beitrag zur Entwicklung des Anstaltsbegriffs im 19. Jahrhundert. 1985.

Band 46 Bärbel Baum: Der Stabreim im Recht. Vorkommen und Bedeutung des Stabreims in Antike und Mittelalter. 1986.

Band 47 Hans Popp: Die nationalsozialistische Sicht einiger Institute des Zivilprozeß- und Gerichtsverfassungsrechts. 1986.

Band 48 John Karl-Heinz Montag: Die Lehrdarstellung des Handelsrechts von Georg Friedrich von Martens bis Meno Pöhls. Die Wissenschaft des Handelsrechts im ersten Drittel des 19. Jahrhunderts. 1986.

Band 49 Volker D. Anhäusser: Das internationale Obligationenrecht in der höchstrichterlichen Rechtsprechung des 19. Jahrhunderts. 1986.

Band 50 Udo Beer: Die Juden, das Recht und die Republik. Verbandswesen und Rechtsschutz 1919-1933. 1986.

Band 51 Herbert Grziwotz: Der moderne Verfassungsbegriff und die "Römische Verfassung" in der deutschen Forschung des 19. und 20. Jahrhunderts. 1986.

Band 52 Ralf Conradi: Karl Friedrich Eichhorn als Staatsrechtslehrer. Seine Göttinger Vorlesung über "Das Staatsrecht der deutschen Bundesstaaten" nach einer Kollegmitschrift aus dem Wintersemester 1821/22. 1987.

Band 53 Dieter Dannreuther: Der Zivilprozeß als Gegenstand der Rechtspolitik im Deutschen Reich 1871-1945. Ein Beitrag zur Geschichte des Zivilprozeßrechts in Deutschland. 1987.

Band 54 Stephan Felix Pauly: Organisation, Geschichte und Praxis der Gesetzesauslegung des (Königlich) Preußischen Oberverwaltungsgerichtes 1875-1933. 1987.

Band 55 Rüdiger Schulz: Die Entstehung des Seerechts des Allgemeinen Deutschen Handelsgesetzbuches unter besonderer Berücksichtigung der Bestimmungen über die Reederei, den Schiffer und die Schiffsmannschaft. 1987.

Band 56 Reinhold Reis: Deutsches Privatrecht in den Weistümern der Zenten Schriesheim und Kirchheim. 1987.

Band 57 Jürgen Christoph: Die politischen Reichsamnestien 1918-1933. 1987.

Band 58 Gerhard Oberkofler/Eduard Rabofsky: Hans Kelsen im Kriegseinsatz der k.u.k.-Wehrmacht. Eine kritische Würdigung seiner militärtheoretischen Angebote. 1988.

Band 59 Arne Wulff: Staatssekretär Prof. Dr. Dr. h.c. Franz Schlegelberger. 1876-1970. 1991.

Band 60 Gerhard Köbler (Hrsg.): Wege europäischer Rechtsgeschichte. Karl Kroeschell zum 60. Geburtstag. 1987.

Band 61 Rüdiger Hütte: Der Gemeinschaftsgedanke in den Erbrechtsreformen des Dritten Reichs. 1988.

Band 62 Markus Göldner: Politische Symbole der europäischen Integration. Fahne, Hymne, Hauptstadt, Paß, Briefmarke, Auszeichnungen. 1988.

Band 63 Wolfgang Kröner: Freiheitsstrafe und Strafvollzug in den Herzogtümern Schleswig, Holstein und Lauenburg von 1700 bis 1864. 1988.

Band 64 Werner Gaile: Die Norder Theelacht. 1988.

Band 65 Karl v. Kempis: Andreas Gaill (1526-1587). Zum Leben und Werk eines Juristen der frühen Neuzeit. 1988.

Band 66 Wolf-Rüdiger Osburg: Die Verwaltung Hamburgs in der Franzosenzeit. 1811-1814. 1988.

Band 67 Christian Schudnagies: Hans Frank. Aufstieg und Fall des NS-Juristen und Generalgouverneurs. 1988.

Band 68 Otmar Jung: Senatspräsident Freymuth. Richter, Sozialdemokrat und Pazifist in der Weimarer Republik. Eine politische Biographie. 1989.

Band 69 Joachim Lohner: Das landeshauptmannschaftliche Gericht in Oberösterreich zu Beginn der Neuzeit. Eine Darstellung des oberösterreichischen Prozeßrechts am obersten Territorialgericht des Landes anhand der oberösterreichischen Landtafel. 1989.

Band 70 Bernd Klemann: Rudolf von Jhering und die Historische Rechtsschule. 1989.

Band 71 Adalbert Langer: Männer um die österreichische Zivilprozeßordnung 1895. Zusammenspiel / Soziales Ziel. 1990.

Band 72 Robert-Dieter Klee: Die Landessuperintendentur Lauenburg. Ursprung und Entwicklung sowie Ende der Sonderstellung des Kirchenkreises Herzogtum Lauenburg durch die nordelbische Kirchenvereinigung. 1989.

Band 73 Heinrich Herrmann: Die Gehöferschaften im Bezirk Trier. 1989.

Band 74 Wilhelm Brauneder, Franz Baltzarek (Hrsg.): Modell einer neuen Wirtschaftsordnung. Wirtschaftsverwaltung in Österreich 1914-1918. 1991.

Band 75 Thomas Dreyer: Die "Assecuranz- und Haverey-Ordnung" der Freien und Hansestadt Hamburg von 1731. 1990.

Band 76 Bernhard Sendler: Die Rechtssprache in den süddeutschen Stadtrechtsreformationen. 1990.

Band 77 Brigitte Lehmann: Ehevereinbarungen im 19. und 20. Jahrhundert. 1990.

Band 78 Michael Sunnus: Der NS-Rechtswahrerbund (1928-1945). Zur Geschichte der nationalsozialistischen Juristenorganisation. 1990.

Band 79 Stefan Schulz: Die historische Entwicklung des Rechts an Bienen. (§§ 961-964 BGB). 1990.

Band 80 Gerhard Lingelbach, Heiner Lück (Hrsg.): Deutsches Recht zwischen Sachsenspiegel und Aufklärung. Rolf Lieberwirth zum 70. Geburtstag dargebracht von Schülern, Freunden und Kollegen, herausgegeben von Gerhard Lingelbach und Heiner Lück. 1991.

Band 81 Manfred Krohn: Die deutsche Justiz im Urteil der Nationalsozialisten 1920-1933. 1991.

Band 82 Angelika Kühn: Privilegierung nationaler Minderheiten im Wahlrecht der Bundesrepublik Deutschland und Schleswig-Holsteins. 1991.

Band 83 Georg Brun: Leben und Werk des Rechtshistorikers Heinrich Mitteis unter besonderer Berücksichtigung seines Verhältnisses zum Nationalsozialismus. 1991.

Band 84 Wolfgang Simon: Claudius Freiherr von Schwerin. Rechtshistoriker während dreier Epochen deutscher Geschichte. 1991.

Band 85 Friedrich-Carl Wachs: Das Verordnungswerk des Reichsdemobilmachungsamtes. Stabilisierender Faktor zu Beginn der Weimarer Republik. 1991.

Band 86 Jens-Uwe Petersen: Die Vorgeschichte und die Entstehung des Mieterschutzgesetzes von 1923 nebst der Anordnung für das Verfahren vor dem Mieteinigungsamt und der Beschwerdestelle. 1991.

Band 87 Ulrike Halbach: Familienrecht in der Rechtssprache. Die historische Entwicklung zentraler Ausdrücke des geltenden Familienrechts. 1991.

Band 88 Joern Christian Nissen: Die Beratungen des Seeversicherungsausschusses der Akademie für Deutsches Recht zu einem neuen Seeversicherungsgesetz (1934-1939). Ein Beitrag zur Entwicklung der allgemeinen Lehren des Seeversicherungsrechts unter besonderer Berücksichtigung des Handelsgesetzbuchs und der Allgemeinen Deutschen Seeversicherungs-Bedingungen 1919. 1991.

Band 89 Diethard Bühler: Die Entstehung der allgemeinen Vertragsschluß-Vorschriften im Allgemeinen Deutschen Handelsgesetzbuch (ADHGB) von 1861. Ein Beitrag zur Kodifikationsgeschichte des Privatrechts im 19. Jahrhundert. 1991.

Band 90 Gerhard Oberkofler: Die Vertreter des Römischen Rechts mit deutscher Unterrichtssprache an der Karls-Universität in Prag. Vom Vormärz bis 1945. 1991.

Band 91 Ulrich Andermann: Ritterliche Gewalt und bürgerliche Selbstbehauptung. Untersuchungen zur Kriminalisierung und Bekämpfung des spätmittelalterlichen Raubrittertums am Beispiel norddeutscher Hansestädte. 1991.

Band 92 Heinz Marcus Hanke: Luftkrieg und Zivilbevölkerung. Der kriegsvölkerrechtliche Schutz der Zivilbevölkerung gegen Luftbombardements von den Anfängen bis zum Ausbruch des Zweiten Weltkrieges. 1991.

Band 93 Kirsten Kraglund: Familien- und Erbrecht. Materielles Recht und Methoden der Rechtsanwendung in der Rechtsprechung des Oberappellationsgerichts der vier Freien Städte Deutschlands zu Lübeck. 1991.

Band 94 Reinhard Lorenz: Die politische und rechtliche Stellung des Proletariats in Preußen in der Zeit zwischen den Reformen und der Revolution 1848/49. 1991.

Band 95 Eric Hilgendorf: Die Entwicklungsgeschichte der parlamentarischen Redefreiheit in Deutschland. 1991.

Band 96 Hans J. Reiter: Die Handelsgesellschaft Villeroy & Boch von der Gründung 1836 bis zum Jahr 1878. 1992.

Band 97 Martin Johannes Heller: Reform der deutschen Rechtssprache im 18. Jahrhundert. 1992.

Band 98 Michael Kotulla: Die Tragweite der Grundrechte der revidierten preußischen Verfassung vom 31.01.1850. 1992.

Band 99 Michael Siefener: Hexerei im Spiegel der Rechtstheorie. Das crimen magiae in der Literatur von 1574 bis 1608. 1992.

Band 100 Andreas Ebert-Weidenfeller: Hamburgisches Kaufmannsrecht im 17. und 18. Jahrhundert. Die Rechtsprechung des Rates und des Reichskammergerichtes. 1992.

Band 101 Enno Bommel: Die Entstehung der Verwirkungslehre in der Krise des Positivismus. 1992.

Band 102 Ralph Steppacher: Die Berücksichtigung der bäuerlichen Postulate bei der Entstehung des ZGB und der Revision des OR. Ein Beitrag zur schweizerischen Kodifikationsgeschichte (1893-1912). 1992.

Band 103 Martin Fleckenstein: Die Todesstrafe im Werk Carl Joseph Anton Mittermaiers (1787-1867). Zur Entwicklungsgeschichte eines Werkbereichs und seiner Bedeutung für Theorie- und Methodenbildung. 1992.

Band 104 Jörn Eckert: Der Kampf um die Familienfideikommisse in Deutschland. Studien zum Absterben eines Rechtsinstitutes. 1992.

Band 105 Jörg Grotkopp: Beamtentum und Staatsformwechsel. Die Auswirkungen der Staatsformwechsel von 1918, 1933 und 1945 auf das Beamtenrecht und die personelle Zusammensetzung der deutschen Beamtenschaft. 1992.

Band 106 Andreas Rohde: Die Garantiehaftung des Vermieters und ihr Verhältnis zum Unmöglichkeitsrecht in dogmengeschichtlicher und modernrechtlicher Sicht. 1992.

Band 107 Tjark Siefke Kunstreich: Gesamtvertretung. Eine historisch-systematische Darstellung. 1992.

Band 108 Jürgen Krüger: Blindheit und Königtum. Die Blindheit des Königs Georg V. von Hannover als verfassungsrechtliches Problem. 1992.

Band 109 Wolfgang Putschek: Ständische Verfassung und autoritäre Verfassungspraxis in Österreich 1933-1938 mit Dokumentenanhang. Verfassung und Verfassungswirklichkeit. Mit einem Anhang: Denkschriften von Rechtsanwalt Dr. Erich Führer 1936/37. 1993.

Band 110 Klaus Hofmann: Die Verdrängung der Juden aus öffentlichem Dienst und selbständigen Berufen in Regensburg 1933-1939. 1993.

Band 111 Franz Kilger: Die Entwicklung des Telegraphenrechts im 19. Jahrhundert mit besonderer Berücksichtigung der technischen Entwicklung. Telegraphenrecht im 19. Jahrhundert. 1993.

Band 112 Wilhelm Brauneder (Hrsg.): Heiliges Römisches Reich und moderne Staatlichkeit. 1993.

Band 113 Thomas Heinrich: Das preußische Nichtehelichenrecht: Von der Aufklärung zur Reaktion. 1993.

Band 114 Gerald Kohl: Jagd und Revolution. Das Jagdrecht in den Jahren 1848 und 1849. 1993.

Band 115 Christian Schudnagies: Der Kriegs- oder Belagerungszustand im Deutschen Reich während des Ersten Weltkrieges. Eine Studie zur Entwicklung und Handhabung des deutschen Ausnahmezustandsrechts bis 1918. 1994.

Band 116 Elisabeth Bellmann: Die Internationale Kriminalistische Vereinigung (1889-1933). 1994.

Band 117 Julia Pfannkuch: Volksrichterausbildung in Sachsen 1945-1950. 1993.

Band 118 Jörg Offen: Von der Verwaltungsgemeinschaft des BGB von 1896 zur Zugewinngemeinschaft des Gleichberechtigungsgesetzes von 1957. 1994.

Band 119 Dorothee Kohlhas-Müller: Untersuchungen zur Rechtsstellung Theoderichs des Großen. 1995.

Band 120 Monika Rose: Das Gerichtswesen des Herzogtums Pfalz-Zweibrücken im 18. Jahrhundert. Ein Beitrag zur territorialen Gerichtsbarkeit im Alten Reich. 1994.

Band 121 Jörn Eckert / Hans Hattenhauer (Hrsg.): Bibel und Recht. Rechtshistorisches Kolloquium 9. - 13. Juni 1992 an der Christian-Albrechts-Universität zu Kiel. 1994.

Band 122 Robert Martin Mizia: Der Rechtsbegriff der Autonomie und die Begründung des Privatfürstenrechts in der deutschen Rechtswissenschaft des 19. Jahrhunderts. 1995.

Band 123 Walther Graf von Plettenberg: Das Fortleben des Liber Iudiciorum in Asturien/León (8.-13. Jh.). 1994.

Band 124 Wolfgang Schulz: Das deutsche Börsengesetz. Die Entstehungsgeschichte und wirtschaftlichen Auswirkungen des Börsengesetzes von 1896. 1994.

Band 125 Frank Hagemann: Der Untersuchungsausschuß Freiheitlicher Juristen. 1949-1969. 1994.

Band 126 Andreas Rethmeier: "Nürnberger Rassegesetze" und Entrechtung der Juden im Zivilrecht. 1995.

Band 127 Edith Grether: Die Poesie der Throne. Die Juristen in der Fruchtbringenden Gesellschaft. 1995.

Band 128 Anna Bartels-Ishikawa: Der Lippische Thronfolgestreit. Eine Studie zu verfassungsrechtlichen Problemen des Deutschen Kaiserreiches im Spiegel der zeitgenössischen Staats. 1995.

Band 129 Jörg Schmidt: Otto Koellreutter 1883-1972. Sein Leben, sein Werk, seine Zeit. 1995.

Band 130 Christian Hattenhauer: Wahl und Krönung Franz II. AD 1792. Das Heilige Reich krönt seinen letzten Kaiser - Das Tagebuch des Reichsquartiermeisters Hieronymus Gottfried von Müller und Anlagen. 1995.

Band 131 Jutta v. der Decken: Das Seearbeitsrecht im Hamburger Stadtrecht von 1301 bis 1603. 1995.

Band 132 Detlev Schmidt: Die Reform des Rechts der Handelsvertreter von 1953. 1995.

Band 133 Gabi Roßdeutscher: Privatautonomie im Scheidungsrecht. Scheidungsbezogene Vereinbarungen in den letzten 200 Jahren. 1995.

Band 134 Harald Kahlenberg: Leben und Werk des Rechtshistorikers Walther Merk. Ein Beispiel für das Verhältnis von Rechtsgeschichte und Nationalsozialismus. 1995.

Band 135 Michael Steitz: Adelbert Düringer am Reichsgericht (1902-1915). Seine aktienrechtlichen Entscheidungen und sein Einfluß auf das Aktienrecht in Deutschland. 1995.

Band 136 Christian Becker: Beata Justorum Translatio. Juristen in schleswig-holsteinischen Leichenpredigten. 1996.

Band 137 Christoph Seiler: Vom Allgemeinen Landrecht zum Bürgerlichen Gesetzbuch. Dargestellt am Beispiel der höchstrichterlichen Judikatur zum kaufrechtlichen Sachmängelgewährleistungsrecht. 1996.

Band 138 Bernd Mayer: Die Vertrauensmännerausschüsse auf den preußischen Steinkohlegruben an der Saar. Entstehung und Wirken. Eine rechtshistorische Untersuchung. 1996.

Band 139 Rochus Scholl: Juden und Judenrecht im Herzogtum Pfalz-Zweibrücken. Ein Beitrag zur Rechtsgeschichte eines deutschen Kleinstaates am Ende des alten Reiches. 1996.

Band 140 Meike Bursch: Judentaufe und frühneuzeitliches Strafrecht. Die Verfahren gegen Christian Treu aus Weener/Ostfriesland 1720-1728. 1996.

Band 141 Markus Hillenbrand: Fürstliche Eheverträge. Gottorfer Hausrecht 1544-1773. 1996.

Band 142 Ulf Häder: Das gemeinschaftliche Oberappellationsgericht thüringischer Staaten in Jena. Ein Beitrag zur Geschichte des Gerichtswesens im 19. Jahrhundert. 1996.

Band 143 Andreas Bauer: Das Gnadenbitten in der Strafrechtspflege des 15. und 16. Jahrhunderts. Dargestellt unter besonderer Berücksichtigung von Quellen der Vorarlberger Gerichtsbezirke Feldkirch und des Hinteren Bregenzerwaldes. 1996.

Band 144 Christian Wirth: Der Jurist Johann Andreas Georg Friedrich Rebmann zwischen Revolution und Restauration. 1996.

Band 145 Stefanie Müller: Die Rechtsprechung des Hanseatischen Oberlandesgerichts zum persönlichen Eherecht in Hamburgischen Gerichtsfällen von 1879-1900. 1996.

Band 146 Jean-Nicolas Morisset: Der Frachtvertrag in der *Ordonnance de la marine* von 1681. 1996.

Band 147 Dirk Lentfer: Die Glogauer Landesprivilegien des Andreas Gryphius von 1653. 1996.

Band 148 Wencke Mull: Die Haftung für Einsturzschäden nach den §§ 836-838 BGB in der Rechtsprechung des Reichsgerichts. 1996.

Band 149 Renate Zeiger: Teufelsverträge. Märchen, Sage, Schwank, Legende im Spiegel der Rechtsgeschichte. 1996.

Band 150 Guido Kraß: Das Arrestverfahren in Frankfurt am Main im Spätmittelalter. 1996.

Band 151 F. Benedict Heyn: Die Entwicklung des Eisenbahnfrachtrechts von den Anfängen bis zur Einführung des Allgemeinen Deutschen Handelsgesetzbuches (ADHGB). 1996.

Band 152 Thomas Lang: Die Staats- und Verfassungslehre Carl Salomo Zachariaes. 1996.

Band 153 Michael Hebeis: Karl Anton von Martini (1726-1800). Leben und Werk. 1996.

Band 154 Gerald Hubert: Die Diskussion um die rechtliche Natur der Bizone in den Jahren 1947-1949. 1996.

Band 155 Christof Horn: Die Rechtsprechung des Reichsgerichts in Ehescheidungssachen der Jahre 1900 bis 1905. 1996.

Band 156 Hermann Nehlsen / Georg Brun (Hrsg.): Münchener rechtshistorische Studien zum Nationalsozialismus. 1996.

Band 157 Jan Otto Clemens Kehrberg: Die Entwicklung des Elektrizitätsrechts in Deutschland. Der Weg zum Energiewirtschaftsgesetz von 1935. 1997.

Band 158 Johannes Tradt: Der Religionsprozeß gegen den Zopfschulzen (1791-1799). Ein Beitrag zur protestantischen Lehrpflicht und Lehrzucht in Brandenburg-Preußen gegen Ende des 18. Jahrhunderts. 1997.

Band 159 Dietmar Olsen: Das kaufrechtliche Sachmängelgewährleistungsrecht des Code civil in der Rechtsprechung deutscher Gerichte im 19. Jahrhundert. Ein Beitrag zur Ablösung der Partikularrechte durch das BGB. 1997.

Band 160 Ulrich Bernhardt: Die Deutsche Akademie für Staats- und Rechtswissenschaft „Walter Ulbricht" 1948-1971. 1997.

Band 161 Claudia Susan Hoppe: Die Bürgschaft im Rechtsleben Hamburgs von 1600 bis 1900. 1997.

Band 162 Franz-Rudolf Ecker: Die Entwicklung des Bergrechts im Saarbrücker Steinkohlenrevier bis zum Ende des 18. Jahrhunderts. Ein Vergleich mit dem älteren deutschen Bergrecht. 1997.

Band 163 Anne Katrin Rückert: Politik und Privatrecht in der „konservativen Revolution". 1997.

Band 164 Gisbert Laube: Der Reichskunstwart. Geschichte einer Kulturbehörde 1919-1933. 1997.

Band 165 Nicolas Lührig: Die Diskussion über die Reform der Juristenausbildung von 1945 bis 1995. 1997.

Band 166 Regula Gerber Jenni: Die Emanzipation der mehrjährigen Frauenzimmer. Frauen im bernischen Privatrecht des 19. Jahrhunderts. 1997.

Band 167 Mischa A. Färber: Das gemeinschaftliche Testament in der höchstrichterlichen Rechtsprechung zum Allgemeinen Preußischen Landrecht und zum BGB. Ein Beitrag zur Ablösung der Partikularrechte durch das BGB. 1997.

Band 168 Catherine Antoinette Gasser: Philipp Lotmar 1850-1922. Professor der Universität Bern. Sein Engagement für das Schweizerische Arbeitsrecht. 1997.

Band 169 Lars Immisch: Der sozialistische Richter in der DDR und seine Unabhängigkeit. Der Versuch eines Rechtsvergleiches zum Unabhängigkeitsbegriff in der bundesdeutschen Rechtsordnung. 1997.

Band 170 Jessica Jacobi: Besitzschutz vor dem Reichskammergericht. Die friedenssichernde Funktion der Besitzschutzklagen am Reichskammergericht im 16. Jahrhundert, dargestellt anhand von Kameralisten. 1998.

Band 171 Ewald Hügemann: Die Geschichte des öffentlichen und privaten Mietpreisrechts vom Ersten Weltkrieg bis zum Gesetz zur Regelung der Miethöhe von 1974. 1998.

Band 172 Lutz Rentzow: Die Entstehungs- und Wirkungsgeschichte der Vernewerten Landesordnung für das Königreich Böhmen von 1627. 1998.

Band 173 Sabine Stürmer: Mühlenrecht im Herzogtum Pfalz-Zweibrücken während des 18. Jahrhunderts. Ein Beitrag zum Wirtschaftsrecht eines deutschen Kleinstaates im Alten Reich. 1998.

Band 174 Mario Bogisch: *Nemo testis in re sua*. Das Problem der Zeugnisfähigkeit bei der Anwendung der deutschen Zivilprozeßordnung von 1877. 1998.

Band 175 Rainer Oßwald: Pactane sunt servanda? Freiwilligkeit, Zwang und Unverbindlichkeitserklärungen im islamischen Vertragsrecht malikitischer Schule. 1998.

Band 176 Bettina Kern: Der preußische BGB-Entwurf von 1842. 1998.

Band 177 Inken Fuhrmann: Die Diskussion über die Einführung der fakultativen Zivilehe in Deutschland und Österreich seit Mitte des 19. Jahrhunderts. 1998.

Band 178 Annette Rieck: Der Heilige Ivo von Hélory (1247-1303). Advocatus pauperum und Patron der Juristen. 1998.

Band 179 Frank Bottenberg: Die Hamburgische Strafprozeßordnung von 1869. 1998.

Band 180 Matthias Krauß: Das kursächsische Postrecht von seinen Anfängen bis zum Ende des Alten Reichs. 1998.

Band 181 Torsten Schmidt: Die Entmündigung von den Anfängen des BGB bis zu ihrer Ablösung durch das Institut der Betreuung. 1998.

Band 182 Christian Nunn: Rudolf Müller-Erzbach. 1874-1959. Von der realen Methode über die Interessenjurisprudenz zum kausalen Rechtsdenken (Leben und Werk). 1998.

Band 183 Christian Ortloff: Das staatskirchenrechtliche System Wilhelm Traugott Krugs. Glaubens- und Gewissensfreiheit – eine Forderung der Vernunft. 1998.

Band 184 Christian Hattenhauer: Schuldenregulierung nach dem Westfälischen Frieden. Der sog. § *de indaganda* und seine Umsetzung im Jüngsten Reichsabschied (AD 1648 und 1654). 1998.

Band 185 Werner Schubert: Preußen im Vormärz. Die Verhandlungen der Provinziallandtage von Brandenburg, Pommern, Posen, Sachsen und Schlesien sowie – im Anhang – von Ostpreußen, Westfalen und der Rheinprovinz (1841-1845). 1998.

Band 186 Silvia Schumacher: Das Rechtsverhältnis zwischen Eltern und Kindern in der Privatrechtsgeschichte. 1999.

Band 187 Kai Sommer: Die Strafbarkeit der Homosexualität von der Kaiserzeit bis zum Nationalsozialismus. Eine Analyse der Straftatbestände im Strafgesetzbuch und in den Reformentwürfen (1871-1945). 1998.

Band 188 Jan Erik Backhaus: Volksrichterkarrieren in der DDR. 1999.

Band 189 Ralf Ruhnau: Die Fürstlich Thurn und Taxissche Privatgerichtsbarkeit in Regensburg. Ein Kuriosum der deutschen Rechtsgeschichte. 1999.

Band 190 Antonio Grilli: Die französische Justizorganisation am linken Rheinufer 1797-1803. 1999.

Band 191 Stephanie Kammerloher-Lis: Die Entstehung des Gesetzes über die religiöse Kindererziehung vom 15. Juli 1921. 1999.

Band 192 Jan Telp: Ausmerzung und Verrat. Zur Diskussion um Strafzwecke und Verbrechensbegriffe im Dritten Reich. 1999.

Band 193 Kurt von Pannwitz: Die Entstehung der Allgemeinen Deutschen Wechselordnung. Ein Beitrag zur Geschichte der Vereinheitlichung des deutschen Zivilrechts im 19. Jahrhundert. 1999.

Band 194 Sylvia Busch: Die Entstehung der Allgemeinen Gerichtsordnung für die Preussischen Staaten von 1793/95. Ein Beitrag zur Geschichte der Kodifikationsbewegung und der Reform des Zivilprozesses in Preußen im 18. Jahrhundert. 1999.

Band 195 Dirk Bieresborn: Klage und Klageerwiderung im deutschen und englischen Zivilprozeß. Eine rechtshistorische und rechtsvergleichende Untersuchung unter besonderer Berücksichtigung der Beeinflussung durch das römisch-kanonische Verfahren. 1999.

Band 196 Andreas Thier / Guido Pfeifer / Philipp Grzimek (Hrsg.): Kontinuitäten und Zäsuren in der Europäischen Rechtsgeschichte. Europäisches Forum Junger Rechtshistorikerinnen und Rechtshistoriker München 22.-24. Juli 1998. 1999.

Band 197 Franz Smola: Die Fürstlich Liechtenstein'sche Kunstsammlung. Rechtsfragen zur Verbringung der Sammlung von Wien nach Vaduz in den Jahren 1944/45. 1999.

Band 198 Frank Martin Krauss: Das geteilte Eigentum im 19. und 20. Jahrhundert. Eine Untersuchung zum Fortbestand des Teilungsgedankens. 1999.

Band 199 Matthias Frey: Die spanische Aktiengesellschaft im 18. Jahrhundert und unter dem Código de Comercio von 1829. 1999.

Band 200 Alexandra Gilde: Die Stellung der Frau im Reichsstrafgesetzbuch von 1870/71 und in den Reformentwürfen bis 1919 im Urteil der bürgerlichen Frauenbewegung. Eine Analyse ausgewählter Straftatbestände. 1999.

Band 201 Malte Dießelhorst / Arne Duncker: Hans Kohlhase. Die Geschichte einer Fehde in Sachsen und Brandenburg zur Zeit der Reformation. 1999.

Band 202 Jörg Hillmann: Territorialrechtliche Auseinandersetzungen der Herzöge von Sachsen-Lauenburg vor dem Reichskammergericht im 16. Jahrhundert. 1999.

Band 203 Carsten Engler: Die Kommanditgesellschaft (KG) und die stille Gesellschaft im Allgemeinen Deutschen Handelsgesetzbuch (ADHGB) von 1861. 1999.

Band 204 Vesta Hoffmann-Steudner: Die Rechtsprechung des Reichsgerichts zu dem Scheidungsgrund des § 49 EheG (EheG 1938) in den Jahren 1938-1945. 1999.

Band 205 Michaela Thiele: Die Auflösung von Arbeitsverhältnissen aufgrund Anfechtung und außerordentlicher Kündigung nach der Rechtsprechung des Reichsarbeitsgerichts (1927-1945). 2000.

Band 206 Peter Landau / Hermann Nehlsen / Mathias Schmoeckel (Hrsg.): Karl von Amira zum Gedächtnis. 1999.

Band 207 Marcus Flinder: Die Entstehungsgeschichte des Zivilgesetzbuches der DDR. 1999.

Band 208 Boris Franz Leo Bromm: Die Entstehungsgeschichte des Berufs des Handelsvertreters. Unter besonderer Berücksichtigung der Sozialgesetzgebung in den Jahren von 1871-1933. 2000.

Band 209 Winfried C. J. Eberstein: Das Tierschutzrecht in Deutschland bis zum Erlaß des Reichs-Tierschutzgesetzes vom 24. November 1933. Unter Berücksichtigung der Entwicklung in England. 1999.

Band 210 Patrick Deller: Der „nach dem Vertrage" vorausgesetzte Gebrauch (§ 459 Absatz 1 Satz 1 BGB). Eine kaufrechtliche Untersuchung unter Berücksichtigung rechtshistorischer wie rechtsvergleichender Grundlagen. 2000.

Band 211 Eckard Freiherr von Bodenhausen: Haftung des Geschäftsherrn für Verrichtungsgehilfen im Straßen- und Schienenverkehr. Eine Analyse der Entscheidungen des Reichsgerichts zu § 831 BGB (1900-1945). 2000.

Band 212 Birte Gast: Der Allgemeine Teil und das Schuldrecht des Bürgerlichen Gesetzbuchs im Urteil von Raymond Saleilles (1855-1912). 2000.

Band 213 Hansjörg Michael Huber: Koloniale Selbstverwaltung in Deutsch-Südwestafrika. Entstehung, Kodifizierung und Umsetzung. 2000.

Band 214 Ulf Björner: Die Verfassungsgerichtsbarkeit im Norddeutschen Bund und Deutschen Reich (1867-1918). Eine rechtshistorische Untersuchung über Gerichtsbarkeit im Spannungsfeld von Politik und Recht innerhalb der von Bismarck geschaffenen deutschen Bundesstaaten. 2000.

Band 215 Mathias Freiherr von Rosenberg: Friedrich Carl von Savigny (1779-1861) im Urteil seiner Zeit. 2000.

Band 216 Reinhard Binder-Kriegistein: Österreichisches Adelsrecht 1868-1918/19. Von der Ausgestaltung des Adelsrechts der cisleithanischen Reichshälfte bis zum Adelsaufhebungsgesetz der Republik unter besonderer Berücksichtigung des adeligen Namensrechts. 2000.

Band 217 Claudia-Regine Nerius: Johannes Lehmann-Hohenberg (1851-1925). Eine Studie zur völkischen Rechts- und Justizkritik im Deutschen Kaiserreich. 2000.

Band 218 Ludger Meuten: Die Erbfolgeordnung des Sachsenspiegels und des Magdeburger Rechts. Ein Beitrag zur Geschichte des sächsisch-magdeburgischen Rechts. 2000.

Band 219 Christoph Alexander von Wilcken: Die Reformbestrebungen zum Genossenschaftsgesetz in der Frühzeit der Bundesrepublik. Die Beratungen der Sachverständigenkommission zur Überprüfung des Genossenschaftsrechts 1954 bis 1958 und der Referentenentwurf von 1962. 2000.

Band 220 Verein Junger RechtshistorikerInnen Zürich (Hrsg.): ¿Rechtsgeschichte(n)? ¿Histoire(s) du droit? ¿Storia/storie del diritto? ¿Legal Histori(es)? Europäisches Forum Junger Rechtshistorikerinnen und Rechtshistoriker Zürich 28.-30. Mai 1999. 2000.

Band 221 Hans Christian Schüler: Die Entstehungsgeschichte der Bundesnotarordnung vom 24. Februar 1961. 2000.

Band 222 Nils-Eberhard Schramm: Die Vereinigung demokratischer Juristen (1949-1999). 2000.

Band 223 Silke Anke Torp: Das Rechtsverhältnis zwischen den Eltern und ihren Kindern. Dienstleistungspflicht, Aussteuer und Ausstattung. Eine Analyse der Rechtsprechung des Reichsgerichts und des Reichsarbeitsgerichts zu den Vorschriften der §§ 1616 bis 1625 des Bürgerlichen Gesetzbuches in der Zeit von 1900 bis 1945. 2000.

Band 224 Martin Jürgen Maaß: Die Geschichte des Eigentumsvorbehalts, insbesondere im 18. und 19. Jahrhundert. 2000.

Band 225 Stefanie Langer: Rechtswissenschaftliche Itinerarien. Lebenswege namhafter europäischer Juristen vom 11. bis zum 18. Jahrhundert. 2000.

Band 226 Ulrich Schmitz: Der Unterhaltsanspruch des nichtehelichen Kindes gegen seinen Erzeuger. Die rechtsgeschichtliche und dogmatische Entwicklung im deutschen Recht. 2000.

Band 227 Sebastian Günther: Friedrich Carl von Savigny als Grundherr. 2000.

Band 228 Henning Ibs: Hermann J. Held (1890-1963). Ein Kieler Gelehrtenleben in den Fängen der Zeitläufe. 2000.

Band 229 Matthias Rücker: Wirtschaftswerbung unter dem Nationalsozialismus. Rechtliche Ausgestaltung der Werbung und Tätigkeit des Werberats der deutschen Wirtschaft. 2000.

Band 230 Hendrik Sandmann: Die Entwicklung von Begriff und Inhalt des Wirtschaftchsrechts durch die Rechtswissenschaft in der Weimarer Republik. 2000.

Band 231 Sibylle Müller: Gibt es Menschenrechte bei Samuel Pufendorf? 2000.

Band 232 Karin Olechowski-Hrdlicka: Die gemeinsamen Angelegenheiten der Österreichisch-Ungarischen Monarchie. Vorgeschichte – Ausgleich 1867 – Staatsrechtliche Kontroversen. 2001.

Band 233 Johannes Mierau: Die juristischen Abschluß- und Diplomprüfungen in der SBZ/DDR. Ein Einblick in die Juristenausbildung im Sozialismus. 2001.

Band 234 Jörg Wolff (Hrsg.): Stillstand, Erneuerung und Kontinuität. Einsprüche zur Preußenforschung. 2001.

Band 235 Friedo Schröder: Die anwaltliche Tätigkeit während der nationalsozialistischen Herrschaft. Eine Analyse der anwaltlichen Argumentation in Zivilprozessen anhand der vorhandenen Prozeßakten der Landgerichte Frankenthal, Wiesbaden, Limburg und Frankfurt und der Handakten der *jüdischen Konsulenten* des OLG-Bezirks Frankfurt. 2001.

Band 236 Der Code pénal des Königreichs Westphalen von 1813 mit dem Code pénal von 1810 im Original und in deutscher Übersetzung. Herausgegeben und mit einer Einleitung versehen von Werner Schubert. 2001.

Band 237 Klaus Richter: Deutsches Kolonialrecht in Ostafrika 1885-1891. 2001.

Band 238 Kai von Lewinski: Deutschrechtliche Systembildung im 19. Jahrhundert. 2001.

Band 239 Alexander Herzog: Sittenwidrige Rechtsgeschäfte in der höchstrichterlichen Rechtsprechung aus den Jahren 1948-1965. 2001.

Band 240 Claudia Rönnau: Die Beratungen des Wasserrechtsausschusses der Akademie für Deutsches Recht zu einem Reichswassergesetz (1934-1941). Ein Beitrag zur Dogmatik der Begriffe *Gemeingebrauch* und *Sondergebrauch* in der Zeit des Nationalsozialismus. 2001.

Band 241 Momme Rohlack: Kriegsgesellschaften (1914-1918). Arten, Rechtsformen und Funktionen in der Kriegswirtschaft des Ersten Weltkrieges. 2001.

Band 242 Rolf Geyer: Der Gedanke des Verbraucherschutzes im Reichsrecht des Kaiserreichs und der Weimarer Republik (1871-1933). Eine Studie zur Geschichte des Verbraucherrechts in Deutschland. 2001.

Band 243 Felix Lorenz Benjamin Lehmann: Der Rote Adlerorden. Entstehung und rechtliche Grundlagen (1705-1918). 2002.

Band 244 Marc Ludwig: Der Pfändungsschutz für Lohneinkommen. Die Entstehungs- und Entwicklungsgeschichte der Vorschriften zum Schutz vor Lohnpfändung in Deutschland. 2001.

Band 245 Alexander Wachter: Dorfschule zwischen Pastor und Schulmeister. Zur Säkularisierung des niederhessischen Schulwesens im 19. Jahrhundert. 2001.

Band 246 Richard Scholz: Analyse der Entstehungsbedingungen der reichsgerichtlichen Aufwertungsrechtsprechung. Untersuchung unter besonderer Berücksichtigung der konservativen Geldpolitik der Reichsbank und der Inflationspolitik der Reichsregierung. 2001.

Band 247 Judith Laeverenz: Märchen und Recht. Eine Darstellung verschiedener Ansätze zur Erfassung des rechtlichen Gehalts der Märchen. 2001.

Band 248 Christina Schenk: Bestrebungen zur einheitlichen Regelung des Strafvollzugs in Deutschland von 1870 bis 1923. 2001.

Band 249 Nils Werner: Die Prozesse gegen die Landvolkbewegung in Schleswig-Holstein 1929/32. Ein Beitrag zur Justizkritik in der späten Weimarer Republik. 2001.

Band 250 Wolfgang Walter: Das Duell in Bayern. Ein Beitrag zur bayerischen Strafrechtsgeschichte. 2002.

Band 251 Jörn Eckert / Kjell Å. Modéer (Hrsg.): Geschichte und Perspektiven des Rechts im Ostseeraum. Erster Rechtshistorikertag im Ostseeraum 8.–12. März 2000. 2001.

Band 252 Jan Könighaus: Die Inauguration der Christian-Albrechts-Universität zu Kiel 1665. Symbolgehalt und rechtliche Bedeutung des Universitätszeremoniells. 2002.

Band 253 Andreas Görgen: Rechtssprache in der Frühen Neuzeit. Eine vergleichende Untersuchung der Fremdwortverwendung in Gesetzen des 16. und 17. Jahrhunderts. 2002.

Band 254 Ralf Schäfer: Die Rechtsstellung der Haigerlocher Juden im Fürstentum Hohenzollern-Sigmaringen von 1634-1850. Eine rechtsgeschichtliche Untersuchung. 2002.

Band 255 Regine Schmalhorst: Die Tierhalterhaftung im BGB von 1896. Die Entstehung und Änderung des § 833 BGB sowie eine Analyse der Rechtsprechung des Reichsgerichts bis 1908. 2002.

Band 256 Thomas Hense: Konrad Beyerle. Sein Wirken für Wissenschaft und Politik in Kaiserreich und Weimarer Republik. 2002.

Band 257 Christian Mahlmann: Die Strafrechtswissenschaft der DDR. Klassenkampftheorie und Verbrechenslehre. 2002.

Band 258 Henning Kahmann: Die Bankiers von Jacquier & Securius 1933–1945. Eine rechtshistorische Fallstudie zur "Arisierung" eines Berliner Bankhauses. Mit einem Geleitwort von John Kornblum. 2002.

Band 259 Volker Friedrich Drecktrah: Die Gerichtsbarkeit in den Herzogtümern Bremen und Verden und in der preußischen Landdrostei Stade von 1715 bis 1879. 2002.

Band 260 Andreas Klass: Standes- oder Leistungselite? Eine Untersuchung der Karrieren der Wetzlarer Anwälte des Reichskammergerichts (1693-1806). 2002.

Band 261 Wolfgang Eder: Das italienische Tribunale Speciale per la Difesa dello Stato und der deutsche Volksgerichtshof. Ein Vergleich zwischen zwei politischen Gerichtshöfen. 2002.

Band 262 Albrecht Cordes / Bernd Kannowski (Hrsg.): Rechtsbegriffe im Mittelalter. 2002.

Band 263 Thomas Hildebrandt: Die Brandenburgischen Provinziallandtage von 1841, 1843, und 1845 anhand ausgewählter Verhandlungsgegenstände. 2002.

Band 264 Jan Finzel: Georg Adam Struve (1619-1692) als Zivilrechtler. 2003.

Band 265 Björn Carsten Frenzel: Das Selbstverständis der Justiz nach 1945. Analyse der Rolle der Justiz unter Berücksichtigung der Reden zur *Wiedereröffnung* der Bundes- und Oberlandesgerichte. 2003.

Band 266 Nils Reichhelm: Die marxistisch-leninistische Staats- und Rechtstheorie Karl Polaks. 2003.

Band 267 Raik Schneider: Altrechtliche Personenzusammenschlüsse. Ihre Entwicklung unter besonderer Berücksichtigung des Rechts des Großherzogtums Sachsen-Weimar-Eisenach sowie der Herzogtümer Sachsen-Meiningen und Sachsen-Gotha. 2003.

Band 268 Anke Meier: Die Geschichte des deutschen Konkursrechts, insbesondere die Entstehung der Reichskonkursordnung von 1877. 2003.

Band 269 Stefan Jens Jordan: Leben und Werk des Tübinger Rechtsprofessors Wilhelm Gottlieb Tafinger 1760-1813. 2003.

Band 270 Stefanie Hubig: Die historische Entwicklung des § 23 ZPO. Zum Ursprung und Fortleben des Vermögensgerichtsstandes im deutschen Prozeßrecht des 19. Jahrhunderts. 2003.

Band 271 Michael G. Perband: Der Grundsatz der freien Beweiswürdigung im Zivilprozeß (§ 286 ZPO) in der Rechtsprechung des Reichsgerichts. 2003.

Band 272 Mathias Bouveret: Die Stellung des Staatsoberhauptes in der parlamentarischen Diskussion und Staatsrechtslehre von 1848 bis 1918. 2003.

Band 273 Barbara Széchényi: Rechtliche Grundlagen bayerischer Zensur im 19. Jahrhundert. 2003.

Band 274 Sylvia Scharfenberg: Die Entstehungsgeschichte des Beurkundungsgesetzes vom 28. August 1969. 2003.

Band 275 Urte Nesemann: Die schwedische Familiengesetzgebung von 1734 bis zu den Reformgesetzen von 1915 bis 1920 und deren Einfluss auf die Gesetzgebungsprojekte der Weimarer Republik. Unter besonderer Berücksichtigung der Rechtsstellung der Frau und des unehelichen Kindes. 2003.

Band 276 Alexandra Brück: Die Polizeiordnung Herzog Christians von Braunschweig-Lüneburg vom 6. Oktober 1618. 2003.

Band 277 Torsten Landwehr: Das Kommissionsgeschäft in Rechtswissenschaft, Gesetzgebung und Rechtspraxis vom 16. bis zum Ende des 18. Jahrhunderts. 2003.

Band 278 Tassilo Wilhelm Maria Englert: Deutsche und italienische Zivilrechtsgesetzgebung von 1933–1945. Parallelen in der Rechtsetzung und gegenseitige Beeinflussung unter besonderer Berücksichtigung des Familien- und Erbrechts. 2003.

Band 279 Tobias Prang: Der Schutz der Versicherungsnehmer bei der Auslegung von Versicherungsbedingungen durch das Reichsgericht. 2003.

Band 280 Thorsten Lieb: Privileg und Verwaltungsakt. Handlungsformen der öffentlichen Gewalt im 18. und 19. Jahrhundert. 2004.

Band 281 Michael Rühling: Das Ladenschlussgesetz vom 28. November 1956. Vorgeschichte, Entstehung des Gesetzes und weitere Entwicklung. 2004.

Band 282 Kathrin Nawotki: Die schleswigsche Deichstavengerechtigkeit. Vom 17. Jahrundert bis in die Gegenwart. Eine gewohnheitsrechtliche Superfizies an nordfriesischen Deichgrundstücken und ihre Entwicklung. 2004.

Band 283 Erik Nils Voigt: Die Gesetzgebungsgeschichte der militärischen Ehrenstrafen und der Offiziersehrengerichtsbarkeit im preußischen und deutschen Heer von 1806 bis 1918. 2004.

Band 284 Dorothea Riedi Hunold: Die Einführung der allgemeinen Wechselfähigkeit in der Schweiz in der zweiten Hälfte des 19. Jahrhunderts. Unter besonderer Berücksichtigung der politischen, wirtschaftlichen und sozialen Verhältnisse. 2004.

Band 285 Thomas Gergen: Pratique juridique de la paix et trêve de Dieu à partir du concile de Charroux (989–1250). Juristische Praxis der Pax und Treuga Dei ausgehend vom Konzil von Charroux (989–1250). 2004.

Band 286 Kathrin Bethkenhagen: Die Entwicklung des Luftrechts bis zum Luftverkehrsgesetz von 1922. 2004.

Band 287 Heiko Lüpkes: Die Verbrechen der Diener des Staats im Allgemeinen Landrecht für die Preußischen Staaten von 1794 und ihre Entwicklung zu den Vergehen und Verbrechen im Amte im Strafgesetzbuch für die Preußischen Staaten von 1851. 2004.

Band 288 Mirco Peter Hirsch: Von der Erbbescheinigung des Preußischen Rechts zum Erbschein des Bürgerlichen Gesetzbuchs. 2004.

Band 289 Bettina Günther: Die Behandlung der Sittlichkeitsdelikte in den Policeyordnungen und der Spruchpraxis der Reichsstädte Frankfurt am Main und Nürnberg im 15. bis 17. Jahrhundert. 2004.

Band 290 Seunghyeon Seong: Der Begriff der *nicht gehörigen Erfüllung* aus dogmengeschichtlicher und rechtsvergleichender Sicht. 2004.

Band 291 Steffen-Werner Meyer: Bemühungen um ein Reichsgesetz gegen den Büchernachdruck. Anläßlich der Wahlkapitulation Leopolds II. aus dem Jahre 1790. 2004.

Band 292 Ulrich Löffler: Instrumentalisierte Vergangenheit? Die nationalsozialistische Vergangenheit als Argumentationsfigur in der Rechtsprechung des Bundesverfassungsgerichts. 2004.

Band 293 Norbert Koch: Die Entwicklung des deutschen privaten Immissionsschutzrechts seit Beginn der Industrialisierung. Unter besonderer Berücksichtigung des Einflusses der höchstrichterlichen Rechtsprechung. 2004.

Band 294 Julius Ludwig Pfeiffer: Das Tierschutzgesetz vom 24. Juli 1972. Die Geschichte des deutschen Tierschutzrechts von 1950 bis 1972. 2004.

Band 295 Bert-Hagen Strodthoff: Die richterliche Frage- und Erörterungspflicht im deutschen Zivilprozeß in historischer Perspektive. 2004.

Band 296 Tim Kannewurf: Die Höfeordnung vom 24. April 1947. Entstehungsgeschichte und Einordnung in die Entwicklung des Anerbenrechts. 2004.

Band 297 Steffi Heine: Die Methodendiskussion nach Inkrafttreten des Bürgerlichen Gesetzbuches und die Gründung des Vereins *Recht und Wirtschaft*. 2004.

Band 298 Anne Marlene Simon-Holtorf: Geschichte des Familienwahlrechts in Frankreich (1871 bis 1945). 2004.

Band 299 Jürgen Busch: Das Germanenbild der deutschen Rechtsgeschichte. Zwischen Wissenschaft und Ideologie. Mit einem Vorwort von Herwig Wolfram. 2004.

Band 300 Jan Kohlmann: Der Marsch zu den Gräbern von Karl und Rosa. Geschichte eines Gedenktages. 2004.

Band 301 Christian Rainer Schlicht: Die kumulative Schuldübernahme in der Rechtsprechung des Reichsgerichts und in der zeitgenössischen Literatur. 2004.

Band 302 Hans Peter Glöckner: Positive Vertragsverletzung. Die Geburt eines Rechtsinstituts. 2006.

Band 303 João Manuel Azevedo Alexandrino Fernandes: Die Theorie der Interpretation des Gesetzes bei Francisco Suárez. 2005.

Band 304 René Funk: Die Wahlprüfung der volksgewählten Abgeordneten der Volksvertretungen im Frühkonstitutionalismus. Eine Untersuchung der Wahlprüfung in den Kammern der Abgeordneten des Großherzogtums Baden, des Königreichs Württemberg und des Großherzogtums Hessen. 2005.

Band 305 Carolin O'Sullivan. Die Ahndung von Rechtsbrüchen der Seeleute im mittelalterlichen hamburgischen und hansischen Seerecht (1301–1482). 2005.

Band 306 Martin Jürgens: Staat und Reich bei Ernst Rudolf Huber. Sein Leben und Werk bis 1945 aus rechtsgeschichtlicher Sicht. 2005.

Band 307 Florian G. Dürselen: Franz Beyerle (1885–1977). Leben, Ära und Werk eines Rechtshistorikers. 2005.

Band 308 Kai Bandilla: Urheberrecht im Kaiserreich. Der Weg zum Gesetz betreffend das Urheberrecht an Werken der Literatur und Tonkunst vom 19. Juni 1901. 2005.

Band 309 Stefan Mieth: Die Entwicklung des Denkmalrechts in Preußen 1701–1947. 2005.

Band 310 Catharina Lodemann: Die Geschichte des französischen *acte de gouvernement*. 2005.

Band 311 Christina Wicke: Kodifikationsbestrebungen und Wissenschaft in Hessen-Darmstadt im vorkonstitutionellen Zeitalter. Zu der Beteiligung der Gießener Rechtsprofessoren an den Gesetzgebungsarbeiten in Hessen-Darmstadt in der Zeit zwischen 1769 und 1820. 2005.

Band 312 Christiane Chlosta: Nur dem Gesetz unterworfen? Eine rechtsgeschichtliche Untersuchung zu Idee und Wirklichkeit richterlicher Gesetzestreue unter besonderer Berücksichtigung der Aufwertungsrechtsprechung und des richterlichen Prüfungsrechts. 2005.

Band 313 Kathrin Dirr: Hoheitsrechtliche Streitigkeiten zwischen den Kölner Erzbischöfen und der Stadt Köln auf Grundlage reichskammergerichtlicher Verfahren des 16. und 17. Jahrhunderts. 2005.

Band 314 Michael Racky: Die Diskussion über Gewaltenteilung und Gewaltentrennung im Vormärz. 2005.

Band 315 Petra Thiemrodt: Die Entstehung des Staatshaftungsgesetzes der DDR. Eine Untersuchung auf der Grundlage von Materialien der DDR-Gesetzgebungsorgane mit zeitgeschichtlichen Bezügen. 2005.

Band 316 Julius F. Reiter: Entstehung und staatsrechtliche Theorie der italienischen *Carta del Lavoro*. 2005.

Band 317 André Book: Die Justizreform in der Frühzeit der Bundesrepublik. Die Beratungen der Kommission zur Vorbereitung einer Reform der Zivilgerichtsbarkeit in den Jahren 1955 bis 1961. 2005.

Band 318 Frank Zentz: Das amerikanische Strafverfahren als Element der Besatzungspolitik in Deutschland. Erziehung zur Demokratie durch den *Court of Appeals* 1948–1955. 2005.

Band 319 Friederike Quaisser: Mietrecht im 19. Jahrhundert. Ein Vergleich der mietrechtlichen Konzeptionen im Allgemeinen Landrecht für die Preußischen Staaten von 1794 und dem gemeinen Recht. 2005.

Band 320 Stefan Burghard: Professor Dr. Wilhelm Kahl – Leben zwischen Wissenschaft und Politik. 2005.

Band 321 Günter Baranowski: Die *Russkaja Pravda* – ein mittelalterliches Rechtsdenkmal. 2005.

Band 322 Christina Schneider: Die SS und „das Recht". Eine Untersuchung anhand ausgewählter Beispiele. 2005.

Band 323 Werner Schubert (Hrsg.): Zivilprozessreform in der Weimarer Zeit. Quellen zur Emminger-Zivilprozessverordnung vom 13.2.1924 und zu den Arbeiten der Zivilprozesskommission des Reichsjustizministeriums (1922–1930). Eingeleitet und herausgegeben von Werner Schubert. 2005.

Band 324 Felix Gaul: Der Jurist Rudolf Isay (1886–1956). Ein verantwortungsbewusster Vermittler im Spannungsfeld zwischen dynamischer Rechtsschöpfung, ökonomischem Wandel und technischem Fortschritt. 2005.

Band 325 Konstanze Braun: Dr. Otto Georg Thierack (1889–1946). 2005.

Band 326 Eckart Klein / Stefan Chr. Saar / Carola Schulze (Hrsg.): Zwischen Rechtsstaat und Diktatur. Deutsche Juristen im 20. Jahrhundert. 2006.

Band 327 Stefan Botor: Das *Berliner Sühneverfahren* – Die letzte Phase der Entnazifizierung. 2006.

Band 328 Andreas Köhler: Die Sorgerechtsregelungen bei Ehescheidung seit 1945. Scheidungsstrafe und verordnete Gemeinsamkeit. 2006

Band 329 Lars Düwel: Die Nichtigkeit und Anfechtbarkeit der Ehe in der Rechtsprechung des Reichsgerichts zwischen 1900 und 1945. 2006.

Band 330 Katalin Polgar: Das Oberappellationsgericht der vier freien Städte Deutschlands (1820–1879) und seine Richterpersönlichkeiten. 2007.

Band 331 Julia Schweitzer: Schiffer und Schiffsmann in den Rôles d'Oléron und im Llibre del Consolat de Mar. Ein Vergleich zweier mittelalterlicher Seerechtsquellen. 2007.

Band 332 Diana-Catharina Kurtz: Das Institut der Adoption im preußischen Allgemeinen Landrecht und im französischen Code civil zwischen Rezeption römisch-rechtlicher Prinzipien und verändertem Familienverständnis. 2006.

Band 333 Dino Joakim Duderstadt: Spiel, Wette und Differenzgeschäft (§§ 762–764 BGB) in der Rechtsprechung des Reichsgerichts und in der zeitgenössischen Literatur. 2007.

Band 334 Ronald Hoffmann: Die Domänenfrage in Thüringen. Über die vermögensrechtlichen Auseinandersetzungen mit den ehemaligen Landesherren in Thüringen nach dem Ersten Weltkrieg. 2006.

Band 335 Joachim Windmüller: *Ohne Zwang kann der Humanismus nicht existieren...* – „Asoziale“ in der DDR. 2006.

Band 336 Sven Christian Gläser: Die Mediatisierung der Grafschaft Wertheim. Der juristische Kampf eines kleinen Reichsstandes gegen den Verlust der Landesherrschaft und seine Folgen. 2006.

Band 337 Benjamin Schleyer: Friedrich Wilhelm Bornemann (1798–1864). Eine Juristenkarriere im Preußen des 19. Jahrhunderts. 2006.

Band 338 Die Reform des Ehescheidungsrechts von 1976. Quellen zum Ersten Gesetz vom 14.6.1976 zur Reform des Ehe- und Familienrechts (Parlamentarische Ausschussprotokolle – Anglikanische Denkschrift von 1966 zur Scheidungsrechtsreform – Schlussabstimmung 1969 in der Eherechtskommission des Bundesministeriums der Justiz). Eingeleitet und herausgegeben von Werner Schubert. 2006.

Band 339 Andreas Feld: Das Bayerische Gesetz zum Schutz des Eigentums an Erzeugnissen der Literatur und Kunst gegen Nachdruck vom 15.04.1840. Vorgeschichte und Zustandekommen. 2007.

Band 340 Bernd Wörner: Adelbert Düringers Einfluß als Richter am Reichsgericht in Leipzig auf dem Gebiet des Personengesellschaftsrechts. 2007.

Band 341 Jan Jelle Kähler: Französisches Zivilrecht und französische Justizverfassung in den Hansestädten Hamburg, Lübeck und Bremen (1806–1815). 2007.

Band 342 Jörn Eckert / Pia Letto-Vanamo / Kjell Å. Modéer (Hrsg.): Juristen im Ostseeraum. Dritter Rechtshistorikertag im Ostseeraum 20.–22. Mai 2004. 2007.

Band 343 Ferdinand von Weyhe: A.E. Wassermann. Eine rechtshistorische Fallstudie zur „Arisierung“ zweier Privatbanken. 2007.

Band 344 Martin Klaus Römermann: Kündigungen und Kündigungsschutz im Franquismus. 2007.

Band 345 Thomas Hoffmann: Der Landrechtsentwurf David Hilchens von 1599. Ein livländisches Rechtszeugnis polnischer Herrschaft. 2007.

Band 346 Ingo Ullmann: Die rechtliche Behandlung holsteinischer Leibeigener um die Mitte des 18. Jahrhunderts. Dargestellt unter besonderer Berücksichtigung der Schmoeler Leibeigenschaftsprozesse von 1738 bis 1743 sowie von 1767 bis 1777. 2007.

Band 347 Petra Fischer-Langosch: Die Entstehungsgeschichte des Familiengesetzbuches der DDR von 1965. 2007.

Band 348 Lasse O. Johannsen: Die rechtliche Behandlung ausreisewilliger Staatsbürger in der DDR. 2007.

Band 349 Ralf Schlottau: Deutsche Kolonialrechtspflege. Strafrecht und Strafmacht in den deutschen Schutzgebieten 1884 bis 1914. 2007.

Band 350 Hartwig Brandt / Ewald Grothe (Hrsg.): Rheinbündischer Konstitutionalismus. 2007.

Band 351 Nora Lutze: Der Verwandtenunterhalt nach den §§ 1601 bis 1603 und §§ 1610 bis 1612 BGB in der Rechtsprechung des Reichsgerichts. Unter Berücksichtigung der Entstehung des BGB. 2007.

Band 352 Frank Thiäner: Das Verhältnis von Aufsichtsrat und Abschlussprüfern in der rechtshistorischen Entwicklung bis 1937. 2007.

Band 353 Britta Heymann: Ernst Melsheimer (1897–1960). Eine juristische Karriere in verschiedenen staatlichen Systemen. Mitarbeiter im Preußischen Justizministerium in der Weimarer Republik, im Justizministerium Preußens und des Reiches sowie Richter am Kammergericht in der NS-Zeit und Erster Generalstaatsanwalt der Deutschen Demokratischen Republik. 2007.

Band 354 Susanne Adlberger: Wilhelm Kisch – Leben und Wirken (1874–1952). Von der Kaiser-Wilhelms-Universität Straßburg bis zur nationalsozialistischen Akademie für Deutsches Recht. 2007.

Band 355 Moritz Waibel: Josef Berchtold (1833–1894). Ein Leben gegen den Ultramontanismus. 2007.

Band 356 Aline Levin: Erinnerung? Verantwortung? Zukunft? Die Beweggründe für die gemeinsame Entschädigung durch den deutschen Staat und die deutsche Industrie für historisches Unrecht. 2007.

Band 357 Ferdinand Krause: Die hergebrachten Grundsätze des Berufsbeamtentums. Eine rechtshistorische Analyse. 2008.

Band 358 André Tiebel: Die Entstehung der Schutztruppengesetze für die deutschen Schutzgebiete Deutsch-Ostafrika, Deutsch-Südwestafrika und Kamerun (1884–1898). 2008.

Band 359 Holger Ruff: Sittenwidrige Rechtsgeschäfte in der späten Kaiserzeit. Die Entwicklung der reichsgerichtlichen Rechtsprechung zu § 138 BGB von 1900 bis 1914. 2007.

Band 360 Frank Rohrer: Strafjustiz im Dritten Reich und in der SBZ/DDR. Die personelle und organisatorische Neuordnung des Justizapparates in den totalitären Diktaturen (1933–1955) mit ihren Auswirkungen auf die Rechtsprechung zum politischen Strafrecht. 2007.

Band 361 Hans-Georg Knothe / Marc Liebmann (Hrsg.): Gerichtskultur im Ostseeraum. Vierter Rechtshistorikertag im Ostseeraum. 18.–20. Mai 2006 in Greifswald. 2007.

Band 362 Christina Meß: Das Vertragsrecht bei Adam Smith. 2008.

www.peterlang.de

For the avoidance of doubt, input of the whole or any part of this publication
into any generative artificial intelligence model, chatbot, program, software or technology
is expressly prohibited without the prior written consent of the publisher.

Printed by
CPI books GmbH, Leck

FSC
www.fsc.org
MIX
Papier | Fördert
gute Waldnutzung
FSC® C083411

Kolibri 360 GmbH
Ferdinand-Jühlke-Straße 7
99095 Erfurt, Deutschland
produktsicherheit@kolibri360.de